Anton Fichtlmeier

GRUND-ERZIEHUNG FÜR WELPEN

Unter Mitarbeit von Desirée Bethge

KOSMOS

Faszination Hund

Artgerechter Umgang mit dem Hundewelpen

Die Wahrnehmung

Wahrnehmungsschulung

Kommunikation zwischen Mensch und Hund

Das Binärsystem

Ein Welpe kommt ins Haus

Eine gemeinsame Beziehung aufbauen

Der Hund an der Leine

Die Kommunikation vertiefen

Denksport für den Hund

Wasserfreuden

Es ist nie zu spät

Schlusswort

Service

Faszination Hund

Mein Weg zur artgerechten Welpenerziehung

Mein erster Hund

Ich ging noch zur Schule, als ich von meiner Schulfreundin Gerti einen staupekranken Junghund übernahm, der noch dazu äußerst ängstlich war. Der Hund war ein Geschenk ihres Bruders, der zur See fuhr und ihn aus Australien mitgebracht hatte. Gertis Eltern – beide berufstätig – konnten sich nicht um den kleinen Welpen kümmern, so musste Gerti die Erziehung des Hundes alleine bewältigen. Das war jedoch nicht so einfach. Jackie, so hieß die Hündin, blieb nicht gerne alleine und verunreinigte die Wohnung. Deshalb wurde sie tagsüber auf den Balkon gesperrt, wo sie jedoch heulte und anhaltend bellte. So kam es, wie es kommen musste: Die Nachbarn beschwerten sich und für die Hündin musste schnellstens ein neues Zuhause gefunden werden.

Erste Erfahrungen

Ich selbst hatte schon immer von einem eigenen Hund geträumt. Es sollte entweder „Rin Tin Tin" oder „Lassie" sein, schließlich war ich durch meinen amerikanischen Vater, Fernsehsendungen und diverse Kinderbücher entsprechend „vorbelastet".

Auf den zahlreichen gemeinsamen Spaziergängen mit Gerti hatte ich die Hündin Jackie bereits sehr lieb gewonnen. Damit stand für mich fest: Jackie kommt zu mir! Also nahm ich sie mit nach Hause und erzählte meinen Eltern erst einmal die Geschichte von der Urlaubsvertretung. Als Jackie nach acht Wochen immer noch bei uns war und mir so langsam die Ausreden ausgingen, hatte Jackie bereits die Herzen der ganzen Familie erobert und damit war klar, dass man sie nicht einfach wieder weggeben oder gar ins Tierheim bringen konnte. Ich war der „Gassi-Geher", meine Eltern die Brotgeber.

Jackie schlief vom ersten Tag an bei mir im Bett. Sie war einfach da und wurde von allen als neues Familienmitglied betrachtet. Sie war so etwas wie eine kleine Schwester. Ich sprach den ganzen Tag mit ihr und hatte sie in meiner Freizeit immer um mich. Schon damals richtete ich meine Freizeitaktivitäten auf meinen Hund aus. Das ist bis heute so geblieben. Jackie teilte meine Freuden und meinen Kummer. Ich wusste, sie verstand mich immer. Damals habe ich natürlich noch nicht groß über artgerechte Kommunikation mit Hunden nachgedacht. Das lag wohl auch daran, dass ich mir zu dieser Zeit generell noch nicht viel Gedanken über Kommunikation gemacht habe. Wie die meisten Menschen habe ich mich einfach mitgeteilt und nicht darüber nachgedacht, was uns ermöglicht, unser Zusammenleben zu organisieren, uns selbst und das Gegenüber wahrzunehmen und uns einander mitzuteilen.

Wer kann sich schon dem Charme eines Welpen entziehen?

Wahrnehmung

Ist ein Hund fähig zur Selbsterkenntnis?

Das änderte sich im Laufe meines Erwachsenwerdens. Als junger Mann begann ich, mich – angeregt durch nächtelange Gespräche mit Peter Michael Hamel, einem befreundeten Musiker aus München (er trug in den siebziger Jahren unter anderen mit der Musikgruppe „Between“ neue Ideen in die musikalische Landschaft) – einerseits mit dem Tibetanischen Totenbuch zu beschäftigen und mich andererseits mit den philosophischen Gedanken von Karl Popper, Arthur Schopenhauer, Viktor Frankl, Friedrich Nietzsche, Gerhard Roth und vielen anderen auseinander zu setzen. Ich begann, die unterschiedlichen Modelle über die Wahrnehmung der Welt und deren Gesetzmäßigkeiten zu hinterfragen. Ich beobachtete mein Umfeld und seine Reaktionen auf meine Verhaltensmuster und suchte die Ordnung, den Sinn des Ganzen zu erkennen. Ich verstand plötzlich, dass die Fähigkeit, den Unterschied der eigenen physischen und psychischen Zustände, die sich im steten Wechsel befinden, beschreiben und empfinden zu können, ebenso einen Teil des menschlichen Daseins ausmachten wie unser Wissen um den Faktor Zeit. Ohne mich durch das Wunderwerk „Gehirn“ als Selbst reflektieren zu können, war ich subjektiv nicht existent. Und da ich mich mit Tieren beschäftigte, fragte ich mich weiter: Waren auch Tiere zur Selbsterkenntnis in der Lage? Konnten sie mich erkennen und sich dabei selbst wahrnehmen?

Verständigung

Jede Form der Selbsterkenntnis ist ein kommunikativer Prozess, ein Austauschen und Verarbeiten von Informationen. Man tritt in Verbindung zum Rest der Welt. Bedauerlich ist dabei nur, dass es keine allen gemeinsame Sprache gibt. Das wäre die Voraussetzung dafür, dass sich alle Wesen unserer Welt miteinander verständigen könnten. Wir stehen zwar immer im Kontakt mit unserer gesamten Umgebung, verständigen können wir uns deshalb noch lange nicht.

Kommunikation

Die grundlegenden Prinzipien von Kommunikation lernte ich durch meine Erfahrungen in der Kommunikation mit Tieren zu verstehen. Meine ersten Lehrmeister waren hier die Reptilien. Im Umgang mit ihnen versuchte ich, spezifische Reaktionen auf mein Verhalten zu provozieren. Dazu imitierte ich einfach die von ihnen gezeigten Interaktionsmuster, denen ich zuvor aus meinen Beobachtungen heraus bestimmte Stimmungen zugeordnet hatte. Ich erlangte eine solche Fertigkeit, dass es mir gelang, sogar solche Reptilien, die ich in Zoohandlungen und bei befreundeten Reptilienhaltern kontaktierte, zu den immer gleichen Reizbeantwortungsmustern zu animieren. Einen

meiner grünen Leguane nahm ich im Sommer regelmäßig mit an einen Badeweiher – nach etlichen Jahren gemeinsamen Lebens in Niederbayern war der Leguan so vertraut mit mir, dass er neben meiner Frau, unseren beiden Hunden und der Katze beim Spaziergang fast wie ein Hund mitlief.
Im Laufe meiner Beobachtungen in der Tierwelt erkannte ich, dass es in den grundlegenden Lebensbereichen der Tiere Verständigungsebenen gibt, die es vielen Tieren ermöglicht, gelungen miteinander zu interagieren. Die Basis der Kommunikationsfähigkeit wird dabei durch den Wunsch bestimmt, die Befindlichkeit und die jeweils eigenen Bedürfnisse mitzuteilen, in der Hoffnung, vom Kommunikationspartner verstanden zu werden. Als ich mich bewusster mit Hunden zu beschäftigen begann, waren mir Veröffentlichungen von Erik Zimen, Paul Leyhausen, Konrad Lorenz und Klaus Immelmann u. a. eine gute Grundlage. Zugleich jedoch wirkte das erworbene Wissen als Filter – wie eine Brille, die nur bestimmte Betrachtungsweisen erlaubt – und reduzierte deshalb meine individuelle Wahrnehmungsfähigkeit so stark, dass ich nur zögerlich viele der damals als naturwissenschaftlich gültigen Aussagen in Frage zu stellen wagte, und das, obwohl ich deutlich empfand, dass sich viele Aussagen mit meinen eigenen Erkenntnissen und Empfindungen einfach nicht in Einklang bringen ließen.

Kommunikation „auf den Hund gekommen"

Als ich dann in den siebziger Jahren diversen Hundevereinen beitrat, sah ich mich dort mit allerlei Aussagen in Bezug auf den richtigen Umgang mit dem Hund und dessen Wesenseigenschaften konfron-

Es gibt Verständigungsebenen, die es vielen Tieren ermöglichen, auch über Artgrenzen hinweg miteinander zu kommunizieren.

tiert. Jeder Verein hatte seine eigene Methode, Hunde zum Gehorsam zu bringen. Sozialisierung von Hunden war damals noch ein Fremdwort in der Hundewelt. Nur in einer Aussage waren sich damals alle Hundessportvereine einig: man müsse die angeblich genetisch vorhandene Aggressivität der Hunde zwingend über die Schutzdienst-Ausbildung kanalisieren. Dass dadurch bei so manchen Hunden ernsthafte psychische Schäden erst entstehen und ihre Kommunikationsfähigkeit schwindet, wurde erschreckender Weise einfach ignoriert. Leider hält sich in manchen Hundesportvereinen bis heute die Einschätzung, dass sich die „Kanalisierung von Triebverhalten" zur Vorbeugung von Verhaltensauffälligkeiten im Aggressionsbereich eignet. Hier muss von Tiermedizinern und Verhaltensforschern, aber auch vom Dachverband für das Deutsche Hundewesen endlich erkannt werden, welche problematischen Konsequenzen sich aus dem Denkmodell der „Kanalisierung von Triebverhalten" ergeben und dass ein Umdenken dringend geboten ist.
Noch immer reduziert sich vielerorts die Arbeit mit dem Vierbeiner auf die Erziehung zum Gehorsam. Die Sprache, die dem hündischen Sein zu Grunde liegt, dient nicht als Ausgangspunkt für einen artgerechten Umgang mit dem Tier. Auch einige der aktuellen Publikationen über Sprache und Wesen des Hundes sind eher oberflächlich gehalten und lassen bei kritischer Analyse leicht erkennen, dass wohl mehr das menschliche Verständnis von Mimik und Sprache ausschlaggebend dafür ist, wie das kommunikative Ausdrucksverhalten des Hundes wahrgenommen und interpretiert wird. Damit sind Fehlinterpretationen vorprogrammiert. Die Einordnung hündischen Kommunikationsverhaltens auf der Basis einer „hündischen" Weltsicht lässt sich in den allermeisten Fällen nicht erkennen. Die aus den Beobachtungen gezogenen Rückschlüsse über die „Sprache der Hunde" gehen daher auch fast gänzlich an der Realität von Hunden vorbei.

Der Hund ist heute oftmals ein wichtiger Sozialpartner für den Menschen.

Patentrezepte und Allheilmittel?

Wir leben in einer Zeit, in der die Erziehung und der Umgang mit dem Hund als Einnahmequelle merkwürdige Blüten treibt. Hundeschulen schießen wie Pilze aus dem Boden und verschwinden genau so schnell wieder. Das in einem Wochenendkurs angeeignete Wissen wird von Kursteilnehmern tags darauf unreflektiert weitergegeben. Für jeden Hund, für jede Rasse, gibt es das passende Zubehör, das richtige Buch und ein Patentrezept für Erziehung und Pflege. Eine „neue" Erkenntnis jagt die andere, ständig werden neue Hilfsmittel entwickelt oder aus alten Tagen wieder neu entdeckt. All das findet reißenden Absatz in der wachsenden Industrie rund um den Hund.

Was ist ein Hund?

Dabei stellt sich die Frage: Was eigentlich ist ein Hund? Für manche Völker ist der Hund ein Stück Fleisch, wie bei uns ein Rind, ein Fisch oder ein Huhn. Für die meisten Europäer soll er ein Sozialpartner sein, aber man begreift ihn leider meistens nicht. Für mich ist der Hund ein denkendes, beseeltes Wesen auf vier Pfoten. Die besonderen Eigenschaften und Fähigkeiten eines Hundes definieren sich aus der Notwendigkeit, in einer von Menschen geschaffenen Umgebung zu überleben. In Abstimmung mit seiner Umwelt versucht er, diesen Anforderungen immer bestmöglich gerecht zu werden. Das bedeutet insbesondere auch, dass er grundsätzlich bereit ist, mit Menschen in Kontakt zu treten – zu kommunizieren. Betrachte ich den Hund als einen sozialen Partner, dessen Sein ich erkenne und anerkenne, so werde ich andere Ansprüche an mich und die Qualität meiner Beziehung zu diesem Wesen stellen.

Meine Erfahrung

Nachdem ich seit 1998 annähernd 1.000 Stunden Videomaterial von so genannten verhaltensauffälligen Hunden analysiert und diese Hunde therapiert hatte, reifte in mir die Erkenntnis, dass mit der Art und Weise, wie mit Hunden umgegangen wird, etwas nicht stimmt. So kann ich durch meine Videoaufzeichnungen schlüssig belegen, dass immer das Nicht-Kommunizieren, das Nicht-Berücksichtigen der instinktiven Anlagen der Hunde, die Ursache für vielfältige Verhaltensstörungen war und ist. Wurde in den siebziger Jahren vor allem der Deutsche Schäferhund als „Bestie“ verteufelt, so zeigte sich in meinen Studien, dass sich „aggressives Verhalten“ zunehmend häufiger bei Familienhunderassen offenbarte, die ursprünglich als ausgesprochen verträglich und leicht erziehbar in diversen Rassebeschreibungen auf-

Für mich ist der Hund ein denkendes, beseeltes Wesen.

INSTINKT

Dieser Begriff wird sehr vielfältig definiert, so dass ich ihn, wenn er im Buch erscheint, ausschließlich auf den Hund bezogen und dabei im Sinne von „erbkoordinativem Reizbeantwortungsmuster“ gebrauche. Ich verstehe Instinkt im engeren Sinne als die durch einen Reiz ausgelöste Grundlage für komplexe Verhaltensweisen von Lebewesen, die lediglich im Ansatz ohne reflektierte Kontrolle ablaufen und die nicht erlernt sind. Um als Instinkt gelten zu können, muss dieses Verhaltensmuster formstabil stereotyp sein, bei allen Exemplaren der Gattung Hund auftreten, auch bei isoliert aufgezogenen Hunden und auch bei Hunden, die zuvor an der Ausübung des Verhaltensmusters gehindert wurden (Reizisolierung).
Erbkoordinative Reizbeantwortungsmuster (Instinkthandlungen) lassen sich durch Erfahrung modifizieren, können die Grundlage für Lernprozesse sein: Sie lassen sich – wie ich in meinen jahrelangen Beobachtungen feststellen konnte – in zwei Kategorien einteilen:

1. als Reizbeantwortungsmuster auf das Umfeld – rassespezifisch,
2. als Reizbeantwortungsmuster in der kommunikativen Interaktion – rasseunspezifisch (also lediglich gattungstypisch)

geführt waren. Erschreckend war die Erkenntnis, dass 60% der mir vorgeführten Problem-Hunde einen oder mehrere Erziehungskurse hinter sich hatten. Die Hauptprobleme, die mir in meiner therapeutischen Arbeit mit verhaltensauffälligen Hunden von den Besitzern geschilderten wurden, waren: aggressives Verhalten gegenüber Mensch und Tier, verselbständigtes Jagen und mangelnde Kontrolle über den Hund im Allgemeinen und unter Ablenkung. Auch Trennungsängste und allgemeines Angstverhalten gegenüber dem Umfeld mussten relativ häufig therapiert werden.

Mein Ansatz

Da ich in meiner Arbeit mit dem Hund immer über die Schnittstelle zwischen bewusstem/kontrolliertem und unbewusstem/unkontrolliertem Verhalten arbeite, gelingt es mir, direkt an das Instinktverhalten der Hunde anzukoppeln. Im Freiraum „eigener Wille“, der eine außerordentliche Fähigkeit des Hundes ist, kann ich über Sozialspielsymbole und Signale den Hund zu neuen sozialen Einsichten bringen und konstruiere so neue Realitätsebenen für ihn, die seinen geistigen Horizont erweitern. Hunde befinden sich immer in einem permanenten Wechsel zwischen bewusstem und unbewusstem Handeln, bei dem es zum Teil fließende Übergänge gibt. Die unbewussten Anteile seines Verhaltens sind durch seine erbkoordinativen Reizreaktionsmuster

(=Instinkt), aber auch durch konditionierte Verhaltensweisen, die also automatisiert ablaufen, bestimmt. Der Hund hat zusätzlich noch die faszinierende Gabe des eigenen Willens. Durch die bewusste Kommunikation mit dem Hund kann man ihn darin fördern, bewusste eigene Entscheidungen über seine Verhaltensweisen zu treffen. Den Hund zeichnet ein hohes Maß an Lernfähigkeit aus, das letztlich wohl auch der Grund dafür ist, warum es gelang, den Hund so eng wie kein anderes Tier in das Sozialsystem des Menschen einzubinden.

„Instinktive Kommunikation"

In meiner verhaltenstherapeutischen Arbeit mit Hunden konnte ich durch das bewusste Ankoppeln an das Instinktverhalten des Hundes bei mehr als 70% der Hunde innerhalb der ersten 20 Minuten eine funktionierende Kommunikationsebene zwischen mir und dem jeweiligen Hund aufbauen. Da sich dadurch die Hunde wieder um Kommunikation bemühten, trat bereits nach einer Therapiesitzung eine deutliche Verhaltensverbesserung ein. Bei nordischen und sehr instinktgebundenen Rassen gelingt mir das meistens vom ersten Augenblick an oder innerhalb nur weniger Minuten. Das liegt daran, dass diese Hunde bedeutend weniger freien Willen besitzen als andere Rassen. Das bedeutet nichts anderes, als dass diese Rassen den instinktiven Reizen einfach erliegen, also gar nicht anders können, als mir mit instinktiven Mustern zu antworten. Dadurch ist eine direkte Übermittlung von Inhalten auf hündischer Ebene möglich. Das spricht diese Hunde wesentlich intensiver und eindeutiger an als unsere menschlichen Kommunikationsmodelle, die auf einer Symbolebene arbeiten, über deren Sinn und Inhalt zuvor erst eine Übereinkunft getroffen sein muss. Die Kommunikation mit stark instinktgebundenen Hunden ist einerseits einfacher, weil sie klaren Mustern folgt, ist andererseits aber weniger faszinierend, weil diese Hunde deutlich weniger Spielraum für den Erwerb neuer und komplexerer Kommunikations- und Verhaltensweisen zur Verfügung haben. Das macht sie auch für menschliche Belange schlechter trainierbar.

Sozialspielgesten aus dem Funktionskreis der Futterrangordnung.

Vertrauen, Respekt und Verständnis

Durch meine intensive Arbeit mit Hunden kam ich sehr schnell zu der Erkenntnis, dass die Natur des Hundes mit seinen rassespezifischen Reizbeantwortungsmustern eine entsprechende Prägung verlangt. Dass eine artgemäße Welpenerziehung den Welpen maßgeschneidert und bewusst in das Regelwerk des sozialen Miteinanders einführen muss. Auf dieser Grundlage entwickelte ich ein auf der Kommunikationsebene des Hundes basierendes Welpenprägungskonzept. Es ermöglicht, den Hund in seiner jeweiligen individuellen Entwicklungsphase wahrzunehmen und ihm damit angepasst an die konkreten

Situationen klare Richtlinien für das gewünschte soziale Verhalten zu geben. Ein Konzept, das in seiner Gesamtheit auf gegenseitigem Vertrauen, Respekt und Verständnis beruht.
Konventionelle Welpen- und Hundekurse hingegen zielen oft nur darauf ab, den Hund für uns Menschen zu funktionalisieren. Dabei treten Empfindungsebene und Realitätsebene des Hundes in den Hintergrund. Für mich ist es deshalb die größte Herausforderung, zu vermitteln, wie man die Realitätsebene der Hunde miterleben und diese auf hündischer Kommunikationsebene mitgestalten kann. Der zentrale Punkt ist dabei immer, gewissenhaft zu überprüfen, ob man sich dabei mit dem Hund wirklich auf einer gemeinsamen Verständigungsebene befindet und ihn nicht nur zu stereotypem Verhalten dressiert, wenn nicht gar drillt. Der Umgang mit Hunden sollte deren Instinktverhalten und das sich daraus ergebende Weltbild der Hunde zum Hauptthema haben. Das ist der Kernpunkt meiner Arbeit mit den Hundebesitzern.

Die Natur des Hundes erkennen

Rassespezifische Ausprägungen

Zählt zu den Hütehunden: der katalanische Schäferhund.

Zum Verständnis eines Hundes ist es von größter Bedeutung, das rassespezifische genetische Potenzial eines Hundes zu erkennen. Deshalb stellt sich die zentrale Frage: Welche Kriterien waren bei der Hundezucht ursprünglich ausschlaggebend? Das erste durch den Menschen bewusst gesteuerte Verpaaren von Hunden fand sicher unter dem Gesichtspunkt der Brauchbarkeit statt. Dabei dürften damals nicht das Aussehen allein, sondern vielmehr das Wesen des Hundes und die sich daraus ergebenden Nutzungsmöglichkeiten den Ausschlag gegeben haben. So bestimmte letztlich der Nutzen über das Überleben einer Rasse. Der Mensch brauchte Hunde für das Bewachen des Gehöfts, zum Hüten und Treiben der Herden und für die Jagd. Wenn ein Bauer einen guten Wachhund hatte, der sich völlig loyal gegenüber der eigenen Familie verhielt und das Territorium nicht verließ, wurde dieser mit einem Hund mit den gleichen Eigenschaften verpaart. Bei Hunden, die zum Hüten eingesetzt wurden, war es wichtig, dass sie auf keinen Fall die Herde verließen, nicht zum Reißen der Tiere neigten und sich gut steuern ließen. Bei den jagdlich genutzten Hunden legte man Wert auf jagdliche Veranlagung. Jagdhunde mussten nicht Haus und Hof verteidigen, sondern Wild aufspüren, anhaltend hetzen, stellen und gegebenenfalls niederziehen. So erhielt man im Laufe der Zeit Hunde, die sich je nach Anforderung im Verhalten und Aussehen ähnlich waren. Diese Hunde ließen sich meistens einer

Region zuordnen. Diese Vorgehensweise bei der Verpaarung und Haltung von Hunden finden wir auch heute noch in einigen stark ländlich geprägten Regionen der Erde.

Entstehung verschiedener Hunderassen

Zählt zu den Herdenschutzhunden: der Maremmano.

Die ersten gezüchteten Hunde waren Hunde für den Gebrauch. Die ersten Reinzüchtungen von Hunden wurden nach den Kriterien des Aussehens und den damit in Verbindung gebrachten und erwarteten Verhaltensweisen, die für die spezifische Nutzung im Vordergrund standen, gezüchtet (Abstammung, Formwert, rassespezifische Leistungen). Daran hat sich bis heute nichts geändert. Auf das Für und Wider und die Auswahlkriterien der einzelnen Zuchtverbände möchte ich hier nicht näher eingehen. Es sei nur so viel gesagt: Ein Hund, der zum Beispiel den so genannten Diensthunderassen angehört, also als Spezialist für polizeiliche Aufgaben und das Bewachungsgewerbe gilt und bei der Zuchtauswahl daraufhin selektiert wird, hat ein entsprechendes genetisches Potenzial zum Bewachen und wird es auch so lange aufweisen, solange er in seinem äußeren Erscheinungsbild einer der Diensthunderassen entspricht. Bei unseren Jagdhunden als Spezialisten für das Jagen, verhält es sich nicht anders. Hier wird besonderer Wert auf das Aufspüren, Verfolgen und gegebenenfalls Töten von Wild gelegt und darauf bei den Zuchtprüfungen selektiert.

DIENSTHUNDE

Für Spezialaufgaben bei Zoll, Bundesgrenzschutz und Polizei finden sich beispielsweise folgende Rassen: Malinois, Deutscher Schäferhund, Rottweiler, Riesenschnauzer, Hovawart, Airedale Terrier, Deutscher Boxer, Bouvier des Flandres, Dobermann.

Ein Herdenschutzhund: der südrussische Owtscharka.

Gebrauchshunde

Im Laufe der Jahrzehnte haben sich durch Reinzüchtungen viele verschiedene Rassegruppen entwickelt, von denen sich jede durch besonders herausragende oder auffällige Eigenschaften auszeichnet. Der überwiegende Teil unserer über 400 anerkannten Rassen zählt zu den so genannten Gebrauchshunden. Diese lassen sich noch einmal unterteilen in Diensthunde, die für den Polizeieinsatz und das Bewachungsgewerbe gezüchtet werden, Hütehunde, die nur hüten oder Herdenschutzhunde, die auch die Herden behüten, also schützen, und Jagdhunde. Jagdhunde kann man noch einmal grob unterteilen in Hetz-, Brackier -, Meute- und Erdhunde, die das Wild und deren Spuren außerhalb des Einwirkungsbereiches ihrer Besitzer anhaltend verfolgen, und Vorsteh- und Apportierhunde, die in der direkten Zusammenarbeit mit ihrem Menschen ihre Aufgaben erfüllen. Die Kategorie Familienhund ergibt sich aus den Haltungsbedingungen in einer Familie. Jeder Hund, der einer Gebrauchshunderasse angehört, wurde also für einen bestimmten Gebrauch durch jahrzehntelange Zuchtauswahl selektiert.Warum glaubt der Mensch, dass diese Veranlagung, die nach Befriedigung drängt, plötzlich nicht mehr vorhanden sein soll? In den letzten Jahren werden jedoch in zunehmendem Maße typische Gebrauchshunde als Familien- und Begleithunde an unerfahrene Hundehalter verkauft, wobei den Käufern von den oft unbedarften Züchtern eingeredet wird, man könne einen Hund züchten, der zwar aussieht wie ein Weimaraner oder ein Border Collie oder ein anderer x-beliebiger Gebrauchshund, dabei aber dessen jeweilige genetische Anlage gar nicht mehr besitzt.

Vor der Anschaffung informieren

Bereits vor der Anschaffung eines Hundes gilt es also, sich gut zu informieren, um einschätzen zu können, welche Probleme mit seiner Erziehung aufgrund seiner Rasse zu erwarten sind. Viele Rassen, insbesondere Herdenschutzhunde, passionierte Jagdhunde und stark instinktgebundene (nordische) Rassen und Mischungen untereinander, sind aufgrund ihrer Genetik nicht wirklich geeignet für den Ersthundebesitzer oder die Integration in eine Familie. Die jeweilig rassespezifisch unterschiedlichen Grundmotivationen eines Hundes im Wechselspiel zwischen sozialer Aktion und Instinktverhalten bestimmen seine Einsatzfähigkeit als Familienhund. Dem Gebrauchshund sollen je nach Verwendung Mut, Härte, Beutemotivation, Finderwille, Raubzeugschärfe, Unbestechlichkeit und etliches mehr zu eigen sein. Braucht man das jedoch beim Familienhund? Unsere Tierheime sind voll mit Hunden, die den Anforderungen als Familienhund nicht entsprochen haben. Die Schuldzuweisung bei der „Abschiebung“ ins Tierheim traf fast immer den Hund. Aber ist das wirklich so?

WICHTIG

Was aussieht wie ein Hai, ist ein Hai und verhält sich auch so! Analog gilt dies auch für den Jagdhund, den Diensthund oder den Herdenschutzhund.

Körpermerkmale geben Aufschluss über Wesensmerkmale

Meine jahrelangen Beobachtungen haben mich immer wieder darin bestätigt, dass man aufgrund des Körperbaus am äußeren, individuellen Erscheinungsbild (nicht nur rassespezifisch) in groben Zügen das tendenzielle Wesen eines Hundes erkennen kann. Der Körperbau des Hundes lässt wiederum auf den Aufbau des Gehirns und der zugehörigen Sinnesorgane schließen. Gehirn und Sinnesorgane entscheiden über die Wahrnehmungsmöglichkeiten des Hundes und geben damit mögliche Verhaltensmuster vor. Genau deshalb zeigt auch ein Hütehund ein anderes Verhaltensmuster als ein Jagdhund oder ein Mischling. Denken Sie nur einmal daran, wie ein Hund auf eine Maus reagiert. Ein Leonberger wird diesen Reiz sicher nicht wie ein Jack Russel

Ein sehr passionierter Jagdhund: die Brandlbracke.

Zu den Hütehunden zählt der Australian Shepherd.

beantworten. Sein Gehirn ist nicht wie das Gehirn eines Jack Russell ausgelegt. Für den Leonberger macht es keinen Sinn, für das Fangen einer Maus enorme Energien aufzuwenden, sie macht ihn nicht satt. Bedenken Sie einfach den Kosten-Nutzen-Faktor, der sich für die unterschiedlichen Rassen ergibt.

Ein Vorstehhund muss vorstehen.

WICHTIG

Die rassespezifischen Grundmotivationen des Hundes sollten bereits in der Welpenerziehung berücksichtigt werden.

Grundmotivation bestimmt das Verhalten

Ein Vorstehhund muss vorstehen, ein Hetzhund muss hetzen. Dienst- und Bauernhunde wiederum lösen sich nicht so leicht von ihren Sozialpartnern, um jagen zu gehen, wie es bei den Jagdhunden der Fall ist. Dienst- und Bauernhunde, zu denen ich die Hütehunde zähle, haben zumeist andere Motivationen, Spuren zu verfolgen und auf Geruchsbilder zu reagieren. Das Verfolgen einer menschlichen Spur kommt bei diesen nicht unbedingt aus der Motivation „Beutemachen", sondern eventuell aus dem Drang, den Anschluss an die Meute oder einen Sozialpartner wiederherzustellen, und gehört damit in den Bereich der sozialen Aktion. Dieses Spurensuchen ist jedoch nie so intensiv und ausdauernd wie die Spurensuche eines Jagdhundes, der Wild verfolgt, um es eventuell zu fressen.
Das Hauptinteresse eines „Bauernhundes" ist also nicht das Jagen, sondern eher das Verteidigen seines Territoriums, das Hüten und gegebenenfalls Schützen der Herde. Hier ist der Gebrauch der Nase nicht jagdlicher Natur, sondern dient zum Beispiel dem Auffinden verloren gegangener Herdenmitglieder oder der Orientierung und dem frühzeitigen Erkennen von sich nähernden Eindringlingen. Wenn er einen Eindringling wittert, wird er Orientierungsverhalten zeigen, zuordnen, ob Freund oder Feind, gegebenenfalls aufstehen, kurz bellen und sich wieder hinlegen. Es wird ihm genügen, den Eindringling zu vertreiben, und er wird den fliehenden Eindringling daher auch nicht anhaltend verfolgen. Dazu müsste er ja die Herde oder das Anwesen verlassen und würde dadurch die Kontrolle darüber verlieren. Der Jagdhund wiederum wird, während er jagt, Menschen, die sich ebenfalls im Revier befinden und seinen Weg kreuzen, nur nebenbei registrieren. Seine ganze Aufmerksamkeit gilt dem Wild. Je nach Rasse wird das Verhalten des Hundes also von unterschiedlichen Grundmotivationen bestimmt.

Konsequenzen für die Welpenerziehung

Prinzipiell lassen sich die Grundregeln der Welpenerziehung auf alle Hunderassen anwenden. Man sollte sich jedoch bereits im Umgang mit dem Welpen seiner rassespezifischen Eigenschaften bewusst sein: Ein Herdenschutzhund lässt sich durch nichts in der Welt zu einem

Zwei unterschiedliche Charaktere: Der 13 Monate alte Bearded Collie und der 5 Monate alte Herdenschutzhundmischling. Ein starres, schematisches Übungsprogramm wird keinem der beiden gerecht werden.

passionierten Jagdhund, der perfekt mit seinem Besitzer zusammenarbeitet, umfunktionieren. Genauso wenig wird ein English Setter eine Herde bewachen. Alle Rassen folgen jedoch den Grundregeln der hündischen Kommunikation, die im Sozialspiel vertieft werden. Für Hunde stellt beispielsweise Beute einen hohen sozialen Aspekt dar. Beute hat oft etwas mit Futterrangordnung zu tun, wenn sie ins Sozialspiel eingebunden wird. Im Sozialspiel, wie in jeder sozialen Interaktion, wird immer der Ernstfall geprobt. Die im Sozialspiel getroffenen Übereinkünfte – ob zwischen Hund und Hund oder Mensch und Hund –, sind immer verbindlich, insbesondere auch für die Zukunft. Hunde machen hier keine Unterschiede. Mit dem richtigen Verständnis für die instinktiven Grundmotivationen lassen sich gerade mit diesen, wenn sie intelligent genutzt werden, enorme Erfolge in der Welpenprägung und weiteren Hundeausbildung erzielen. Leider wird heute noch viel zu häufig über ein starres, schematisches Übungsprogramm, in dem nicht individuell genug auf die jeweiligen instinktiven Grundmotivationen des Hundes eingegangen wird, gearbeitet. Es gilt daher, den Hund nicht zu starren Reizbeantwortungsmustern zu konditionieren, sondern vielmehr, ihn besser lesen und dadurch verstehen zu lernen. Bevor also mit einem Hund gearbeitet wird, sollte das Auge des Hundehalters beziehungsweise des Hundeführers entsprechend geschult sein. Das wird zur Basis für einen artgerechten Umgang mit dem Hund.

Artgerechter Umgang mit dem Hundewelpen

Grundlagen der Fichtlmeier-Methode

Um Ihnen den Zugang zu meinem Konzept der Welpenprägung und Hundeerziehung zu erleichtern, möchte ich Sie mit fünf Grundaussagen vertraut machen. Diese bilden die Basis für meinen Umgang mit dem Sozialpartner Hund von Welpenbeinen an. In diesen fünf Grundaussagen spiegelt sich die Basis meiner Erkenntnisse, die ich in jahrzehntelanger Beobachtung von Hunden und der verhaltensverändernden Arbeit mit ihnen und ihren Besitzern gewonnen habe. Wenn Sie diese Grundaussagen berücksichtigen und wirklich ernst nehmen, dann lassen sich daraus die wichtigsten Regeln für die Kommunikation zwischen Mensch und Hund ableiten. Sehen wir uns die einzelnen Punkte genauer an.

GRUNDAUSSAGEN ZUR FICHTLMEIER-METHODE

1. Das Weltbild des Hundes

Der Hund macht sich – wie jedes komplexe Lebewesen, das noch dazu in hochkomplexen Zusammenhängen lebt – ein Bild von der Welt.

2. Prägung durch den Menschen

Der Mensch beeinflusst das Bild, das der Hund sich von der Welt macht.

3. Der Hund als soziales Wesen

Der Hund ist ein gruppendynamisches Tier. Er kommuniziert ähnlich dem Menschen durch seine Mimik, seine Gesten, seine Empfindungslaute und über seine Verhaltensmuster, die aus der jeweiligen sozialen Gemeinschaft, in der er lebt, ableitbar sind.

4. Der ausgeglichene Hund

Instinkt und Selbstkontrolle beim Hund müssen zueinander in Balance sein (ein Zustand inneren Gleichgewichts). Erst dann ist ein harmonisches Zusammenleben von Hund und Hundehalter möglich. Der Mensch sollte die Balance des Hundes unterstützen.

5. Klarheit in der Kommunikation schafft Vertrauen

Der Mensch, der gelungen mit dem Hund kommunizieren will, sollte seine Signale auf Klarheit und auf die Übereinstimmung von Stimme, Körper und innerer Gestimmtheit überprüfen.

Das Weltbild des Hundes

Wie ist die Welt?

Ist die Welt so, wie der Mensch sie sieht, oder ist sie unabhängig von dem, der darauf schaut? Was bestimmt, wie jemand sie sieht? Wie kommt es, dass Menschen ganz unterschiedlich auf ein- und denselben Sachverhalt reagieren? Wie beurteilt bzw. reagiert wird, hat unter anderem mit den Interessen, der Einstellung, den Bewertungsmaßstäben und den Erfahrungen des Einzelnen zu tun, und damit, wie er seine Erfahrungen verallgemeinert, Strategien entwickelt und welche Motivation zu Grunde liegt, um die eigenen Ziele zu verfolgen und schließlich auch zu erreichen.
Ein einfaches Beispiel, um zu zeigen, wie unterschiedlich je nach Blickwinkel und Interessenslage die Interpretation der Welt ist:

Ein kleiner weißer Welpe, zwei Monate alt, tapst auf dem Rasen herum. Ein junges Mädchen sagt, als sie ihn sieht: „Ach, wie süß! Ist der niedlich!" Der Nachbar: „Ich will keinen Hund hier, der kläfft ja andauernd!" Die Sauberkeitsfanatikerin, die um größte Reinlichkeit besorgt ist, wettert: „Nichts für mich, der macht hier alles dreckig!" Der Jäger: „Wieder einer, der immer nur die Rehe hetzt!"

Und wenn Sie zu denen gehören, die den Welpen süß finden, dann verstehen Sie die anderen wahrscheinlich gar nicht und die wiederum verstehen Sie genauso wenig. Immer aber ist der objektive Sachverhalt derselbe, es läuft ein kleiner Welpe über den Rasen. Okay – könnten Sie sagen, das mag bei Menschen so sein. Was aber hat das mit Hunden zu tun?

Der Hund macht sich ein Bild von der Welt.

Ein Bild von der Welt

Der Hund macht sich – wie jedes komplexe Lebewesen, das noch dazu in hochkomplexen Zusammenhängen lebt – ein Bild von der Welt. Jeder Hund macht das, auch Ihrer. Hunde haben Interessen und sie machen Erfahrungen, die ihr persönliches Bewertungssystem beeinflussen und über ihr Weltbild entscheiden. Ein Beispiel soll Ihnen das veranschaulichen.

Ein Welpe winselt, der Mensch kommt und kümmert sich um ihn. Dann winselt er noch einmal und wieder kommt ein Mensch. Jetzt realisiert er: ‚Winseln = ein Mensch kommt'. Das bedeutet weit mehr als nur, dass jemand kommt. Der kleine Hund bemerkt, dass er etwas bewirken kann, dass er seine Umwelt steuern, beeinflussen kann. Er wird sich seiner Möglichkeiten bewusst, auf die Welt einwirken zu können. Der Welpe hat eine Strategie entwickelt, auf die er aufbauen wird. Er kann mit der Welt in Kontakt treten und mit seiner Strategie etwas erreichen. Er hat das Muster erkannt: Ich handle so und erziele damit eine ganz bestimmte Reaktion.

Wie kommt der Hundewelpe zu dieser Schlussfolgerung? Die Hundemutter reagiert auf den Welpen von Geburt an und kommuniziert mit diesem und zwar so, wie Hunde es miteinander tun, „hündisch". Der Welpe kann darauf vertrauen, dass das, was er macht, auch wirklich so beantwortet wird, dass er es verstehen kann. Schnell, effektiv und ohne lange hinterfragen zu müssen. Das funktioniert nicht nur mit seiner Hundemama, nein, es funktioniert auch mit dem zu diesem Zeitpunkt noch nicht sehr komplexen Rest der Welt.

Die Welt ist in Ordnung

Der engagierte Züchter wird ebenfalls von Anfang an darauf achten, dass es seinen Welpen gut geht. So erlebt jeder einzelne Welpe, dass er es warm hat, dass er genug zu fressen hat, dass er in der Nähe seiner Mutter ist. Der Welpe erlebt die Welt zunächst einmal nur positiv und für ihn verständlich. Seine Welt präsentiert sich in vollkommener Ordnung: ‚Ich bin geborgen, schrei' ich ein bisschen, ist sofort jemand da. Meine Bedürfnisse werden alle befriedigt'.

Viel zu schnell verlieren Welpen gegenüber Menschen ihre hündische Art der respektvollen Kontaktaufnahme.

Die Welt verändert sich

Doch die Zeit beim Züchter geht zu Ende und er kommt in ein neues Zuhause. Jetzt ist alles anders. Die Rahmenbedingungen und Regeln, die er bis jetzt kennen gelernt hatte, sind nicht mehr dieselben. In manchen Familien kommt es vor, dass er tagsüber bemuttert wird, nachts jedoch soll er aus hygienischen oder sonstigen Gründen nicht bei den Kindern oder den Eltern schlafen. Da wird er dann wegge-

Reglementierung und Brutpflegeverhalten finden in einem angepassten Wechsel statt.

RÜCKSPRACHE

Sie können keinen ruhigen, ausgeglichenen, auf die Familie bezogenen Hund bekommen, wenn der Welpe oder Junghund Probleme, die sich ergeben, alleine und auf sich gestellt lösen muss. Er wird selbstständig Problemlösungsstrategien entwickeln, und diese ohne „Rücksprache" durchzusetzen versuchen.

sperrt, in die Küche oder einen Zwinger, isoliert, allein gelassen und mit einer Welt konfrontiert, die er so noch nicht kennen gelernt hat. Er wird älter und entwickelt sich dabei rasend schnell, wird immer entdeckungsfreudiger und agiler. Sein neuer Sozialpartner meint es sicher gut mit ihm, wenn er ihm zum Beispiel freien Zugang zum Garten gewährt. Dabei wird oft nicht bedacht, dass der Welpe auch hier wieder auf sich allein gestellt ist und deshalb aus den sich ergebenden Situationen seine eigenen Rückschlüsse für das Verständnis der sich ihm eröffnenden Welt ziehen muss. Der Hund, der alleine im Garten wacht, wird eventuell auch später das Umfeld draußen unter Kontrolle bringen wollen. Der Welpe, der Katzen oder Vögel aus dem Garten verjagen darf, wird diese höchstwahrscheinlich auch außerhalb des Gartens verjagen, ohne zuvor bei seinem Sozialpartner Mensch nachzufragen, ob sein Handeln so in Ordnung ist. Schließlich hat der Mensch den Welpen bereits in vorangegangenen Erfahrungsprozessen mit der Situation konfrontiert, alleine entscheiden zu müssen.

Positive Erfahrungen

Wenn Sie in den wichtigsten Erfahrungsphasen Ihres Welpens nicht an seiner Seite sind, dann wird er nur auf seine eigenen Lösungsmodelle zurückgreifen können. Um das zu vermeiden, sollte der noch „leere" Erfahrungsspeicher des Welpengehirns stattdessen mit positiven Erfahrungen des sozialen Miteinanders gefüllt werden und nicht ein Bündel von Erfahrungen aus verselbstständigtem Lustgewinn und unbewusster Triebbefriedigung beinhalten. Im Allein-gelassen-Werden kann kein soziales Miteinander entstehen. Lassen Sie also Ihren Welpen die wichtige Erfahrung machen, dass er Ihnen getrost die Problemlösung überlassen kann und er nicht immer auf sich allein gestellt selbst aktiv werden muss.

Auf meinen Menschen kann ich mich verlassen wenn's knifflig wird.

Schlussfolgerungen

Alle Erfahrungen, die ein Welpe mit seiner Umwelt macht, bilden für ihn die Basis, grundlegende Zusammenhänge herzustellen und sich daraus ein Weltbild zu konstruieren. Der Hund erarbeitet sich aus den Erfahrungen, die er mit seinem Verhalten und den daraufhin erhaltenen emotional-sozialen Antworten seiner Umwelt macht, Lösungsmodelle für zukünftige gleiche oder ähnliche Situationen. So stellt der Welpe aus Situationen im Familienalltag Zusammenhänge zwischen Verhalten X und Reaktion Y her, die zwar für ihn aus seiner Perspektive einen Sinn ergeben, jedoch nicht unbedingt im Sinne der Familie sind, da der Mensch naturgemäß andere Bewertungsmaßstäbe zu Grunde legt als der Hund. Ein Beispiel:

Der junge Hund bellt tagsüber im Garten, ausgelöst durch einen entsprechenden Reiz, und die Familie bewertet das Verhalten des jungen Hundes positiv als ersten Ansatz für erwünschtes Bewachen. Bellt er jedoch nachts im Haus, wieder ausgelöst durch einen Reiz, den der Mensch vielleicht gar nicht wahrnimmt, wird er plötzlich geschimpft. So driftet das Realitätsverständnis der Sozialpartner auseinander. Denn der Hund wird in einer solchen Situation plötzlich mit einer Realität konfrontiert, deren Hintergründe er gar nicht begreifen kann. Die Bewertungskriterien des Menschen sind für ihn nicht nachvollziehbar, während es für den Menschen völlig klar ist, dass er in einer Situation so und in der anderen so handelt. Der Welpe jedoch zieht aus dieser und ähnlichen Erfahrungen seine eigenen Rückschlüsse. Er macht sich ein Bild von dieser Welt, die ihn umgibt.

Kein Flohbefall, sondern Konfliktverhalten!

Verwirrung vorprogrammiert

Der Welpe kann Schlussfolgerungen ziehen, die viel weitreichender sein können, als es manche Menschen wahrhaben wollen. Denn er kann durch diese und andere ähnliche Erfahrungen zu der erschütternden Feststellung kommen, dass er hoffnungslos verloren ist. Dass er sich einfach nicht mehr auskennt in dieser verunsichernden, fremden Welt. Er macht die Erfahrung, dass seine Laute, das Bellen, einmal reglementiert werden und ein anderes Mal akzeptiert sind, dass seine Verhaltensmuster mal so und mal anders beantwortet werden. Und so kommt er zwangsläufig zu der Erkenntnis, dass diese Welt eigentlich gar nicht mehr so einfach ist, wie er sie bisher noch erfahren hat. Er kommt mit dem in seinen Augen „emotional unberechenbaren" Mensch nicht klar. Der ist mal freundlich und mal nicht. Der schwankt in seinen Stimmungen. Mal gibt's Küsschen und mal die Zeitung auf das Hinterteil. Die Wertmaßstäbe und Signale des Menschen, wenn diese nicht mit dem Hund eindeutig abgeglichen wurden, wirken für den Welpen chaotisch und bieten ihm keine positive Orientierungshilfe. Er kann über Versuch und Irrtum gar nicht so schnell mitlernen, um wirklich erfassen zu können, wie und warum der Mensch sich ihm gegenüber mal so und mal so verhält.

KONSTRUIERTE REIZE

In der Familie entsprechen die meisten Reize, die der Hund verarbeiten muss, nicht der Natur des Hundes. Es handelt sich für ihn um konstruierte, dem menschlichen System entspringende Reize. Er kann zu keinem für ihn befriedigenden Ergebnis gelangen, wenn er sie instinktiv beantwortet.

Hunde fühlen sich oft nicht verstanden

Ein Hund, der sich nicht verstanden fühlt und beim Meistern der Herausforderungen, die diese neue, komplexe Welt an ihn stellt, allein gelassen wird, steht unter Druck. Er hat Stress. Bekommt er nicht die richtige Unterstützung durch seinen Sozialpartner Mensch, dann muss er sich seine eigene Welt aufbauen, und das ist dann eine, an der er andere nur noch reduziert teilhaben lässt. Er läuft mit Stress in dieser Welt herum und versucht, diese so zu strukturieren, dass sie wieder zu einer Welt wird, in der er sich wohlfühlen kann. Eine Welt, die er begreifen kann, in der er weiß, was gut und was nicht gut für ihn

WICHTIG

Unangenehmen Dingen und Situationen ausweichen oder sie durch Aggressivität bewältigen, kann zu einer Überlebensstrategie werden.

ist, um positive Rückmeldungen zu erhalten und dadurch soziale Sicherheit zu erfahren. Denn der Welpe muss für sein Überleben ein Regelwerk erkennen können, das ihm gestattet, Strategien zu entwickeln. Er muss wissen, woran er ist. Er entwickelt sich, hat Bedürfnisse und will diese befriedigen. Er will überleben in dieser komplizierten Welt. Und so probiert er immer wieder aufs Neue aus, was und wie dieses Überleben funktioniert.

Aneinander vorbeireden

Der Welpe wird immer versuchen, mitzuhalten, um schnell und möglichst variabel auf die vielen verschiedenen Reize, die aus seiner Umwelt auf ihn einströmen, richtig zu reagieren. Denn er will vermeiden, dass die Reaktion auf sein gezeigtes Verhalten unangenehm ist, er will auf gar keinen Fall Stress und negatives Feedback. Und so variiert er kontinuierlich sein Verhalten. Und dann kommt es zu folgendem Wechselspiel: Der Hundehalter bekommt immer wieder neue, geringfügig andersartige Antworten in Form unterschiedlicher Verhaltensweisen von seinem Welpen angeboten. Daraufhin modifiziert der Besitzer wieder seine Verhaltensmuster, weil er von seinem Welpen auch

Wenn Sie Ihrem Hund die familieninternen Regeln einfach und klar verständlich machen, ist er damit nicht überfordert.

nicht dieselbe, von ihm erwartete Antwort erhalten hat. Beide sind beständig am modifizieren und „reden“ dabei aneinander vorbei. Der Hund reagiert schlussendlich immer chaotischer und unberechenbarer. So entsteht das, was man einen Teufelskreis nennt. In solchen Situationen wird das leicht mit Ungehorsam verwechselt und somit zu Unrecht reglementiert.

Der Ausweg

Erfreulicherweise gibt es jedoch einen noch dazu simplen Ausweg. Es bedarf lediglich der Einfachheit. Wenn der Besitzer sich in seinen Verhaltensmustern drastisch reduziert und dabei auch noch Klarheit in seine Signale bringt, kann er diesen Teufelskreis durchbrechen. Dann ist der Hund nicht mehr zur permanenten Modifizierung seiner Antworten, seiner Verhaltensweisen genötigt. Also lassen wir es im beiderseitigen Interesse erst gar nicht so weit kommen!

Den Hund Hund sein lassen

Hier ist der Hund noch Hund.

Das Miteinander von Mensch und Hund wurde in den vergangenen Jahrzehnten durch die sozialen Veränderungen, die auch das Weltbild des Menschen veränderten, immer komplexer. Durfte der Hund früher noch Tier sein und wurde er nicht in alle Aktionen des Tages integriert, so wird er heute als vollwertiges Familienmitglied betrachtet. Dabei setzt der Mensch voraus, dass der Hund sich auch als solches begreift und entsprechend denkt und handelt. Viele Menschen sehen in ihren Hunden einen Lebenspartner, den sie dem Menschen gleichstellen und mit denselben Attributen und Erwartungen belegen wie sonst nur Ehepartner, Kinder oder gute Freunde.
Mit dieser Rolle ist der Hund überfordert! Deshalb möchte ich Sie darum bitten, den Hund erst einmal Hund sein zu lassen und Ihren Welpen deshalb in einer Art und Weise zu erziehen, die er verstehen kann! Sein neues Umfeld und die familieninternen Regeln müssen dem Welpen erst verständlich gemacht werden. Er muss Stück für Stück in den sehr komplexen Alltag eingeführt werden. Dabei ist es von großer Wichtigkeit, dass er seine neuen Gruppenmitglieder verstehen kann und diese ihn auch verstehen können. Dazu muss man eine gemeinsame Sprache entwickeln. Der Welpe muss den Mitgliedern seiner neuen Gruppe in jeder Situation vertrauen können. Hat er verstanden, was von ihm erwartet wird, und sind unsere Reaktionen auf sein Verhalten für ihn vorhersehbar, ergibt sich für ihn eine Welt, die er erfassen kann und die ihm Geborgenheit vermittelt. Das Weltbild des Hundes ist dann ein positives Weltbild, so dass er psychisch stabil heranwachsen und sich zur Zufriedenheit aller entwickeln kann.

Prägung durch den Menschen

Der Mensch beeinflusst das Weltbild des Hundes

Der Hund braucht und sucht den Sozialverbund mit dem Menschen. Und so erweitert sich sein Weltbild durch das, was er von und durch die Menschen erfährt. Das Bewertungssystem, entscheidend für das Weltbild des Hundes, wird durch alle Umwelterfahrungen vom ersten Tag seines Lebens an gebildet. Der Mensch ist also zu einem großen Teil mitverantwortlich dafür, auf welche Art und Weise der Hund sich seine Realität konstruiert.

Ein Hund, der ins Wasser geht, um zu schwimmen, weil er gerne schwimmt, weil ihn die Natur zur Wasserfreude angelegt hat, hat ein gänzlich anderes Bild von der Welt des Wassers als ein Hund, den es nicht zum Wasser drängt und der versehentlich ins Wasser fällt oder gar vom Menschen ins Wasser geworfen wird und dann „um sein Leben" paddelt, um schnellstmöglich wieder ans Ufer zu gelangen.

Der Mensch gestaltet also die Rahmenbedingungen, innerhalb derer ein Hund Erfahrungen machen kann. Diese werden vom Hund seinem individuellen Empfinden nach eingeordnet. Sie dienen in der Folge als Wertmaßstab zur Einordnung zukünftiger Ereignisse. Daraus wird der mögliche Erfahrungsbereich des Hundes vorherbestimmt. Und dies obwohl im Hund, je nach Rasse und individueller

So macht Schwimmen keinen Spaß!

Veranlagung, bereits ein Bewertungssystem vorgegeben ist. So wird also beispielsweise die Erfahrung „Wasser" zum einen von dem genetisch vorgegebenen Bewertungsmuster bestimmt und zugleich durch die individuelle, konkrete Erfahrung modifiziert. Je nachdem, wie der Mensch den Hund ans Wasser heranführt, wird er Wasser empfinden. Zwingt der Mensch einen Welpen gegen dessen Willen ins Wasser, wird dieser unter Umständen ein Leben lang das Wasser meiden. Gestaltet er hingegen das Schwimmen gemeinsam mit seinem Hund zu einem sozialen Erlebnis, verbindet der Hund mit Wasser von Anfang an eine positive Empfindung.
Ein Hund kann sich nicht mit Hilfe seines Verstandes von einer einmal gemachten Erfahrung distanzieren. Jede Erfahrung beeinflusst sein Weltbild fundamental. Dem Menschen ist oft nicht bewusst, dass der Welpe sich in allem, was er tut, definiert und erfährt. Und genau deshalb wird mit jeder Erfahrung, die der Hund macht, die Basis zu den später gezeigten Verhaltensmustern gelegt. Hier liegt also die Verantwortung des Hundehalters, der mit seinem eigenen Handeln im Sozialkontakt mit dem Hund dessen Weltbild Tag für Tag entscheidend mitbestimmt.

1 Unter Artgenossen fühlt sich der Hund verstanden und vergisst seinen Menschen.

2 Soll ich – oder soll ich nicht?

Wie ein Verhalten entsteht

Viele Hundebesitzer erzählen mir, dass sie folgendes Problem haben: „Mein Hund kommt immer, wenn ich ihn rufe, nur wenn er andere Hunde sieht, dann hört er nicht mehr und muss diese erst ‚begrüßen'!" Wieso ist das so? Was liegt dem zu Grunde? Meistens haben die Menschen die Basis für dieses Verhalten selbst gelegt. Sie haben es ihren Hunden genauso beigebracht wie die Hunde es zeigen! Von klein auf haben sie das mit ihrem Welpen „trainiert" – natürlich ohne sich dessen bewusst zu sein.

Ein Hundehalter trifft mit seinem angeleinten Welpen auf andere Hundehalter, ob auf der örtlichen Hundewiese oder in der Welpenspielgruppe. Jetzt passiert Folgendes: Der Hund, er kennt das ja schon, ist in Erwartung auf das nun folgende Sozialspiel wieder ganz aufgeregt und hängt ziehend in der Leine, um

WICHTIG

Ein Regelwerk von Verhaltensweisen, die der Mensch konsequent lebt, gibt einen sozialen Rahmen vor und wird zur zweiten Natur des Hundes.

1 Das ruhige Verhalten an der Leine bei Begegnungen mit Artgenossen wird durch anschließendes Sozialspiel belohnt.

2 Ist Ihr Welpe an der Leine, sorgen Sie ruhig und souverän dafür, dass er nicht von anderen Hunden bedrängt wird.

schnellstmöglich zu den Artgenossen zu gelangen. Schnell beendet der Mensch die für ihn selbst eher unangenehme Situation (unruhiger, an der Leine ziehender Hund). Die Leine wird abgeklinkt und zwar so, dass der Hund sich dabei schon ziehend in Richtung Artgenossen orientiert, also nichts anderes mehr im Sinn hat als ab ins Getümmel. Herrchen oder Frauchen sind in diesem Moment absolute Nebensache.

Der Mensch erklärt sein Verhalten so: „Ich will meinem Welpen viel Sozialkontakt zu Artgenossen ermöglichen, damit er sich gut sozialisieren kann!“ Das hat er aus den vielen Informationen über Hunde- und Welpenerziehung. Also sucht der Hundebesitzer nach Kontaktmöglichkeiten, was ja grundsätzlich auch völlig richtig ist! Er freut sich, wenn das klappt, und meistens freut sich auch der Hund. Und jetzt passiert etwas ganz Wesentliches: der Hund sieht den „Spielkameraden“, beginnt an der Leine zu ziehen, wird unruhig. Unverzüglich reagiert der Mensch, es kommt der Griff zum Halsband – Leine ab – und los geht's.

Verhalten geprägt durch den Menschen

Wie interpretiert der Welpe diese Situation? Er lernt: „Artgenossen sehen, an der Leine ziehen“ führt zu „losgemacht werden, dann kann ich toben“. Das Bewertungssystem, nämlich wie er sich verhalten kann oder darf, wenn er mit seinem Menschen anderen Hunden begegnet, bildet sich in dieser Weise aus und festigt sich mit jedem Tag, an dem er diese Erfahrung erneut macht! Auf diese Erfahrung greift der Hund natürlich später zurück. Das Muster schleift sich ein und schon „sitzt“ diese Erfahrung und bildet eine Facette seines Weltbildes – geprägt durch den Menschen.

Die Erfahrungsräume des Welpen bewusst gestalten

Nehmen Sie bewussten Einfluss auf die Erfahrungen, die Ihr Welpe macht. Nutzen Sie beispielsweise die Begegnung mit anderen Hunden und Hundehaltern dazu, Ihren Welpen zu ruhigem Verhalten an der Leine zu motivieren, indem Sie sein Zerren an der Leine mit Verlangsamung Ihres Schrittes oder Stehenbleiben beantworten, ruhiges Verhalten hingegen deutlich loben. Lassen Sie Ihren Hund die Erfahrung machen, dem Sozialspiel anderer auch nur mal zuzusehen. Das erhöht seine Frustrationstoleranz. Sie kennen sicher das Phänomen, dass verwöhnte Kinder, die immer alles dürfen, oft die unzufriedensten sind. Und: Lassen Sie Ihren Hund erst, wenn er ruhig vor Ihnen sitzt und Blickkontakt hält, von der Leine. Als Belohnung für sein ruhiges Verhalten und seine Aufmerksamkeit Ihnen gegenüber geben Sie ihn durch eine deutliche Geste mit der Botschaft „Lauf" frei zum Sozialspiel mit den Artgenossen. Zudem findet das Ableinen im Rahmen einer bewussten sozialen Interaktion statt. (Mehr Informationen hierzu finden Sie im Kapitel „Leinenführung" ab S. 141.) Und noch etwas: Achten Sie darauf, dass sich Ihr Hund aus einer Gruppe freilaufender Hunde jederzeit abrufen lässt. Das kann und sollte man üben, damit es in brenzligen Situationen auch wirklich jederzeit klappt.

WICHTIG

Bereits im Welpenalter wird, je nach entsprechender Umsicht des Hundehalters, Einfluss darauf genommen, wie sich der Hund bei späteren Zusammenkünften mit Artgenossen verhalten wird.

Jede Erfahrung zählt

Hundehalter, die zu einem Welpentreff kommen, begrüßen sich und vergessen dabei manchmal, dass sie ihren Hund an der Leine haben. Sie unterhalten sich, während die Welpen unten an der Leine scheinbar spielerisch irgendetwas machen. Der eine wird dabei plötzlich vom anderen bedrängt, fühlt sich nicht wohl dabei, doch der Besitzer merkt nichts davon. Also muss der Kleine die Sache wohl selbst regeln. So lernt er, dass unangenehme Situationen an der Leine von ihm selbst geregelt werden müssen. Das sieht jedoch bei weitem nicht mehr so putzig aus, wenn aus dem Welpen ein ausgewachsener, 45 Kilogramm schwerer und mit tiefer Stimme bellender Hund geworden ist, der mit ganzem Einsatz in der Leine hängt, um eine vielleicht nur vermeintlich vorhandene Bedrohung abzuwehren oder einer bedrängenden Situation irgendwie Herr zu werden.

Da kann es später ganz schnell zu ernsthaften Konflikten kommen. Beide müssen lernen sich zurückzunehmen.

Nachgeben

Einer der ältesten und stärksten Hunde einer Welpengruppe reglementiert bereits jetzt problemlos alle Artgenossen nach Gutdünken, erfährt sich in seiner scheinbaren Stärke und zieht alle Register. Er „spielt" mit den anderen „Leg dich auf den Rücken", nur er selbst muss sich nie unterordnen – nicht in der Hundegruppe und nicht bei seinem Menschen. Seine Menschen laufen ihm immer hinterher und betteln um ein bisschen Kontakt, den er nach „Gutsherrenart" zuteilt. Futter gibt es jederzeit zur freien Aufnahme und ohne Gegenleistung. Frauchen hat ihm sogar extra ein Brustgeschirr gekauft, damit es ihm nicht so am Hals wehtut, wenn er an der Leine zerrt. Doch er bestimmt nicht nur an der Leine, wo es langgeht. Der Hund entwickelt Rambo-Verhalten, da er nie gelernt hat, sich am Sozialpartner Mensch zu orientieren und sich auch mal zurückzunehmen. Dann trifft er eines schönen Tages außerhalb seiner Hundeschulgruppe auf einen stärkeren erwachsenen Rüden, nennen wir ihn Rex, der vom jungen „Rambo" durch dessen Auftreten provoziert wird und dadurch ein „Beschwichtigen" und „Sichzurücknehmen" einfordert. Da eskaliert die Situation. Rex packt Rambo und schüttelt ihn, da dieser sich nicht mit angezogenen Vorderpfoten vor ihm auf den Rücken legt. Natürlich schimpft Rambos Frauchen furchtbar auf den bösen Rex. Dieser, so denkt sie, ist ein ganz übler, schlecht sozialisierter Hund, da er doch Rambos Welpenschutz (den es leider so nicht gibt) nicht berücksichtigt hat.

WICHTIG

Jung sein ist in der Hundewelt kein Freibrief für unangemessenes Verhalten – und schon gar nicht gegenüber Zweibeinern!

Die Realität sieht in Wahrheit so aus, dass hier mit Rambo ein Hund heranwächst, der nicht gelernt hat, dass Konflikte auch gelöst werden können, indem man sich zurücknimmt. Hier also muss richtige Welpenerziehung ansetzen. In den Kapiteln „Ein Welpe kommt ins Haus" (S. 105) und „Mit dem Hund unterwegs" (S. 141) finden Sie einige Übungen, die Ihnen helfen, Ihren Welpen das Nachgeben zu lehren.

1 Ganz unterschiedliche Charaktere treffen hier zusammen – da ist der Trainer gefordert.

2 Unsichere Welpen brauchen Unterstützung, um mit den anderen zurecht zu kommen.

Gruppendynamik und ihre Folgen

Mancher Hund kommt altersbedingt oder aus Unsicherheit wegen fehlendem Sozialkontakt innerhalb einer Welpengruppe mit der Gruppendynamik, die sich durch die anwesenden Hunde ergibt, nicht klar. Dabei fühlt er sich von seinem Menschen nicht unterstützt, weil dieser ihn mit den Worten: „Nun spiel mal schön" ins Getümmel schickt. Er versucht, dem Ganzen zu entfliehen, indem er andere Hunde wegschnappt oder sich versteckt. Keiner steht ihm zur Seite, keiner bemerkt seine Unsicherheit, er muss sich selbst den Freiraum schaffen und lernt unter Umständen sehr schnell, dass Aggression eine Lösung ist. Wie oft sieht man die Menschen darüber lachen, wenn so ein kleines Wollknäuel wild um sich beißend seine Hilflosigkeit zum Ausdruck bringt. Es sieht halt jetzt noch süß aus und „der kleine Racker weiß sich ja zu wehren", so die völlig falsche Wahrnehmung und Einschätzung mancher Hundehalter.

Geht man mit seinem Hund in einen wenig professionell geführten Welpentreff und überlässt ihn dort den anderen Hunden, ist er deren Willkür, also der Gruppendynamik, ausgeliefert. Er muss dann mit den Problemen, die sich in einem begrenzten Raum ergeben, aus dem er nicht ausweichen kann, selbst klarkommen. Sein Mensch steht ihm nicht zur Seite. Es entsteht eine gewisse Art der Verselbstständigung, die Probleme nach sich ziehen kann. Er lernt, ich muss Konflikte alleine lösen, z. B. über Aggression. Damit sind spätere Probleme schon zu diesem frühen Zeitpunkt vorprogrammiert.

Stehen Sie Ihrem Hund bei

Scheuen Sie sich also in einer Situation wie der zuvor geschilderten nicht, Ihren Gefühlen entsprechend zu reagieren, und akzeptieren Sie keine typischen Antworten wie: „Die regeln das schon unter sich“ oder „Nur so können die Hunde lernen, mit Frustrationen umzugehen“ oder „Hunde dieser Rasse sind einfach so, da kann man nichts machen“. Fragen Sie nach und bleiben Sie dabei hartnäckig. Sprechen Sie den Trainer darauf an, dass Sie Ihrem Hund zur Seite stehen wollen. Bieten Sie Ihrem Welpen einen Rückzugspunkt, indem Sie ihm, wenn's knifflig wird, die aufdringlichen Artgenossen vom Leibe halten. Zum Beispiel, indem Sie den anderen angemessen wegschubsen, so dass Ihr Hund eine kurze Verschnaufpause hat und dann wieder frei ins weitere Sozialspiel gehen kann. So macht Ihr Welpe eine Erfahrung, die zum Teil seines Weltbildes wird: „Mein Mensch ist immer an meiner Seite und schaut, was da so läuft. Notfalls passt er auf mich auf.“ Ein zentraler Baustein für eine vertrauensvolle Bindung zwischen Mensch und Hund wird so gelegt. Nutzen Sie diese Möglichkeit.

Richtige Welpenprägung erfordert Fachkompetenz

Eine Hundeschule sollte Ihnen bei allen Ausbildungsfragen kompetent zur Seite stehen. Wird Ihnen nur das Dominanzmodell vom Menschen als alleinigem Alpha angeboten, das oberflächlich vom Wolfsmodell abgeleitet wurde, weist dies noch nicht auf fundiertes Wissen und kompetente Ausbildung hin. Ich persönlich konnte noch in keiner Hundegruppe beobachten, dass ein „Alphahund“ in **allen** Bereichen seine Position und seinen Status herauskehrt und verteidigt.

Eine kompetente Hundeschule geht situationsbezogen und individuell auf Hund und Hundehalter ein.

Dominanz

Meiner Ansicht nach ist Dominanz beim Hund nicht genetisch bedingt, ist also keine Wesenseigenschaft und damit auch nicht bestimmend für sein Sozialverhalten, wie es vielfach und nur oberflächlich für das Sozialverhalten der Wölfe postuliert wird. Dominanz ist in meinen Augen also kein naturgemäß vorgegebenes Verhaltensmuster, sondern tritt nur in Beziehungen zwischen Sozialpartnern auf, bei denen sich der Partner, der sich dominieren lässt, nicht entziehen kann oder ein so starkes Interesse an dieser Beziehung hat, dass er die Dominanz des anderen hinnimmt. Weil aggressive Dominanzmodelle dem Wesen des Hundes nicht entsprechen, haben sie auch in den sozialen Beziehungen zwischen Mensch und Hund nichts verloren. Hier entsteht vielmehr die große Gefahr, dass sich der Hund hilflos ausgeliefert fühlt, wenn er der aggressiven Dominanz seines Menschen unterworfen wird, und dadurch zu völliger Selbstaufgabe oder zur Defensivaggression (Angstbeißer) gedrängt werden kann.

Egal wie süß er aussieht: Der Weimaraner ist keine Rasse für jedermann.

Rassespezifische Beratung

Auch bei rassespezifischen Fragen sollte Ihre Hundeschule Sie beraten können. Welpenprägung verlangt nach Kompetenz in allen gängigen Ausbildungsrichtungen des Gebrauchshundewesens. Das ist gerade deshalb so wichtig, weil immer häufiger Vertreter typischer Gebrauchshunderassen, sei es Jagdhund, Wachhund, Hüte- oder Herdenschutzhund, nicht ohne typische Probleme in Familien gehalten werden. Deshalb benötigen wir in den Hundeschulen heute wesentlich vielfältiger ausgebildete Fachleute, die sich eben nicht nur auf eine Ausbildungsrichtung beschränken, sondern Kompetenz im Umgang mit den unterschiedlichsten Rassen aufweisen und deren Wissen nicht nur theoretischer Natur ist. Achten Sie deshalb bei der Auswahl Ihrer Hundeschule oder Ihres Trainers darauf, dass jeweils rassespezifisch und dem späteren Einsatz entsprechend (z.B. Familienhund, Jagdhund, Rettungshund) Hilfestellungen gegeben werden.
Ein Trainer, der Erfahrungen auf allen Gebieten des Hundewesens sammeln konnte, wird Probleme, die sich aus der Rassezugehörigkeit ergeben, richtig abschätzen und frühzeitig genug erkennen, sodass dann wirksam gegengesteuert werden kann. In gut geleiteten Welpenkursen bemerkt der Kursleiter sofort bei den einzelnen Mensch-Hund-Paaren, wenn sich Probleme ankündigen. Er sollte dann sowohl rassespezifische als auch individuelle Problemlösungen parat haben.
Welpenspielgruppen, die „nur" ein so genanntes Welpenspielen anbieten, können unter Umständen der Ausgangspunkt für die Entstehung eines späteren Problemhundes sein. Und das läuft dem eigentlichen Anliegen des engagierten Hundehalters doch wohl klar zuwider. Schließlich hat sich der ja, gerade weil er eine bewusste Hundeerziehung und -prägung für wichtig befindet, die Zeit genommen, an einem solchen Kurs teilzunehmen.

Der Hund als soziales Wesen

Der Hund ist ein gruppendynamisches Tier. Er kommuniziert ähnlich dem Menschen durch seine Mimik, seine Gesten, seine Empfindungslaute und über sein Verhalten, das aus der jeweiligen sozialen Gemeinschaft, in der er lebt, ableitbar ist. Der Hund ist ein Wesen, das in sozialen Gemeinschaften lebt. Er ist ein geselliges Tier, das sich einen Sozialpartner sucht. Er ist kein solitär lebendes Tier. Das heißt aber dennoch lange nicht, dass er, analog zu den Wölfen, als mehr oder weniger strengen hierarchischen Regeln folgendes Rudeltier verstanden werden sollte oder kann.

Wohlbefinden und Sicherheit

Meine Erkenntnis aus der Beobachtung und dem Umgang mit Hunden ist vielmehr, dass der Hund die Veranlagung hat, sich augenblicklich in unterschiedlichste soziale Gruppen einordnen zu können. Der Hund sucht in der Gemeinschaft vor allem das emotionale Wohlbefinden und nicht die ungeteilte Herrschaft über alle anderen. In der Beziehung zum Menschen steht für den Hund deshalb im Vordergrund, dass sein Mensch ihn mit Nahrung versorgt, ihn vor Gefahren schützt und ihm Geborgenheit und liebevolle Nähe vermittelt. Er braucht außerdem einen Sozialpartner, der ihm soziale Kompetenz vermittelt, ihm „die richtigen Umgangsformen" beibringt, mit deren Hilfe er in sozialen Gruppierungen erfolgreich agieren kann. Dabei lernt der Hund durch Nachahmung. Es liegt also in der Verantwortung des Menschen als „Elternersatz", dem Hund im wechselseitigen Miteinander Lösungsmodelle zu vermitteln, die es ihm ermöglichen, Interessensgegensätze aggressionsfrei abzuklären.

Hunde sind soziale Wesen, die das Leben in Gemeinschaft dem Einzelgängerdasein vorziehen.

Bindungsflexibilität

Der Hund ist seiner Natur nach flexibel im Aufbau, aber auch im Abbruch von Beziehungen. Er kann von einer Gruppe in die nächste Gruppe verbracht werden, immer schafft er es, sich in kürzester Zeit einzugliedern. Er ist ein Meister der Eingliederung. Ich bin überzeugt davon, dass mancher Hund von einer Gruppe zur anderen wechseln würde, wenn die Rahmenbedingungen dort für ihn verständlicher und vorteilhafter wären und er sich frei entscheiden könnte. Hunde machen jedoch für gewöhnlich nicht die Erfahrung, aus eigener Entscheidung wechseln zu können, da bei uns der Hund dazu keine Gelegenheit erhält. In vielen südlichen Ländern hingegen kann man Hunde

Sozialspiel ist Kommunikation

erleben, die auf den Campingplätzen nur so lange bei einem Zelt verweilen, wie die Rahmenbedingungen dort für sie vorteilhaft sind.

Voraussetzung: Kommunikation

Diese im Hund von seiner Natur aus angelegte Bindungsflexibilität zeigt sich in seiner ausgeprägten Bereitschaft zur Kommunikation. Der Hund ist ein soziales Wesen und möchte sich mitteilen. Dabei ist er äußerst anpassungsfähig und immer bereit, sein Verhalten auf die Bedürfnisse eines anderen abzustimmen. Vorausgesetzt, er versteht, was der andere, zum Beispiel der Hundehalter, von ihm will, und dass es für ihn, den Hund, von Vorteil ist.
Mein Konzept der Welpenerziehung setzt deshalb an diesen besonderen Eigenschaften des Hundes an. Mein zentrales Anliegen ist es, mit dem Welpen von Beginn an in einen engen kommunikativen Kontakt zu treten und dies auf einer Verständigungsebene, die seinem Wesen möglichst exakt angepasst ist.

Der ausgeglichene Hund

Instinkt und Selbstkontrolle beim Hund müssen zueinander in Balance sein – in einem Zustand inneren Gleichgewichts. Erst dann ist ein harmonisches Zusammenleben von Hund und Hundehalter möglich. Der Mensch sollte die Balance des Hundes unterstützen.
Sie selbst leisten als Hundehalter den wichtigsten Beitrag für den Erhalt des seelischen Gleichgewichtes Ihres Hundes. Bieten Sie ihm Verhaltensmuster an, die ihm erlauben, aus seinem Instinkt heraus und damit empfindungsmäßig richtig zu handeln, denn dadurch unterstützen Sie ihn in seiner Balance. So kann er hundegemäß handeln, also seiner Natur entsprechend, und macht so – auch in Situationen mit dem artfremden Sozialpartner Mensch – die positive Erfahrung: ‚Mein Handeln ist richtig!' So kann er seinen Handlungsweisen in Bezug auf seine Umwelt vertrauen.

Mensch und Hund sind zueinander in Balance

Instinktive Grundmuster geben Balance

Jedes Verhaltensmuster, das nach instinktiven Grundmustern und damit artkonform abläuft, hält einen Hund in Balance. Selbst dann, wenn das, was er tut, nicht oder in eben diesem Moment nicht zu dem konkret beabsichtigten Erfolg führt, wird dieser Misserfolg seine Psyche nicht destabilisieren und seinen Glauben an sich selbst nicht gefährden, denn sein Verhaltensschema stimmt mit seinen instinktiven Grundanlagen überein. Er versucht es dann einfach aufs Neue. Er vertraut weiter darauf, dass seine Reizbeantwortungsmuster auf die Reize aus dem Umfeld prinzipiell richtig sind.

Ein Jagdhund sieht einen fliehenden Hasen. Seine erste Reaktion wird sein: Hetzen! Sein Ziel: Den Hasen packen. Gelingt es ihm nicht, sein Ziel zu erreichen, wird dadurch seine Psyche nicht dauerhaft destabilisiert, er wird eventuell versuchen, beim nächsten Mal eine bessere Strategie zu verfolgen. Er stellt sein Tun nicht generell in Frage, denn es folgt instinktiven Mustern, auch wenn sein Handeln nicht wirklich von Erfolg gekrönt war.

Missverständnisse lösen Unsicherheit aus

Die Interaktionen zwischen Mensch und Hund laufen jedoch selten auf der instinktiven Ebene ab. Der Mensch versucht sich meistens verbal zu vermitteln, was über die Verstandesebene abläuft und durch sprachliche Inhalte bestimmt wird. Der Hund hingegen antwortet seiner Natur entsprechend eher instinktgebunden. Die Signale des Hundes, seine Antworten, werden nicht als Kommunikation erkannt und

1 **Entspanntes Sozialspiel schafft ausgeglichene Hunde.**

2 **Diese drei sind sich einig: „Wir warten brav auf Frauchen."**

deshalb nicht verstanden. So kommt es häufig zu der Situation, dass der Mensch verärgert auf die Verhaltensweisen des Hundes reagiert, die er nicht versteht. Durch seine spürbare Verärgerung setzt er den Hund noch mehr unter Druck. Der wiederum ist aus seiner Sicht in seinen Antworten, die er instinktgesteuert gar nicht anders geben kann, völlig klar und bekommt dennoch von seinem Menschen das Signal „Ich bin unzufrieden mit dir und deinem Verhalten, ich bin verärgert". Wie soll er das begreifen können?

Der Hund wurde im Gehorsam hart rangenommen (Hierarchie). Jetzt soll er freudig apportieren. Er weigert sich, das Dummy aufzunehmen, welches der Mensch, aus Sicht des Hundes, durch Anfassen in Besitz genommen hat (Futterrangordnung). Der Mensch ist sauer und greift zum Zwangsapport. Der

Hund hingegen hatte nur signalisiert: ‚Ich erkenne dich in der Hierarchie an. Ich mache dir keine Beute streitig.' Dabei wich er auf die ritualisierte Ebene der Futterrangordnung aus, die sich über Ersatzbeute abspielt.

Der Hund antwortet auf die Signale seines Menschen, ohne sich dabei zu verstellen. Er handelt immer in der festen Überzeugung, das Richtige zu tun. Er muss auf das, was er sieht und hört, vertrauen können, denn es bestimmt sein Weltbild. Wenn seine Antworten immer wieder eine nicht vorhersehbare Reglementierung erfahren, vertraut der Hund seinen eigenen Beantwortungsmustern nicht mehr und fängt an, sich selbst in Frage zu stellen. Er verliert das Vertrauen in sich selbst. Der Hund erkennt schnell, ob seine Einflussnahme und sein Reagieren auf das Umfeld gleich bleibend und erkennbaren Regeln folgend beantwortet werden. Ist das nicht der Fall, reduziert er sich in seinen Antworten, um nur ja nicht wieder ungerechtfertigt negatives Feedback oder gar Bestrafung zu erfahren. Er beginnt unter Umständen, zwanghaft sein Umfeld zu strukturieren, damit sich für ihn ein Überblick ergibt, damit endlich Ordnung herrscht. Sich nur als Spielball seines Umfeldes zu empfinden, löst Angst und Unsicherheit aus. Über „rechtzeitiges" Drohen und Abwehrschnappen verschafft er sich den Mindestfreiraum, den er braucht. Hier lässt sich Abhilfe nur durch gelungene Kommunikation schaffen, denn sie bewirkt positive Selbstreflexion beim Hund. Und die gibt dem Hund die nötige Sicherheit und ein stabiles Selbstvertrauen. Dann ist der Hund in Balance.

Nur durch Vertrauen wird der Mensch Partner des Hundes und der Hund kann sich als Partner des Menschen empfinden.

Positive Selbstreflexion als Basis für die Balance

Durch Verständigung und Verständnis kann man innere Balance, inneres Gleichgewicht erreichen. Denn wenn jeder die Emotionen und Bedürfnisse des anderen erkennt und anerkennt, bedarf es keiner konfrontativen Interaktionen mehr und dann entsteht ein homöostatisches Modell. (Homöostase = ein System, das sich der Umwelt gegenüber in einem stabilen Zustand halten kann.) Es tritt bei jedem einzelnen Individuum innere Balance ein. Dadurch kommt es in der Gruppe zu einem Gleichgewicht, jeden einzelnen Interaktionspartner gleichermaßen betreffend.

Balance in der Gruppe

Diese soziale kommunikative Übereinkunft signalisiert allen beteiligten Sozialpartnern: Wir verstehen uns. Es herrscht soziale Einigkeit. Das wichtigste Kriterium, um in Balance zu kommen, ist also das „Wechselseitige-sich-reflektieren". Das Erkennen und Anerkennen der Emotionen und Bedürfnisse des anderen, die Abstimmung meines Verhaltens auf den anderen und die Akzeptanz des anderen in seiner Befindlichkeit.

Dies gilt sowohl für zwei Interaktionspartner, wie auch für die Gruppe. Also auch das von allen gezeigte Streben nach prosozialer Einheit in der Gruppe schafft Balance. Ein Hund, der von seinen Sozialpartnern nicht zufriedenstellend reflektiert wird, verändert sich in seiner Gestimmtheit, verändert sich in seinen Reaktionen auf das Umfeld, bereitet dem Umfeld damit Probleme, wird scheinbar verhaltensauffällig oder verhaltensgestört. Wenn ein Hund in eine Gruppe kommt, gleichgültig, ob es sich um Artgenossen oder Menschen handelt, wird er immer als Erstes versuchen, jeden der einzelnen Sozialpartner möglichst genau einzuschätzen.
Wie steht der zu mir? Freundlich oder nicht? Kann ich mit ihm auskommen? Erkennt er meine Signale an? Nimmt er sich zurück, wenn ich verunsichert bin? Zeige ich ihm, dass ich mich zurücknehme, wenn er sich verunsichert fühlt? Erkennt er meine Position an? Kann ich ihn in seiner Position anerkennen? Können wir miteinander auskommen oder gehen wir uns besser aus dem Weg?

Diese Gruppe ist in Balance.

Ein sensibles System

Beobachten Sie einmal Ihren Hund, wie er sich verhält, wenn Sie alleine mit ihm sind. Vergleichen Sie im Gegensatz dazu, wie er sich verhält, wenn neue Partner (Mensch oder Artgenosse) dazukommen. Sie werden bemerken, dass er sich, je nachdem, wer anwesend ist und wer dazukommt, immer etwas anders verhält. Irgendwann ist dann alles gesagt und getan. Jeder einzelne hat sich eingeordnet, jeder seine Position gefunden,jeder akzeptiert den anderen, eine Balance in der Gruppe ist hergestellt. Diese Balance wird natürlich durch jeden Reiz, jeden Impuls von außen sofort wieder neu auf die Probe gestellt.
Stellen Sie sich eine ruhige glatte Wasserfläche vor. Wirft man einen Stein hinein oder streift der Wind über die Wasserfläche, entstehen Wellen. Ob oder wie schnell die Wasseroberfläche wieder zur Ruhe kommt, hängt davon ab, ob diese Wellen in der Weite der Wasserfläche sanft ausklingen können oder ob durch weitere Steinwürfe oder neue Windböen die Wasserfläche nicht zur Ruhe kommt.
Vergleichen wir dieses Beispiel einmal mit einer gemischten Hundegruppe. Treffen Hunde im Sozialspiel aufeinander, wird als Erstes jedes einzelne Individuum versuchen, jedes andere Individuum einzuordnen. Das wird von uns Menschen wie ein „Spiel" wahrgenommen. Bringt ein Individuum Unruhe in die Gruppe, wird ein kurzer Abgleich vorgenommen: Der eine gibt nach, der andere verdeutlicht seinen Standpunkt, seine Position. Die Interaktionspartner setzen einander Grenzen, sie klären ab, wie weit der einzelne gehen kann. Dadurch kann wieder Ruhe in die Gruppe kommen, die Wasseroberfläche beruhigt sich. Ist jedoch ein Hund in der Gruppe, der nicht gelernt hat sich einzuordnen oder zu zwanghaftem Strukturieren neigt, sorgt dieser als permanenter Störenfried für Unruhe und Unsicherheit in der Gruppe. Die Wasseroberfläche glättet sich nicht.

Klarheit in der Kommunikation schafft Vertrauen

Der Mensch, der gelungen mit dem Hund kommunizieren will, sollte seine Signale auf Klarheit und auf die Übereinstimmung von Stimme, Körper und innerer Gestimmtheit überprüfen. Wie ist es eigentlich mit uns, mit den Menschen? Sind wir in unserer Signalgebung gegenüber dem Hund immer stimmig? Meine Erfahrung sagt: Nein. Wir sind es in vielen Fällen ganz offensichtlich nicht. Dabei ist das für die Interaktion mit dem Hund von entscheidender Bedeutung.

Eindeutigkeit und klare Signale

Suchen löst Suchen aus.

Warum ist das wichtig? Weil der Hund alle unsere – auch unbewussten – Signale wahrnimmt und einordnet. Und diese Signale sind für ihn oft widersprüchlich. Als Menschen haben wir gelernt, unsere wahren Gefühle zu verbergen, etwa im Umgang mit Vorgesetzten, den Behörden etc. Wir schaffen es, ein freundliches Gesicht zu machen, obwohl wir sehr verletzt sind. Oder mit einer zuckersüßen Stimme zu sprechen, obwohl wir innerlich stinksauer sind. Wir können uns durch und in der Sprache verstecken. Dieses Verstecken funktioniert dem Hund gegenüber nicht. Und auch wenn wir einen Teil unserer kommunikativen Signale unter Kontrolle haben, gibt es immer einen uns nicht bewussten Rest, den der Hund wahrnimmt.

In-die-Hocke-gehen löst Herankommen aus.

Der Hund durchschaut Sie

Der Hund wird an Ihrer Körperspannung, an Gestik, Stimme und Mimik erkennen, dass da etwas nicht stimmt, nicht kongruent (= deckungsgleich) ist, nicht Ihre wirkliche innere Gestimmtheit widerspiegelt. Und das verwirrt ihn, denn dann weiß er nicht, was für ihn relevant ist, worauf er reagieren soll. Wenn nichts zusammenpasst, das Gesamtsignal auseinander fällt, dann hängt er sozusagen in der Luft. Dann wird er sich letztendlich für das aussagekräftigste Signal entsprechend seiner Erfahrung entscheiden. Und das ist in den seltensten Fällen der Informationsgehalt der Worte.

Kommunikationssignale

Unsere für den Hund relevanten Kommunikationssignale bestehen aus vier wichtigen Basiskomponenten: Gestik, Mimik, stimmliche Modulation, innere Gestimmtheit. In ihrer Gesamtheit könnte man diese Faktoren auch als die „Ausstrahlung“ eines Menschen bezeichnen. Diese vier Faktoren stellen zum einen jeder für sich selbst ein Signal, zum anderen, wenn sie zusammen an der Signalgebung beteiligt und kongruent sind, ein „Gesamt“-Signal dar. Dieses einheitliche „Gesamt“-Signal müssen Sie sich bewusst machen, wenn Sie mit Ihrem Hund ohne Worte kommunizieren wollen. Wenn unter Hunden kommuniziert wird, sind immer alle vier Komponenten zugleich an der Signalgebung beteiligt. Hier zeigt sich die Komplexität hündischer Kommunikation.

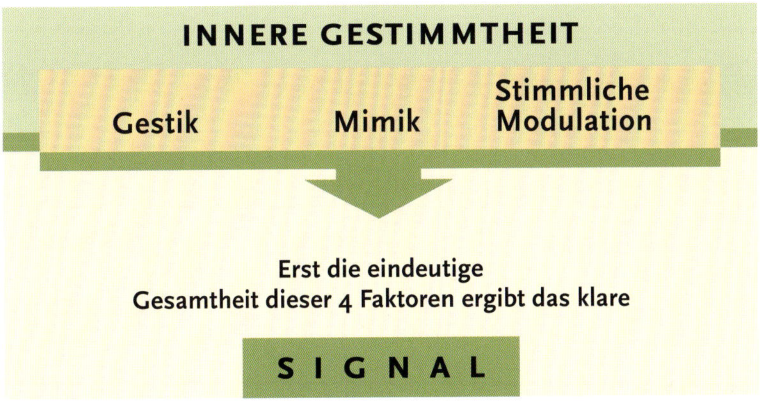

Nur das eindeutige Signal, das die vier Faktoren übereinstimmend beinhaltet, kann eine eindeutige Reaktion auslösen, durch Beibehaltung und Wiederholung verstanden werden und dazu dienen, ein Symbol zu schaffen. Dieses Symbol steht dann für eine ritualisierte Übereinkunft, die in der Kommunikation verwendet werden kann, sofern ihre Gültigkeit nicht aufgehoben wird.

Die innere Gestimmtheit des Menschen kann der Hund deutlich erkennen. Hier stimmt alles!

Innere Gestimmtheit

Die innere Gestimmtheit ist der Ausgangspunkt. Sie ergibt sich aus dem hormonellen Status, dem Stoffwechselgeschehen, dem körperlicher Allgemeinzustand, aus Erfahrungswerten, welche mit der Situation verbunden werden, aus der aktuellen Situation etc. Die innere Gestimmtheit wiederum drückt sich in den drei folgenden Bereichen aus: 1. Gestik, 2. Mimik, 3. stimmliche Modulation. Sie ist nur glaubwürdig, wenn alle drei Komponenten das Gleiche ausdrücken.

Gestik

Gesten sind Ausdrucksbewegungen des Körpers, insbesondere der Arme und Hände, die wir oft ganz natürlich beim Reden machen. Offensiv wirken dabei Bewegungen nach vorne zum Hund hin. Eine defensive Botschaft kann über Zurückweichen vermittelt werden. Darüber hinaus sendet der Körper sehr viele Zeichen: z. B. Erstarren in der Bewegung, stockender Atem, ruckhafte oder fließende Bewegungen. All das machen wir unbewusst, doch es hat seine Bedeutung. Alle diese Gesten sind Hinweise auf unsere momentane Befindlichkeit. Und das erkennt und decodiert der Hund. (Wir übrigens auch.)

Mimik
Die Mimik ist das Mienenspiel des Gesichts. So spiegelt sich im Gesichtsausdruck beispielsweise Missfallen, Neutralität, Wohlgefallen, Unsicherheit oder Aggressivität, Desinteresse, Schreck, Freude, Schmerz, Kummer etc wieder.

WICHTIG

Die Übermittlung von Bedürfnissen und Empfindungen/Befinden ist der Hauptbestandteil der hündischen Kommunikation.

Stimmliche Modulation
Die stimmliche Modulation ergibt sich aus der Lautstärke, dem Tonfall (Klangfarbe), der Tonhöhe und dem Tempo. Eine hohe Stimmlage wird für den Hund mit Wohlgefallen, die tiefe Stimmlage eher mit Missfallen in Verbindung gebracht.

Unbewusste Signale
Wir senden unbewusst eine Menge zusätzlicher Signale, die unsere innere Gestimmtheit offenbaren. Die vielfältigen Signale aus dem inneren Zustand des Gegenübers werden von Hunden als genauso relevante Signale angesehen, wie die bewusst gesendeten Körpersignale oder die bewusst eingesetzte stimmliche Modulation. Wenn die beabsichtigten Signale nicht kongruent zu den unbewusst gesendeten Signalen sind, also das Gesamtsignal widersprüchlich ist, verliert die beabsichtigte Botschaft an Eindeutigkeit. Die unbewusst gesendeten Signale sind auch der Grund dafür, weshalb noch so trickreiche Versuche, sich zu verstellen, nicht funktionieren. Wenn Sie wütend sind merkt das der Hund, auch wenn Sie mit noch so zuckersüßer Stimme sprechen, und wenn er es nur riecht.

Kommen Sie ins Gleichgewicht

Unser Gesamtsignal kann nur dann einen klar definierten Bedeutungsinhalt haben, wenn wir uns innerlich im Gleichgewicht befinden. Wie oft jedoch kommunizieren wir inkongruent, also mehrdeutig, so dass der Hund überlegen muss, was diese zeitgleich gesendeten widersprüchlichen Signale wirklich bedeuten. Die Chemie sagt X, die Mimik Y, der Körper Z und der Tonfall noch etwas ganz anderes. Der Hund ist klar und eindeutig in all seinen Signalen, dem Artgenossen und uns gegenüber. Der Hund ist von Natur aus darauf angewiesen, schnell, eindeutig und richtig zu entschlüsseln, um durchs Leben zu kommen.
Es ist wichtig, dass Sie sich vor einer anstehenden Interaktion mit dem Welpen innerlich ins Gleichgewicht bringen, wenn Sie mit Ihrem Welpen gelungen kommunizieren wollen. Schieben Sie Sorgen, Stress und Wut aus dem Alltag beiseite und konzentrieren Sie sich. Fragen Sie sich: „Was will ich vermitteln, wie kann ich es am besten vermitteln, so dass er es verstehen kann?“ Handeln Sie mit innerer Überzeugung. Beobachten Sie genau, ob Ihre Botschaft wirklich angekommen ist.

Sind die Hunde in Balance, ist entspanntes Sozialspiel möglich.

Die Wahrnehmung

Mensch und Hund in verschiedenen Welten

Informationen selektieren

Mensch und Hund haben beide jeweils fünf Sinnesorgane. Sie liefern das Material für die Wahrnehmung: Sehen, Hören, Riechen, Schmecken, Fühlen. Aber welche Information Mensch und Hund jeweils aus ihren Sinneswahrnehmungen ziehen, ist völlig verschieden. Der Hund wird ein Straßenschild nicht in seiner Bedeutung realisieren, der Mensch nie am Laternenpfahl riechend zuordnen können, welcher Hund zuletzt hier war.

Beide müssen für ihr Überleben aus dem gewaltigen Input an Signalen und Informationen, der im Alltag auf sie zukommt, die für sie relevanten Daten selektieren und verarbeiten. Beim Hund kommen dabei vor allem genetische Filter zum Tragen, die ihm helfen, die eintreffenden Signale und Informationen in Sekundenschnelle zu analysieren, um diese mit adäquaten Reaktionen zu beantworten. Bestimmte Reize werden also weggefiltert und beeinflussen ihn somit nicht mehr (siehe auch Kasten). Hinzu kommen außerdem noch individuelle Filter, die sich aus den jeweiligen Erfahrungen, die der Hund in seinem bisherigen Leben gemacht hat, entwickeln. Aus dieser Kombination formt sich der Hund sein Bild von der Welt.

WELTBILD

Aus der Vielzahl selektierter Reize konstruieren sich Mensch und Hund jeweils ihre Welt. Bedingt durch die unterschiedliche Konstruktion der Sinnesorgane sowie der andersartigen Verarbeitung durch das Gehirn, unterscheidet sich die hündische Welt deutlich von unserer.

FILTER AM BEISPIEL EINES BAUMFROSCHES

Ein interessantes Beispiel gibt der Baumfrosch Elentherodactylus coqui: Nach dem „co-qui“ Ruf der männlichen Vertreter benannt, gibt das Männchen diesen Laut von sich. Dadurch sollen männliche Konkurrenten abgeschreckt, die weiblichen Vertreter angelockt werden. Das funktioniert dadurch, dass das Ohr der Weibchen nur den „co“ Laut registriert, die Männchen nur den „qui“ Laut.

David Mc Farland, Biologie des Verhaltens

Die Sicht der Dinge entscheidet

Beim Menschen ist es im Grunde genommen nicht viel anders. Auch Menschen konstruieren sich ihre jeweilige Realität individuell auf der Basis ihrer Sinneseindrücke und kommen zu ganz unterschiedlichen Gefühlen und Handlungen. Beispiel: der Wald. Für den Jäger bedeutet er “Jagdvergnügen“. Für das Liebespaar „Romantik“. Für das verirrte Kind „Bedrohung“. Für den Spaziergänger „Erholung“. Für den Waldbesitzer „Einkommen“. Entsprechend unterschiedlich werden diese Menschen über Wald reden.

Mensch und Hund in verschiedenen Realitäten

Es gibt einige grundlegende Unterschiede in der Rezeption und Interpretation der Realität bei Mensch und Hund. Ein wesentlicher Unterschied liegt darin, dass der Mensch seine Wahrnehmung und Erfahrung in Worte fassen kann. Diese Wortkonstrukte lösen daraufhin Bilder und Gefühle in seinem Kopf aus, die er dann wiederum durch Worte zu übermitteln versucht. Bei Hunden werden zwar durch Worte ebenfalls Bilder ausgelöst, wir können aber davon ausgehen, dass Hunde Worte lediglich als Laute wahrnehmen und zuordnen.
Der Hund kann die Realitätskonstruktion des Menschen nicht nachvollziehen. Der Mensch prägt die Welt, er beeinflusst die Natur und schafft Kultur, schafft von der Natur sich wegbewegende Gesetze. In dieser Kultur gelten menschliche Gesetzmäßigkeiten, das ist für den Hund nicht nachvollziehbar.

Die Welt des Hundes verstehen

Das heißt konkret, Mensch und Hund sind in ihrer Wahrnehmung (siehe auch Kasten) ganz weit voneinander entfernt. Viele der Bedürfnisse des Menschen sind für den Hund als Bedürfnisse nicht wahrnehmbar, nicht verständlich, sie kommen in seinem Programm nicht vor. Genauso geht es umgekehrt uns Menschen. Wir können aber sehr wohl lernen, die Bedürfnisse des Hundes wahrzunehmen, indem wir uns auf die Welt des Hundes, seine Erfahrungsebene, einlassen. Das bedeutet: Wir können lernen, wie er instinktiv auf die Welt reagiert, wie er Reize verarbeitet und beantwortet. Mit etwas Neugierde und einer guten Beobachtungsgabe werden Sie lernen, die Welt des Hundes zu verstehen.

WAHRNEHMUNG

Als Wahrnehmung wird ein Prozess bezeichnet, bei dem die sensorische Information aufgrund von Erfahrungen und unbewussten Schlussfolgerungen interpretiert wird.

(Mc Farland, Biologie des Verhaltens)

Beobachten Sie Ihren Hund!

Versuchen Sie zunächst einmal einfach, Ihren Hund Hund sein zu lassen. Es ist faszinierend zu sehen, wie ein Hund seine Augenblicke, die er lebt und erlebt, organisiert. So wie man einen Vogel in der Natur beobachtet, ohne diesen beispielsweise durch das Hinwerfen von Körnchen zu bestimmten Handlungen zu motivieren, sollten Sie Ihren Hund „mit vornehmer Zurückhaltung" beobachten, um von ihm zu lernen. Das ist die Grundlage dafür, dem Hund wirklich näher zu kommen. Als Beobachter sollten Sie sich jedoch immer darüber im Klaren sein, dass Ihre Motivation beim Beobachten das Ergebnis wesentlich beeinflusst (siehe auch Kasten).

Sie gehen mit Ihrem Hund im Park spazieren. Täglich gehen Sie zum Hundetreffpunkt, um ihm die Möglichkeit zum Sozialspiel mit Artgenossen zu geben. Täglich erfreuen Sie sich am „Spiel" der Hunde. Sie wundern sich zwar, dass

Was mag jetzt wohl in seinem Gehirn vor sich gehen?

dieses „Spiel“ oft rau wird und Ihr Hund sein „Spielzeug“, das Sie zwischendurch freudig in die Hundegruppe werfen, immer wieder sehr intensiv verteidigt, aber ihre Beobachtung baut sich auf dem Verständnis auf: „Mein Hund, ich und die anderen spielen ja nur.“ Dieses Mal ist Ihr Hund plötzlich in eine ernsthafte Rauferei verwickelt, es geht um sein Spielzeug! Sie sind entsetzt und verstehen die Welt nicht mehr. Die Hunde haben gerade noch so „nett gespielt“! Und Sie wollten sich doch nur an diesem „Spiel“ beteiligen.

Hätten Sie erfasst, dass sich die Hunde im Sozialkontakt definieren und ihre Standpunkte festlegen und dem „Spielzeug“ Ball oder Stöckchen in diesem Fall eine äußerst wichtige Bedeutung als Kommunikations- und Statussymbol zukommt, dann wäre ein raues Spiel, das in einen Beschädigungskampf ausarten könnte, von vorn herein zu verhindern gewesen.

BEOBACHTEN

Bei einem Experiment beantwortet ein Tier einen komplexen Reiz. Nun ist es schwierig, eine Interpretation zu geben, wie dieses Tier diesen Reiz wahrgenommen hat, denn dies ist abhängig davon, wer beobachtet und wie derjenige die Wahrnehmung des Tieres definiert.

(Mc Farland, Biologie des Verhaltens)

Lernen Sie Ihren Hund verstehen

Wenn Sie sich der völlig anderen Realitätswahrnehmung des Hundes bewusst sind, dann können Sie aus der Beobachtung Ihres Hundes im Umgang mit Sozialpartnern, ob vierbeinig oder zweibeinig, Schlüsse ziehen, wie sich Ihr Hund in bestimmten Situationen verhalten wird. Wenn Sie sich darauf konzentrieren, Ihren Hund auf seiner Erfahrungsebene zu verstehen, das heißt mit einbeziehen, was er bisher erlebt hat, können Sie auch besser mit ihm kommunizieren. Sie können versuchen, seine individuellen, für Sie dann vorhersehbaren Verhaltensweisen über die Kommunikationsebene der Hunde gezielt in die von Ihnen erwünschten Bahnen zu lenken. Damit Ihnen dies gelingen kann, müssen Sie jedoch noch mehr über den Hund und seine spezifische Wahrnehmung wissen.

Die Sinnesorgane des Hundes

Wahrnehmung

Die Wahrnehmung ermöglicht es dem Organismus, Informationen (Reize) aufzunehmen und zu verarbeiten. Sie steht dabei unter dem Einfluss von Gedächtnisinhalten und Denkprozessen. Um diese Informationen aufnehmen zu können, ist es zuerst notwendig, über gut entwickelte Sinnesorgane (siehe auch Kasten) zu verfügen. Die Sinnesorgane alleine reichen jedoch nicht aus. Entscheidend ist die gelungene Informationsverarbeitung und Weiterleitung durch das Gehirn. Bei der Weiterverarbeitung werden also diese Informationen in kleinere Einheiten zerlegt, getrennt verarbeitet (gefiltert, abgeschwächt, verstärkt, bewertet) und in verschiedenen Gehirnarealen wieder zusammengeführt. Jeder Sinneseindruck hinterlässt auch ein Gefühl (Angst, Freude etc.). Aus diesen verarbeiteten und bewerteten Informationen konstruiert das Gehirn Modelle der Welt.

SINNESORGANE

Ein Sinnesorgan ist ein Körperteil, das Information in Form von Reizen aus der Umwelt aufnimmt und diese in elektrische Impulse umwandelt. Die Impulse werden entlang von Nervenfasern als Erregung weitergeleitet und dann vom Gehirn in Wahrnehmungen umgewandelt.

Das Gehirn entscheidet

Die Sinnesorgane von Hund und Mensch unterscheiden sich stark in ihrer Leistungsfähigkeit. Der Mensch kann jedoch aufgrund seiner höher entwickelten Gehirnleistung die gewonnenen Informationen vielfältiger, differenzierter und gesteuerter verarbeiten und komplexer weitergeben. Er kann Musik interpretieren, abstrakte Malerei diskutieren etc. Die alles entscheidende Instanz dabei ist das Gehirn, das die Informationen verarbeitet. Der Mensch hat mehr Entscheidungsfreiraum, ob und wie er einen Reiz beantworten wird. Der Hund unterliegt dabei einem weitaus stärkeren Kontrollverlust als der Mensch. Wir wissen, dass die Erfassung der Umwelt durch die unterschiedliche Leistungs- und Interpretationsfähigkeit des Gehirns stattfindet. In der Beurteilung der Leistungsfähigkeit, der Aufnahme von Sinneseindrücken und deren Verarbeitung im Gehirn sollte sich der Mensch darüber im Klaren sein, zu welchen Höchstleistungen das hündische Nervensystem in der Lage ist.

Der Sehsinn

Im kommunikativen Bereich versucht der Hund über das Auge zuzuordnen: ‚Was erwartest du von mir?' und ‚Was ist von dir zu erwarten?'. Dies geschieht im schnellen Wechsel von Verhaltensmustern und läuft zum Teil bewusst und gesteuert ab. Wir haben fast alle die Vorstellung, dass „Sehen" bedeutet, dass wir die Realität „so, wie sie ist", wahrnehmen. Aber das mit der Realität ist leider nicht so einfach. Physiologisch funktionieren Augen so, dass sie zum Beispiel auf Lichtveränderungen reagieren. Das wiederum führt zu chemischen Prozessen in der Netzhaut, die umgewandelt in elektrische Impulse an das Gehirn weitergeleitet und dort zu Bildern zusammengesetzt werden. Diese im Gehirn konstruierten Bilder erzeugen in uns eine Vorstellung von der Wirklichkeit, die durch die Konstruktion unserer Sinnesorgane und das darauf abgestimmte Gehirn bestimmt werden. Es gibt eine artspezifische Wahrnehmung der Umwelt und ein individuelles Bewertungsschema. Dieser hier vereinfachte Vorgang gilt ähnlich für alle Sinne. Das heißt auch, dass die unterschiedliche Art der Wahrnehmung bereits unterschiedliche Realitäten „feststellt".

1 Ein Gegenstand fällt in eine Tonne. Der Hund sieht dabei zu. Für den Mensch in seiner Wahrnehmung eine klare Sache.

2 Aus Sicht des unerfahrenen Hundes fällt der Gegenstand hinter die Tonne, wo er auch zuerst sucht.

Der Hörsinn

Über die Ohren ordnet der Hund Schallquellen in seinem Umfeld ein. Dabei kann er gleichzeitig ein Ohr auf eine Schallquelle vor sich und das andere Ohr auf eine Schallquelle hinter sich richten. So können wir am Ohrenspiel erkennen worauf sich der Hund konzentriert. Das Ohr ist ein Sinnesorgan, mit dem akustische Signale (Schall, Töne, Geräusche) wahrgenommen werden. Bei den einzelnen Tierarten ist Aufbau, Funktionsweise und Leistungsfähigkeit des Hörsinns abgestimmt auf die natürlichen Lebensbedingungen des Tieres.
Der Hörbereich des menschlichen Ohres reicht beispielsweise von etwa 20 bis 16.000 Hertz, wobei im Alter das Hörvermögen für hohe Frequenzen nachlässt. Elefanten können sehr tiefe Frequenzen wahrnehmen, während Hunde sehr hohe Frequenzen bis in den Bereich des Ultraschalls hören, wie beispielsweise auch Delfine und Fledermäuse. In diesem Frequenzbereich ist übrigens auch eine spezielle Hundepfeife angesiedelt, die wir Menschen kaum hören können.
Akustische Signale erlauben einen sehr schnellen Informationsaustausch, sogar während sehr schneller Bewegungen, können bei Bedarf abgestellt (verstummen) und in ihrer Intensität verändert werden (laut – leise). Akustische Signale können als Verstärker für Verhaltensmuster dienen. Sie sind beim Hund Ausdruck unterschiedlichster Gemütszustände wie Erregung, Angst, Verzweiflung, Unmut, Aggression, Verunsicherung, Freude etc. Hunde versuchen, so scheint es manchmal, in der Interaktion mit dem Sozialpartner Mensch Kommunikationslaute nachzuahmen.

Ob ein Hund gut hört, hängt nicht von der Form der Ohren ab.

AUSLÖSEN

Man spricht von „Auslösen", wenn ein bestimmter Sinnesreiz zwangsläufig eine – willentlich nicht beeinflussbare – Reaktion beim Hund zur Folge hat. Der Hund kann sich dem Reiz nicht entziehen und seine Reiz-Antwort auch nicht unterdrücken oder willentlich steuern. Insbesondere bei Sinnesreizen, die den Geruchssinn erregen, kommt es zum Phänomen des „Ausgelöstwerdens".
Stellen Sie sich folgendes vor: Der Geruch eines Hasen, der in einer hohen Wiese sitzt, trifft die Nase eines Pointers, Bernhardiners und einer Bracke. Der Pointer wird seiner Anlage entsprechend in seiner Bewegung verharren, er wird Vorstehen. Der Bernhardiner wird keine auffällige Verhaltensänderung zeigen. Die Bracke wird, wenn sie vorzüglich veranlagt ist, sogleich in Richtung Hase losstürmen, dann die Spur des sicherlich fliehenden Hasen aufnehmen und dieser Spur unter anhaltendem Bellen minutenlang folgen.

Der Geruchssinn

Über die Nase wird der Hund instinktiv erregt. Kein Hund kann sich in seiner Geruchsmitteilung verstellen. Aggressiv riecht wie aggressiv, läufig wie läufig. Er löst sein Gegenüber unbewusst aus und wird durch dessen Geruchsstoffe ausgelöst (siehe auch Kasten). Wenn ein Hund beschwichtigt, wird er unter anderem die Rute herunternehmen, dadurch werden weniger Düfte aus der Analdrüse frei. Das geschieht unbewusst. Auch der Mensch kann sich in seiner Geruchsmitteilung dem Hund gegenüber nicht verstellen. Der Hund wird immer riechen, was der Mensch empfindet. Aggression, Angst, Wut, Freude – und er muss diesen Geruch gegebenenfalls beantworten. Wichtig für Sie ist jedoch die Erkenntnis, dass Sie die Gestimmtheit des Hundes nicht riechen können. Für Sie ein großes Informationsdefizit.

Nase und Vomeronasalorgan

Die Nase und das Vomeronasalorgan spielen beim Hund eine besonders große Rolle bei der Erfassung der Umwelt und bei der Auslösung bestimmter Verhaltensweisen. Trifft auf die Nase des Hundes ein Duftmolekül, das ihn entsprechend seiner Rasse auslöst, wird er zu einer Reaktion gleichsam gezwungen, er verliert die Kontrolle über sich selbst.
Das Vomeronasalorgan des Hundes befindet sich im Bereich des Gaumens im unteren Teil der Nasenscheidewand. Es ist ein mit Flüssigkeit gefüllter Hohlraum, der eine Öffnung zur Maulhöhle hat. Ein Teil der Schleimhaut ist mit Riechzellen ausgerüstet. Die Aufnahme der Geruchsstoffe wird durch Andrücken und Bewegen der Zunge am Gaumen gefördert.

Geruchssinn und Kommunikation

Die Nase ist auch von entscheidender Bedeutung für die Kommunikation mit den Sozialpartnern. Über die Nase wird oft über Sympathie oder Antipathie entschieden. Sie dient der Wahrnehmung von Geruchsstoffen des Umfeldes, um Feinde rechtzeitig zu orten, sowie zum Aufspüren von Futter oder lebender Beute bei der Jagd. Diese feinstofflichen Signale können sehr große Intensität erlangen. Geruchsstoffliche Informationen können über große Entfernungen wahrgenommen werden und auch monatelang wahrnehmbar bleiben. Aber auch Riechen will „gelernt" sein, kann trainiert werden. Die Leistungsfähigkeit des Geruchssinns ist von Rasse zu Rasse unterschiedlich.

Riechfähigkeit

„Ich riech' etwas, was Du nicht siehst!"

Die Riechfähigkeit reift in den ersten Wochen aus und bald kann der Junghund sehr genau Duftstoffe auf größere Entfernung wahrnehmen. Diese können nur in gelöster Form von den Riechrezeptoren identifiziert werden. Als Lösungsmittel dient Feuchtigkeit, die von der Schleimhaut der Hundenase (in der die Riechzellen eingelagert sind) produziert wird. Ist diese nicht feucht genug, reduziert sich die Riechfähigkeit enorm. Im Alter vermindert sich die Ausrüstung mit Sinneszellen, unter anderem auch der Riechrezeptoren. Das Interesse an Geruchsmarkierungen nimmt ab.
Beim Hund ist ein beachtlicher Teil des Gehirns dem Geruchssystem gewidmet. Die Nasenschleimhaut ist mit Riechzellen ausgerüstet. Sie leiten Informationen, die durch Bindung von Geruchsstoffen in elektrische Signale verwandelt werden, über Nervenfasern an das Gehirn weiter. Im Gehirn verarbeiten Nervenzellen diese Informationen,

Die Analdrüse ist eine wichtige Informationsquelle.

1 **Fährtenarbeit: Verfolgen einer Spur an der Fährtenleine.**

2 **Schleppenarbeit (Spurarbeit) durch stehendes Gewässer. Auch auf dem Wasser gibt es Geruchsstoffe, die der Hund riechen kann.**

wodurch biologisch sinnvolles Verhalten ausgelöst wird. Während der Mensch nur ca. 3–5 Mio. Riechzellen besitzt, haben Hunde ein Vielfaches davon: ein Dackel beispielsweise 125 Mio., ein Foxterrier 147 Mio. und ein Schäferhund sogar 225 Mio.

Welche Faktoren beeinflussen das Riechvermögen?

Der Aufbau des Gehirns: Während des Gehirnwachstums in den ersten Lebenswochen werden alle Nervenverbindungen entsprechend den Reizen aus der Umwelt des Hundes entwickelt und angelegt. Diese Entwicklung beeinflusst das spätere Verhalten des erwachsenen Tieres. Durch die Erfahrungen, die der Hund macht, erweitert sich das Gehirnareal und es kommt zu einer Art Prägung. Diese Prägung ist nicht absolut.

Die genetische Veranlagung: Wie der Hund Geruchsstoffe wahrnimmt, beziehungsweise welches Verhalten er aufgrund bestimmter Geruchsstoffe zeigt, wird durch seinen Instinkt gesteuert und zeigt dabei auch rassespezifisch unterschiedliche Ausprägungen. Konditionierungsprozesse und Erfahrungen ermöglichen jedoch eine bewusste Differenzierung von Gerüchen und damit auch das differenzierte Zuordnen und Wahrnehmen. So kann der Hund seine Realität immer komplexer und damit treffender konstruieren.

Riechvermögen kann man fördern

Geruchsstoffe lösen Reize aus, die von den Riechnerven als Signale an das Riechhirn weitergeleitet werden. Erst dort wird der Geruch erkannt und ihm ein entsprechender Bedeutungsinhalt zugeordnet. Dieser

Bedeutungsinhalt definiert sich aus der jeweiligen emotionalen Erfahrung, die der Hund mit der Situation verknüpft hat, in der er den Geruch wahrgenommen hat. Die Bedeutungsinhalte werden im Gedächtnis gespeichert und werden entsprechend abgerufen, sobald der Hund erneut mit denselben oder ähnlichen Gerüchen in einer anderen Situation konfrontiert wird.

Seine Nase wird instinktiv zur Spur gezogen.

Jagdhunde

Bei Jagdhunden, die hauptsächlich „auf Nase" gezüchtet wurden und bei denen im Welpenalter zusätzlich der Such- und Stöbertrieb in freier Natur gefördert wurde (ob bewusst oder unbewusst), wird das Verhalten „Jagen" vornehmlich ausgelöst durch den Geruch der natürlichen potenziellen Beute und ist dann nur noch schwer korrigierbar. Durch entsprechende Übungsaufgaben lässt sich der Geruchssinn gezielt fördern, die geruchsstoffliche Leistungsfähigkeit des Gedächtnisses und das Unterscheidungsvermögen (Zuordnungsvermögen) verbessern und für unsere Belange nutzen. Je nach Übungsablauf entweder mit Wild oder Ersatzbeute wie Dummys etc. kann der Hund dazu erzogen werden, dass er sich durch den Menschen kontrollieren lässt und dabei die Nase gezielt einsetzt. Dem Jäger oder Rettungshundeführer kann dies als Basis dienen. Die instinktbezogenen Interessen des reinen Familienhundwelpen können damit gut auf Ersatzbeute und Fährten, die nichts mit Wild zu tun haben dürfen, geprägt und umgelenkt werden.

Bauernhunde

Bei Bauernhunden, die hauptsächlich für Haus, Hof oder Herde gezüchtet wurden, löst der Geruch von fremden Tieren und/oder fremden Menschen das Verhalten „Achtung Eindringling" aus. Für diese Hunde gilt es vornehmlich, die Herde oder das Territorium zu schützen und den Eindringling loszuwerden (nicht, ihn zu jagen, sondern ihn zu verjagen). Ein Hund, der rassebedingt Fremdgerüchen misstrauisch gegenübertritt, sollte lernen, dass Fremdgerüche von Personen etwas Positives sind, indem er z.B. von Besuchern, dem Postboten, dem Getränkelieferanten freundlich mit einem Leckerchen an der Haustüre begrüßt wird.

Der Maremmano schützt Haus und Herde.

Der Geschmackssinn

Es wird heute allgemein angenommen, dass sich der Geschmackssinn des Hundes im Vomeronasalorgan befindet, also ein Teil des Geruchssinns ist. Über dieses Organ kann der Hund Geruchsstoffe schmecken. Dies kann man beispielsweise sehr gut bei Fährtenarbeiten beobachten, wenn sich der Hund mit offenem Fang eine Spur erarbeitet, sie quasi durchkaut.

Der Tastsinn

Der Tastsinn läuft über die Benutzung von Maul und Pfoten ab. Der Hund kann Sozialkontakt durch gegenseitiges Beknabbern oder über Anstupsen mit der Schnauze aufnehmen. Er kann sozial reglementieren, indem er einem anderen Hund, der sich bereits vertrauensvoll untergeordnet hat, über die Schnauze fasst. Das Maul dient auch der Körperpflege. Er kann sich Wunden lecken und Dornen entfernen. Er kann sich uns mitteilen, indem er uns zum Beispiel zart an der Hand fasst, wenn er uns zum Mitkommen bewegen will.
Die Pfoten werden unter anderem benützt, um etwas damit festzuhalten, zum Beispiel einen Knochen. Wir hatten einmal einen Malamut in der Hundeschule, der, auf einem Dach stehend, mithilfe von Maul und Pfoten einen Korb, der an einem Seil befestigt auf dem Boden stand, nach oben ziehen konnte. Er nahm das Seil ins Maul, zog daran, fixierte es dann mit einer Pfote, indem er darauf trat, fasste das Seil hinter der Pfote und zog es wieder ein Stück nach. Das zeigt deutlich, dass der Hund bewusst seine Pfoten zu benützen weiß. Sie dienen aber auch dazu, sozialen Kontakt herzustellen, indem man den Sozialpartner anstößt, um Aufmerksamkeit zu erregen. Oder um den Untergrund zu ertasten. Ich konnte einen Hund beobachten, der eine schmale, begehbare Furt im Wasser mit seinen Pfoten ertastete, so dass er nicht schwimmen musste, um das Wasser zu durchqueren. In der Rettungshundestaffel werden Hunde darauf sensibilisiert, bewusst ihre Pfoten zu koordinieren, um über eine waagrecht liegende Leiter balancieren zu können. Der Hund benützt seine Pfote auch, um festzustellen ob noch Leben in einem Beutetier steckt.
Auch besitzanzeigendes Verhalten kann über die Pfoten demonstriert werden. Hierbei stellt der Hund eine Pfote auf einen Gegenstand oder auf den Fuß seines Besitzers. Diese Geste wird auch als kurzes Antippen von Gegenständen gezeigt und leitet diverse Sozialspielebenen ein.

1 Der Schnauzengriff – eine Form der sozialen Reglementierung.

2 Sam führt sein Frauchen mit dem Maul vorsichtig zu einem Apportel. Er kann es ihr nicht bringen, weil es angebunden ist.

1

2

Die Verarbeitung von Sinneseindrücken

Die Wahrnehmung bestimmt die Welt

Die vorangegangene genauere Betrachtung der Leistungsfähigkeit der hündischen Sinnesorgane in Relation zu der des Menschen macht deutlich, wie verschieden die Welten sind, die sich allein aus der Andersartigkeit der Wahrnehmung ergeben. Die Verarbeitung der Sinnenseindrücke im Gehirn unterscheidet sich nochmals erheblich. Das menschliche Gehirn ist im Vergleich zum Gehirn des Hundes wesentlich leistungsfähiger und kann die Informationen, die es von den Sinnesorganen erhält, viel besser auswerten. Es verfügt auch über weitaus mehr Möglichkeiten, Verknüpfungen zwischen verschiedenen Informationen und Erfahrungen herzustellen als das hündische Gehirn.

Genetische Grenzen

Der Hund ist in seinem Verhalten immer sowohl durch sein instinktgebundenes als auch durch sein erlerntes Bewertungssystems determiniert. Er kann sich nicht wie der Mensch vom konkret Gegenständlichen lösen und daher nicht abstrakt bewerten. Aufgrund seiner Genetik hat der Hund nur ein begrenztes Repertoire an Empfindungs- und Reaktionsmöglichkeiten. Sie unterscheiden sich in ihrer speziellen Ausprägung je nach Rasse und auch individueller Veranlagung. Ein Jagdhund nimmt wahr und reagiert wie ein Jagdhund, ein Hütehund wie ein Hütehund usw. Ein Weimaraner kann sich nicht plötzlich dazu entschließen, auf einen Reiz heute mal wie sein Kumpel, der Border Collie, zu reagieren oder wie der Yorkshire Terrier von nebenan.

Erst denken, dann handeln?

Die Genetik des Hundes gibt ein Grundmuster an Reaktionsmöglichkeiten vor, die in einem gewissen Rahmen von individuellen Erfahrungswerten modifiziert werden. An dieser Stelle setze ich mit meiner Arbeit auf der Sozialspielebene an. Er soll wieder lernen nicht nur in einem konditionierten Rahmen stereotyp zu reagieren, sondern sich statt dessen verstärkt im dynamischen Prozess sozialer Interaktionen auf einen Abgleich der Befindlichkeiten mit seinem Menschen einzulassen. Das ermöglicht dem Hund durch neue Lernerfahrungen, sein eigenes Verhalten zu reflektieren, also erst nachzudenken und dann zu handeln. Dennoch wird ein Jagdterrier, egal wie gut er erzogen wurde, einen Reiz immer als Hund und im Besonderen als Jagdhund beantworten.

Ein Jagdhund reagiert und nimmt wahr wie ein Jagdhund.

Ein Hund ist kein Theoretiker

Ein Hund analysiert Situationen nicht in der Komplexität wie es der Mensch tut, er kann die vielen Wechselwirkungen verschiedener Einflussfaktoren, die in einer Situation wirken, nicht in ihrer Vielschichtigkeit erkennen. Er stellt nicht in Frage, ob seine Empfindung oder sein Verhalten in einer bestimmten Situation richtig oder angemessen war. Der Hund empfindet sich in einer Situation und reagiert aus der Empfindung dieser Situation heraus direkt und unverzüglich. Dabei ist er einerseits gesteuert durch sein individuelles erbkoordinatives Reizbeantwortungsmuster (= Instinkt, vgl. S. 12) und andererseits beeinflusst durch seine bisherigen Erfahrungen. Er stellt jedoch weder im Vorfeld noch im Nachhinein theoretische Überlegungen darüber an, ob er es wohl in der Auseinandersetzung mit einem anderen Hund wagen kann, diesem seine Empfindungen mitzuteilen. Während er empfindet, sendet er eindeutige Botschaften für den anderen Hund. Er trifft jede Entscheidung in dem Moment, in dem er mit der speziellen Problemstellung konfrontiert wird. Der Mensch hingegen kann vorausschauend eventuell zu erwartende Probleme im Vorfeld berücksichtigen, zum Beispiel das Mitführen eines Reservekanisters.

Schulen Sie Ihre Wahrnehmung

Die größere Leistungsfähigkeit des menschlichen Gehirns ermöglicht es dem Menschen, sich in die Wahrnehmungswelt des Hundes hineinzudenken. Um diese Fähigkeit zu unterstützen und zu fördern, habe ich mir eine „Wahrnehmungsschulung“ ausgedacht. Sie soll Ihnen dabei helfen, Ihren Hund besser zu verstehen, um dadurch mit ihm auch besser kommunizieren zu können.

Wahrnehmungs-schulung

Siehst du, was ich sehe?

Geschulte Wahrnehmung

Für mich ist es eine der schönsten Erfahrungen, die Wahrnehmungsebenen der Hunde zu erschließen und mit meinen eigenen abzugleichen. So lerne ich viel über mich und meine Wahrnehmung der Welt. Früher war mir wichtig, dass Hunde Befehle korrekt ausführen. Heute richtet sich mein Augenmerk darauf, die Befindlichkeiten der Hunde besser wahrzunehmen und richtig einzuordnen. Es geht mir darum, die Art und Weise zu verstehen, wie der Hund Aufgaben, die ihm von mir und durch sein Umfeld gestellt werden, zu lösen versucht. Wenn ich seine Lösungsmodelle begreife, kann ich die Aufgabenstellungen auf seine Lernfähigkeit abstimmen. Hierbei wird mir immer bewusster, wie stark man in seinen Erwartungshaltungen an den Hund und den eigenen menschlichen Denkmustern festhängt.
Wir Menschen können niemals die Wahrnehmungswelt des Hundes nachempfinden. Durch das Beobachten seiner Verhaltensmuster jedoch, durch das „Sich-bewusst-Machen" seiner Fähigkeiten, können wir zumindest den Versuch wagen, ihn ein wenig besser zu begreifen. Betrachten Sie also die Verhaltensweisen Ihres Hundes nicht nur oberflächlich als Schnüffeln, Spielen, Bellen etc., sondern als seine Art und Weise, sein Umfeld wahrzunehmen und mit der Welt in Kontakt zu treten. Es ist mir ein persönliches Anliegen, Sie für einen aufmerksameren Umgang mit Ihrem Sozialpartner Hund zu begeistern.

Lernen Sie, die Wahrnehmungsebenen Ihres Hundes zu erschließen und mit den Ihrigen abzugleichen.

Unterschiedliche Wahrnehmung

Eine typische Situation aus dem Alltag mit Hunden:

Sabine führt ihren Hund Xeno angeleint spazieren. Ein fremder Spaziergänger kommt ihnen mit seinem ebenfalls angeleinten Hund entgegen. Xeno sieht den anderen Hund. Sabine sieht ihn ebenfalls.

Einfach nur ein Hund?

Normalerweise achtet der Mensch nicht darauf, was der Hund, dem er begegnet, durch seine Körpersprache mitteilt, oder er kann es nicht einordnen. Da kommt halt einfach „nur" ein Hund – und kein Kamel und auch kein Sofa. Der Mensch freut sich vielleicht über das Zusammentreffen, wenn er selbst einen „freundlichen" Hund hat, oder er hat Angst davor, wenn er einen „unfreundlichen" Hund hat. Er versucht nicht, wie der Hund, den Artgenossen einzuordnen, um dadurch einem Konflikt bei einer neuerlichen Begegnung vorzubeugen.

Oder ein hochinteressanter Artgenosse?

Xeno jedoch prüft mithilfe seines Sehsinns und mittels seines Lügendetektors „Nase" den Artgenossen. Wenn diese Begegnung ohne den Menschen stattfände, würde er, wenn nötig, mit dem anderen Hund einen Abgleich der Befindlichkeiten anstreben oder diesen ignorieren und an ihm vorbeilaufen, beziehungsweise ihm rechtzeitig ausweichen. Oftmals beeinflusst der Mensch mit seinem Verhalten und seinen Signalen den Hund in dessen Bewertung einer Situation. Der Hund vertraut dann eventuell nicht mehr allein seiner eigenen Einschätzung, sondern koppelt sich an das Verhalten seines Menschen.

„Siehst du, was ich sehe?"

WICHTIG

Hunde ziehen häufig gänzlich andere Informationen aus dem, was sie sehen, als wir Menschen. Je nach Einschätzung und Reaktion des Menschen wird der Hund in seiner Wahrnehmung und damit in seinem Verhalten beeinflusst.

Beeinflusste Wahrnehmung

Xeno sieht auf dem Spaziergang mit Frauchen einen gebückt am Stock gehenden älteren Mann, der noch dazu einen Rucksack trägt. Xeno bleibt stehen. Bewegungslos fixiert er dieses eigentümliche Wesen, wirft kurz einen Blick zu Sabine hoch, um dann sofort wieder den herankommenden Menschen im Auge zu behalten.

Fatale Verhaltenskopplung

Frauchen legt den Blick des Hundes fälschlicherweise als „Unsicherheit" oder „Angst" aus und kommt zu der Schlussfolgerung, ihr Hund fürchte sich vor dem alten Mann. Diese Interpretation wird Sabine auch in künftige, ähnliche Begegnungen hineintragen und deshalb nicht mehr offen und unbefangen agieren. Sie wird erwarten, dass ihr Hund wieder „unsicher" oder „ängstlich" reagiert. Diese Erwartungshaltung wird sie unbewusst durch ihr Verhalten und durch das Stimmungsbild, das sie signalisiert, übermitteln. Und somit entsteht „Klarheit" für Xeno: ‚Hier ist Gefahr, man muss sich ängstigen.' So kann sich völlig ungewollt, relativ schnell und unerkannt eine Generalisierung der Unsicherheit entwickeln.

Souveränes Vorbild

Frauchen begreift, mein Hund signalisiert mir: ‚Ich kann das nicht einordnen!' Frauchen bleibt entspannt, so kann sich der Hund ebenfalls entspannen. Dadurch ist sie eine kompetente Unterstützung für ihren Hund und kann ihn zu einer bestimmten Interpretation und entsprechendem Verhalten motivieren. Je mehr der Hund sich darauf verlassen kann, dass sein Sozialpartner Mensch problematische Situationen unter Kontrolle hat, das heißt, der Mensch nicht dem Hund das Problemlösen überläßt, desto mehr wird der Hund auf das Ausdrucksverhalten und die Lösungsstrategien seines Menschen vertrauen. Wichtig ist dabei, dass der Mensch in für den Hund fremden Situationen Ruhe bewahrt und sich nicht an die Verhaltensmuster des Hundes koppelt.

Riechst Du, was ich rieche?

Supernasen

Im Vergleich zum Menschen ist der Geruchssinn beim Hund extrem gut entwickelt. Der Einsatz der Nase findet sowohl bewusst als auch unbewusst statt. Gerüche bestimmen oft sein Empfinden und Handeln. Gerüche, die wir häufig gar nicht wahrnehmen können. Man kann sagen, der Hund „sieht" mit der Nase. Der Mensch erkennt zum Beispiel an der Signatur eines Gemäldes, wer das Bild gemalt hat. Der Hund kann sozusagen „mit der Nase sehen", welche der anwesenden Personen das Bild berührt hat.

In die Vergangenheit riechen

Die Gerüche, die der Hund wahrnimmt, geben ihm sogar Informationen darüber, wer sich bereits vor Stunden oder Tagen an einem bestimmten Ort aufgehalten hat. Außerdem können Hunde an einer Fährte erkennen, in welche Richtung sich das Wild oder die Person bewegt hat.

„Ob Freund oder Feind, sagt mir meine Nase."

Wie nutzt Ihr Hund seinen Geruchssinn?

WICHTIG

Geruchsmoleküle rufen in dem Moment, in dem sie auf die Hundenase treffen, je nach Filterung eine Reaktion hervor. Der Hund kann also nicht an etwas „vorbeiriechen", er muss reagieren.

Wie setzt Ihr Hund seine Nase ein? Haben Sie ihn dabei schon einmal bewusst beobachtet? Rasseabhängig und individuell ist das durchaus unterschiedlich. Achten Sie genau darauf, wie er sich verhält, wenn er zum Beispiel auf eine Wildspur trifft. Schaltet er quasi ab, wenn er zu Schnüffeln beginnt, oder ist er auch noch an seinem Umfeld und vor allem an Ihnen interessiert? Nimmt er Sie noch wahr, oder handelt er nur mehr rein instinktgesteuert?
Wie setzt er seine Nase ein, wenn Fremde das Haus betreten? Viele Menschen übermitteln ihre emotionale Befindlichkeit unbewusst durch ihren Geruch. Die Nase eines Hundes lässt sich nicht leicht täuschen.

„Riechst du, was ich rieche?"

Hörst du, was ich höre?

Laute haben Bedeutungen

Hunde können Laute ein- und zuordnen. Über Laute können Empfindungen hervorgerufen und wiedergegeben werden. Laute können an eine Örtlichkeit, ein Ereignis, eine Person, ein beliebiges anderes Lebewesen oder ein unbelebtes Objekt erinnern.

Ein Welpe hört das Geschnatter von Gänsen. Er folgt dem Geräusch und trifft dabei leider auf einen großen mächtigen Ganter, der sofort auf ihn losgeht und ihn mit dem Schnabel attackiert. Der Welpe flieht panisch und stößt einen erbärmlich klingenden Angstschrei aus. Der Welpe verknüpft: Geschnatter bedeutet Ganter und Ganter bedeutet Gefahr.

Wie nutzt Ihr Hund seinen Hörsinn?

Es gibt Laute, an denen ein Hund nicht vorbeihören kann wie beispielsweise Brutpflege auslösende Laute oder das Wimmern verletzter Beutetiere. Das Gehör des Hundes ermöglicht ihm auch punktgenaues Orten einer Geräuschquelle. Er kann exakt einordnen, wo sich beispielsweise eine Maus in einer kniehohen Wiese bewegt. Es ist immer wieder fantastisch zu beobachten, wie die Husky-Hündin eines Freundes, obwohl sie an der Leine geführt wird, plötzlich und ansatzlos mit einem so genannten Mäuselsprung seitwärts im Gebüsch verschwindet und sogleich wieder mit einer Maus im Fang erscheint. Sie scheint dabei außerdem genau einschätzen zu können, ob die Distanz der Leine für einen erfolgreichen „Seitensprung" ausreicht.

Beau ist sehr geschickt im Mäusefangen – sie hört sie, bevor sie sie sieht!

Auch wenn Sie selbst gar nichts wahrnehmen, kann es sein, dass Ihr Hund etwas extrem Interessantes hört.

Beobachten Sie!

Beobachten Sie doch einmal, wie Ihr Hund auf Geräusche reagiert. Woran zeigt er sich interessiert, wo zeigt er Desinteresse? Reagiert er auf leise oder nur auf laute Geräusche sensibel? Wie zeigt sich sein Interesse? Ist er dabei eher unsicher oder aggressiv? Beginnt er sofort, sich in Richtung der Schallquelle zu orientieren? Will er vermeintliche Gefahr vertreiben (bellen) oder läuft er davon?

Setzen Sie selbst Laute ein

Versuchen Sie durch Laute, die Sie von sich geben, wie Summen, Quietschen, Kreischen, Winseln, Knurren, Droh- oder Warnlaute, eine Reaktion Ihres Hundes auszulösen. Geben Sie zunächst nur einen deutlichen Laut von sich. Beobachten Sie genau, wie Ihr Hund reagiert. Seien Sie einfallsreich! Versuchen Sie einmal, die Intensität des Lautes zu verstärken oder auch zurückzunehmen, ihn leiser von sich zu geben. In diesen kleinen Experimenten können Sie mehr über die Möglichkeiten erfahren, die Ihnen Ihre Stimme in der Kommunikation mit dem Hund gibt. Und das ohne Worte. Beobachten Sie, wie Ihr Hund auf die unterschiedlichen Tonlagen und Intensitäten reagiert. Können Sie durch Ihre Laute bei Ihrem Hund bestimmte Reaktionen gezielt hervorrufen?

STIMM(UNGS)-ÜBUNG

Versuchen Sie auch einmal, Ihren Hund nur durch Laute – ohne Worte – in verschiedene Stimmungen zu versetzen. Können Sie nur durch Ihre Stimme den Hund zu mehr Interesse, erhöhter Aufmerksamkeit und stärkerer Aktionsbereitschaft motivieren? Kommt er schneller und freudiger auf Sie zu, wenn Sie die Dynamik Ihrer Laute intensivieren? Und umgekehrt, können Sie Ihren Hund beruhigen – nur über besänftigende Laute?

Ohren? Schalltrichter!

Fühlst du, was ich fühle?

Emma liebt noch heute Körperkontakt.

Hunde verstellen sich nicht

Hund und Mensch benützen taktile Reize, um sich mitzuteilen, dies zum Teil über ritualisierte Gesten. Beim Menschen muss eine Geste nicht immer in unmittelbarem Zusammenhang mit seinen Gefühlen stehen. Der Mensch begrüßt jemanden scheinbar freundlich, obwohl er diesem gegenüber nicht freundlich gestimmt ist. Menschen können ritualisierte Gesten einsetzen und dabei ihre Gefühle verbergen. Das ist dem Hund nicht möglich. Hunde können ihre innere Gestimmtheit nicht verbergen. Taktile Reize haben für den Hund einen hohen Wahrheitsgehalt. Es wäre zum Beispiel völlig untypisch, wenn der Hund einen anderen erst ableckt, um ihm im nächsten Augenblick hinterrücks ins Bein zu beißen.

Wie fühlt der Hund?

Der Hund hat viele – nennen wir sie einmal – „Intimpunkte". Situationsabhängig werden beim Berühren dieser Punkte ganz bestimmte Empfindungen ausgelöst und dem jeweiligen Funktionskreis zugeordnet. Was aber wissen wir über solche Punkte beim Hund? Was wissen wir darüber, was welche Berührung, an welchem Punkt des Körpers bedeutet? Was spezielle taktile Reize signalisieren und was sie im Hund auslösen? Taktile Reize haben unter Hunden eine große Bedeutung. Sie werden benützt, um sich zu vermitteln. Der Mensch verwendet sie oft oberflächlich und unbewusst: Man klopft den Hund seitlich wie ein Schnitzel, rubbelt ihm über den Kopf oder fährt ihm eher unsensibel durchs Rückenfell, um ihm Zuneigung zu zeigen, oder man verwendet taktile Reize, um den Hund zu reglementieren, ohne sich dabei über die Bedeutung der einzelnen Berührungen für den Hund wirklich im Klaren zu sein. Im Folgenden lesen Sie einige Beispiele dazu.

WICHTIG

Als Funktionskreise bezeichne ich Bereiche, in denen ein Hund Reize, die sich bestimmten Funktionen zuordnen lassen, auf eine bestimmte Art und Weise beantwortet.

Schnauzengriff

Der Hund setzt ritualisierte, taktile Signale wie den Schnauzengriff ein. Dabei umfasst ein Hund mit der eigenen Schnauze die Schnauze oder den ganzen Kopf eines anderen Hundes. Das hat zum einen erzieherische Bedeutung und zum anderen berührt es aber auch den Bereich des Brutpflegeverhaltens. Es ist daher ein sehr „intimes" Signal, das Vertrauen in den Sozialpartner voraussetzt. Es wird ritualisiert in der pro-sozialen Interaktion während des Sozialspiels benutzt, oftmals im Sinne von „Halte Abstand", „Jetzt nicht, ich hab' keine Lust oder Zeit". Diese Geste stoppt den Signalfluss auf freundliche, unaggressive Art.

Der Mensch hingegen benützt den Schnauzengriff häufig, um beim Hund allerlei Fehlverhalten zu korrigieren und zwar in Momenten, in denen ein Hund dieses taktile Signal niemals verwenden würde. Ich konnte definitiv noch nie beobachten, dass ein Hund den Schnauzengriff in einer aggressiven Auseinandersetzung angewendet hätte!

Über den Kopf streicheln

Viele Hunde mögen es gar nicht, wenn man ihnen über den Kopf streichelt. Dafür kann es unterschiedliche Ursachen geben, wie zum Beispiel: isolierte Haltung, Kettenhaltung, mangelnder positiver Körperkontakt, willkürliche oder zu hastige Verwendung dieser Geste durch Menschen, unsensibles Hinfassen, bedrohlich wirkende Körperhaltung, Unterschreitung seiner Individualdistanz.

Der Kopf im Nackenbereich eines anderen Hundes: Aufforderung zur Anerkennung des Ranges, in-Besitznahme-Geste oder Paarungsinteresse.

Nackenschütteln

Obwohl in Fachkreisen schon seit Jahren nicht mehr vertreten, hält sich immer noch die landläufige Mär, dass Hündinnen ihre Welpen am Nacken packen und schütteln, um sie zu bestrafen. Und aus dieser Begründung heraus verwenden viele Menschen das Nackenschütteln, um ihre Hunde zu bestrafen. Man kann es nicht oft genug wiederholen: Hündinnen schütteln ihre Welpen nicht! Das Nackenschütteln kann unter Hunden eine extreme Form der Reglementierung sein, sie findet hier eigentlich nur im Beschädigungskampf Verwendung und kann unter Umständen zur Tötung des Artgenossen führen. Das zeigt sich schon daran, dass der Hund bei der Jagd (rassebedingt) das Nackenschütteln zum Töten der Beute einsetzt.

Mir wurde kürzlich ein erst fünf Monate alter Herdenschutzhund vorgestellt. Dieser hatte sein Frauchen durch Bisse so verletzt, dass sie ärztlich versorgt werden musste. Er ließ sich nicht mehr am Hals und Nackenbereich berühren. Man hatte der Besitzerin geraten, den erst acht Wochen alten Welpen zur Strafe am Nackenfell zu packen und dabei entweder zu schütteln oder auf den Boden zu drücken (so genannter Alphawurf). Jener Rat wurde fester Bestandteil ihres Erziehungsprogramms. Diese Vorgehensweise hatte den Kleinen so traumatisiert, dass er, wenn er angefasst wurde, in Panik geriet und wie ein wildes Tier in äußerster Bedrängnis um sich biss.

Nackenbereich

Oft sieht man, dass ein Hund seinen Kopf auf den Nackenbereich eines anderen Hundes auflegt (rassebedingt unterschiedlich). Dieses Signal hat in einigen Funktionskreisen Symbolcharakter. Man kann es als Aufforderung zur Ranganerkennung deuten. Von dem, der es gestattet als Anerkennung der Position des anderen. Innerhalb einer vertrauten Beziehung leitet dieses Signal auch ein Paarungsspiel ein. Als Besitzanspruchsgeste gezeigt, ist es eventuell als Mitteilung an die Gruppe gedacht.

Körperkontakt – dieser Vizsla genießt das ganz offensichtlich.

Wie reagiert Ihr Hund auf Berührungen?

Versuchen Sie herauszufinden, wie Ihr Hund auf Ihre Berührungen reagiert. Lässt er zu, dass Sie seine Extremitäten strecken? Entspannt er sich dabei? Wie sehr genießt er das Streicheln? Können Sie Fellpflege betreiben, ihn am ganzen Körper anfassen und untersuchen? Reagiert er beim Berühren mancher Stellen eher erschreckt oder gar panisch? Welche Körperteile sind dies? Ist er entspannt, wenn er auf dem Rücken liegt, während Sie ihn streicheln? Finden Sie heraus, welche Berührungen er bevorzugt. Welche er gar nicht oder nur von einigen Menschen oder Artgenossen gestattet. Auch hier gibt es rassespezifische Unterschiede.

BEWUSST WAHRNEHMEN – GELUNGEN KOMMUNIZIEREN

Seien Sie, wenn Sie Ihren Hund analysieren, wirklich aufmerksam. Versuchen Sie, ihn dabei umfassend wahrzunehmen. Üben Sie das. Denn das lässt sich lernen. Fragen Sie sich immer wieder, ob Sie wirklich auf ihn konzentriert sind, wenn Sie aus seinem Verhalten Schlüsse ziehen. Hinterfragen Sie Ihre Interpretationen immer wieder. Sie erarbeiten sich damit die Basis für eine gelungene Kommunikation mit Ihrem Hund. Und das ist eine beglückende Erfahrung. Nicht nur für Ihren Hund, auch für Sie selbst!

Kommunikation zwischen Mensch und Hund

Kommunikation

Kommunikation ist unausweichlich

Kommunikation ist unausweichlich. Nicht nur Menschen und Tiere kommunizieren, alles Lebendige, ob Einzeller oder Mehrzeller, steht in kommunikativer Verbindung mit seiner Umwelt. Selbst unsere Körperzellen kommunizieren miteinander und tauschen ständig Informationen aus. Jedes Verhalten hat bereits einen Mitteilungsaspekt für den Beobachter. Dabei sprechen wir noch nicht von Kommunikation. Erst wenn wechselseitig Rückantworten zustande kommen, die einem Informationsabgleich dienen, wird kommuniziert. Dazu benützen Tiere eine besondere Art des Verhaltens, das sich von üblichen Reaktionen auf das Umfeld abgrenzen lässt. Diese besondere Art des Verhaltens, die gattungsspezifische Ausformungen hat, wird bei Paarung, Aufzucht der Nachkommen, Sicherung von Ressourcen und dem Organisieren des Zusammenlebens teils stark ritualisiert gezeigt. Auch unsere Hunde zeigen selbstverständlich solche Verhaltensmuster, die jedoch für viele Menschen nur schwer oder gar nicht verständlich erscheinen.

WICHTIG

Reduzieren Sie sich bei der Kontaktaufnahme mit Ihrem Hund nicht auf eine Befehlsebene. Das Senden und Empfangen von Botschaften wird erst dann zu Kommunikation, wenn durch den Informationsaustausch wechselseitig sinnvolle Rückantworten zustande kommen.

Kommunizieren ohne Sprache

Der Mensch agiert mit dem Hund zu oft auf der Befehlsebene und verlässt sich dabei hauptsächlich auf seine Sprache. Der Weg über Worte ist jedoch ein Umweg, da Worte vom Hund niemals beim ersten Mal zugeordnet und der Absicht des Menschen entsprechend beantwortet werden können. Nonverbale Kommunikation über Gesten, Verhaltensmuster und Laute zeigt sich als wesentlich zweckmäßiger für die Kommunikation mit dem Hund, da sie seinem Wesen gerecht wird. Der Mensch muss dafür nicht einmal etwas Neues lernen.

Kommunizieren über Grenzen hinaus

Nur über Gesten, also nonverbal, gelingt es viel schneller, einen dynamischen Kommunikationsprozess mit dem Hund in Gang zu setzen, um auf dieser Ebene einen gemeinsamen Code zu entwickeln. Kommunikation zwischen Mensch und Hund ist immer eine Verständigung über die Grenzen der eigenen Spezies hinaus und scheitert deshalb sehr häufig daran, dass auf beiden Seiten ein unterschiedlicher Code verwendet wird. Ein ganz wesentlicher Aspekt von Kommunikation ist die Übertragung von Stimmungen wie Mitgefühl, Zuneigung bis hin zur Liebe. Dies findet auf einer feinstofflichen Ebene statt. Diese Schwingungen bringen uns unbewusst in Resonanz und sind eine gute Ausgangsbasis, sich einander anzunähern.

„Komm zu mir!"
So versteht es Ihr Hund.

Was ist ein Code?

Als Code bezeichne ich die Art der Verständigung. Das können Worte, Rauchzeichen, Trommel- oder Flaggensignale sein, wie der Mensch sie entwickelt hat. Es können aber auch Bewegungsmuster, Körpergesten, Lautäußerungen, Geruchsbotschaften sein, wie sie z. B. im Kommunikationsverhalten der Hunde große Bedeutung haben. Ein Code ist ein verlässliches Muster, innerhalb und mit Hilfe dessen es sich überhaupt erst kommunizieren lässt. Viele Menschen glauben, dass Hunde unsere Sprache verstehen, weil sie kommunikationsfreudig sind und auf unsere Laute und Verhaltensmuster mit Interesse reagieren. Das ist jedoch eine Fehlannahme mit durchaus problematischen Folgen.

Wahrnehmung abstimmen

Der erste Schritt im Aufbau eines gemeinsamen Codes sollte darin bestehen, dass der Mensch bewusst seine Wahrnehmung auf die des Hundes abstimmt und dabei lernt, die Empfindungen und mentalen Prozesse des Hundes nachzuvollziehen. Das ist natürlich ein länger währender Prozess und ich darf Ihnen versichern, dass dieser ein Leben lang anhält und dabei keineswegs eintönig wird. Auch ich lerne täglich neu hinzu.

NONVERBAL

Im Hinblick auf ihre allgemeine Bedeutung kann nonverbale Kommunikation nach zwei wesentlichen Schemen geordnet werden:

- Kommunikation, die die Anwendung der Sprache oder Teile von dieser ergänzt.
- Kommunikation, die unabhängig von der Sprache ist. Eine Form der Kommunikation, die bei den meisten Tierarten gefunden wird.

(Mc Farland, Biologie des Verhaltens)

Die Auswahl des Codes

Es ist die Aufgabe des Menschen mit seinen Fähigkeiten zur Analyse und Reflexion, das Kommunikationsverhalten des Hundes zu erkennen, soweit wie möglich zu begreifen und sich der kommunikativen Signale der Hunde zu bedienen. So kann er lernen, dem Hund Botschaften auf der hündischen Verständigungsebene zu übermitteln. Das heißt konkret: Der Mensch löst sich von seiner verbalen Kommunikationsebene und ist bereit, sich auf die nonverbale Kommunikationsebene des Hundes zu begeben. In vielen Methoden der Hundeausbildung, der Hundeführung und Therapie wird Kommunikation mit dem Hund nur zu oft völlig oberflächlich reduziert auf: „Ich gebe einen Befehl. Wird der Befehl befolgt, haben wir kommuniziert." Leider reduziert sich der Mensch dabei auf das Konditionieren und Unterordnen des Hundes, anstatt sich an dessen Sozialspielebene zu koppeln und zu versuchen, integrierter Teil von ihr zu werden.

Symbole

Hunde können die Bedeutung von Symbolen erkennen und zuordnen. Wir Menschen können uns das zunutze machen, indem wir bewusst mit Signalen arbeiten, die einen Symbolcharakter haben. Wichtig ist dabei, dass wir den Symbolwert der Signale nicht auflösen.

Gelungene Kommunikation

Voraussetzungen

Die für mich wichtigsten Voraussetzungen für eine gelungene Kommunikation zwischen Mensch und Hund sind:

a) Den Hund in seiner Wesenhaftigkeit erkennen und respektieren
b) Wechselseitiges Interesse an Kommunikation
c) Festlegung eines verbindlichen gemeinsamen Code
d) Klarheit und Eindeutigkeit der Signale
e) Symbole definieren (= Signalen Bedeutungsinhalte zuweisen)

Die Wesenhaftigkeit des Hundes

In Analogie zum Lehrsatz aus dem Zen-Buddhismus „Ein Berg ist ein Berg ... ist ein Berg" könnte man den Lehrsatz für Hundefreunde so modifizieren: „Ein Hund ist ein Hund ... ist ein Hund." Ein Hund wird in der Kommunikation mit dem Menschen immer hündisches Verhalten zeigen. Hunde vermitteln ihre Gefühle und Bedürfnisse über Gesten, Lautäußerungen und Geruchssignale. Sie beantworten jede körpersprachliche Geste, jede Lautäußerung, jedes Geruchssignal und jedes Verhalten gattungsgemäß, noch dazu rassespezifisch (der jeweilige „Dialekt") und individuell gefärbt. Dabei spielt die Frühwelpenphase eine ganz entscheidende Rolle. Wird der Welpe von seinen Wurfgeschwistern zu früh isoliert und von Hand aufgezogen, ersetzt der Mensch den Hund. Dadurch kann das spezielle Verhalten des Hundes, das der Kommunikation dient, im Umgang mit dem Menschen so extrem modifiziert werden, dass er Teile seiner innerartlichen Sprache nicht entsprechend entwickelt oder teilweise sogar verliert.

1 Signale werden mit Bedeutungsinhalt verknüpft zum Symbol.

2 Der Hund beobachtet Menschen aus seiner Hundesicht.

Jeder Augenblick ist Realität

Wenn wir verstehen wollen, wie Hunde kommunikative Probleme lösen, müssen wir uns soweit wie möglich von unseren menschlichen Interpretationsmustern lösen. Der Hund lebt in einer Welt von Empfindungen und Bedürfnissen, motiviert durch seinen natürlichen Überlebensdrang. Er lebt und erlebt jeden Augenblick als Realität. Er kann nicht darüber nachdenken, ob sein Realitätsempfinden vielleicht nur seiner Phantasie oder einer Einbildung entspringt. Er lebt im Augenblick das, was er sieht, hört, riecht und schmeckt. Der Moment bestimmt sein Weltbild. Der Hund wird nicht darüber nachdenken, ob ein Problem wirklich ein Problem ist. Hunde sind von Natur aus zielorientiert und versuchen daher, funktionale Zusammenhänge zu erkennen, die ihnen bei der Lösung von schwierigen Aufgaben weiterhelfen. Für den Hund ist es beispielsweise relevant, herauszufinden, dass er durch das Drücken einer Türklinke eine Türe selbstständig öffnen kann. Er wird aber nicht versuchen, den Schließmechanismus einer Tür zu begreifen. Hauptsache sie öffnet sich, wenn er auf die Klinke drückt. Den Hund interessiert immer nur das „Wie“ und nicht das „Warum“.

Links im Bild drei Mensch-Hund Paare: Deutlich ist zu erkennen, dass jeder der drei Hunde trotz Ablenkung mit ganzem Interesse bei seinem Mensch ist.

Wechselseitiges Interesse an Kommunikation

Gelungenes Kommunizieren setzt wechselseitiges Interesse aneinander voraus. Ihr Interesse an Kommunikation mit Ihrem Hund zeigt sich z. B. dadurch, dass Sie dieses Buch lesen. Aber will Ihr Hund auch mit Ihnen kommunizieren? Dies gilt es zunächst herauszufinden. Wenn Ihr Hund keinerlei Interesse signalisiert, Ihnen seine Aufmerksamkeit zu schenken, ist es fast nicht möglich, eine Kommunikationsebene aufzubauen. Deshalb müssen Sie daran arbeiten, dass er an einer Interaktion mit Ihnen überhaupt erst einmal interessiert ist. Also seien Sie interessant und motivierend für Ihren Hund.

Festlegung eines Codes

Wenn wir die Aufmerksamkeit unseres Hundes haben und er motiviert ist, mit uns zu kommunizieren, brauchen wir noch eine gemeinsame Verständigungsform, um gültige Übereinkünfte mit ihm treffen zu können. Diese gemeinsame „Sprache" bezeichne ich als Code. Um gelungen mit dem Hund zu kommunizieren, macht es Sinn, einen Code zu vereinbaren, den der Hund leicht entschlüsseln kann. Da Hunde unter ihresgleichen vornehmlich über Körpersignale kommunizieren, ist es sinnvoll, dass der gemeinsame Code dem gattungsspezifischen Kommunikationsverhalten der Hunde möglichst nahe kommt. Denn so können Bedürfnisse, Empfindungen und Gestimmtheiten schnell und verständlich mitgeteilt werden. Ein gemeinsam definierter Code besteht aus Signalen, die für beide Seiten verbindlich sein müssen, wenn er funktionieren soll. Aus diesen Signalen können dann Symbole entwickelt werden, die für die Kommunikationspartner eine Bedeutung haben. Das ist die Voraussetzung für die Entwicklung eines sozialen Rahmens, eines sozialen Regelwerks.

Decodiertabelle

Für den Hund ist jede Geste, jeder Laut, jede Mimik des menschlichen Gegenübers sozusagen ein Bestandteil der gemeinsamen Decodiertabelle. Die einzelnen Signale aus Ihrer gemeinsamen Decodiertabelle sollten daher jeweils nur für eine Empfindung oder ein Bedürfnis stehen und dürfen nicht variabel sein. Die Geste für „Komm!" muss immer die Geste für „Komm!" sein. Jede widersprüchliche Überschneidung und jede Doppeltbelegung bedeutet Stress für den Hund.

Gesten müssen eindeutig und immer gleich sein! Wie hier das „Warte – Bleib".

Klarheit und Eindeutigkeit der Signale

Der Hund muss sich jederzeit auf die Klarheit und Eindeutigkeit Ihrer Signale verlassen können, so wie er es aus dem Umgang mit seinen Artgenossen als völlig selbstverständlich kennt. Er muss darauf vertrauen können, dass die Signale, die er von Ihnen erhält, eine spezifische Bedeutung haben, die auch morgen noch gilt – und übermorgen natürlich auch.

Konkret heißt das: Handlung X des Hundes zieht immer Reaktion Y beim Hundehalter nach sich. Daraus ergibt sich, dass der Mensch absolut klar definieren muss, was erwünschtes und was unerwünschtes Verhalten ist. Und das muss immer gelten! Ich kann das nicht oft genug betonen. Nur wenn der Hund vorhersehbare Reaktionen erhält, fühlt er sich sicher. Diese Sicherheit stärkt seine soziale Kompetenz und reduziert die Gefahr, dass der Hund beispielsweise zu einem Angstbeißer wird oder andere problematische Verhaltensauffälligkeiten entwickelt.

Symbole definieren

WICHTIG

Ein Symbol ist ein Signal, das mit einem Bedeutungsinhalt verknüpft ist. Es beinhaltet alle damit in Zusammenhang gebrachten Erinnerungen und Erfahrungen.

Als Symbol definiere ich ein einzelnes Signal oder die spezifische Zusammenfügung mehrerer Signale (optische, akustische, chemische oder andere Signale), die eine festgelegte und definierte Bedeutung haben. Ampeln, Verbotsschilder oder das Heulen einer Sirene haben Signalcharakter. Sie werden jedoch nur für den Kreis von Menschen zu Symbolen, die sich über die Bedeutung der Signale geeinigt haben.

Ein Hund, der knurrt und die Lefzen hochzieht, sendet ein Signal. Ein Mensch, der dieses Signal richtig deutet, wird daraufhin vom Hund Abstand halten. Damit beantwortet er das Verhalten des Hundes in dessen Sinne.

Der Mensch hat die Befindlichkeit des Hundes erkannt und durch sein Zurückweichen reflektiert. Die gezeigten Verhaltensweisen haben also einen Bedeutungsinhalt erhalten. Das Knurren und Lefzenhochziehen wird, durch Wiederholung bei gleich bleibender Beantwortung, für die Beteiligten zum Symbol für Abstand halten. Die Aussagekraft des Signals verstärkt sich mit jeder erneuten, gleich bleibenden Beantwortung.

Er hat verstanden: „Ich bring' Dir was und bekomme was dafür."

Der Hund verallgemeinert Symbole

Der Ball, für den der Hund Futter erhält, wenn er ihn apportiert, wird zum Symbol für „Ich bring' dir etwas und bekomme dafür etwas". Mit der Zeit wird der Hund diese Erfahrung generalisieren. Wenn der Hund damit Erfolg hat, wird er auch alles bringen, was man ihm zum Apportieren anbietet.

Der Hund modifiziert Symbole

Das Symbol für „Ich bring, Dir etwas und bekomme etwas dafür", wird vom ursprünglichen Bedeutungsinhalt weiterentwickelt zu „Ich will etwas von Dir, also trag ich Dir etwas zu". Ein bewusster Lernprozess, den Sie gemeinsam mit Ihrem Hund erleben können.

Der Hund verknüpft Signale mit Erfahrungen

Auch das Zuordnen eines noch unbekannten Signals (olfaktorisch, taktil, akustisch oder optisch) zu einem Ereignis oder einer Empfindung, wird für den Hund Symbolcharakter erlangen und von seinem Gehirn als solches gespeichert werden. Beispielsweise eine Fehlverknüpfung durch falschen Gebrauch eines Reizstromgerätes.

Symbole unterscheiden sich

Es gibt erlernte Symbole, die durch Erfahrungen und Einsicht entstehen. Ein erlerntes Symbol wäre zum Beispiel: der Hund steht winselnd an der Türe. Bedeutungsinhalt: „Türe öffnen." Und es gibt Symbole, die ihren Sinn bereits haben, die zum Repertoire jeden Hundes gehören. Zum Beispiel: Imponiertragen eines Stöckchens vor Sozialpartnern.

Das Blickkontakt-Experiment

Will Ihr Hund kommunizieren?

Finden Sie über einen Zeitraum von einigen Tagen heraus, wie oft und bei welchen Gelegenheiten der Hund Interesse an Ihnen zeigt, oder ob er überhaupt welches hat. Ist Vertrauen und Interesse des Hundes an Ihren Handlungen vorhanden, wird er von sich aus immer wieder den Blickkontakt suchen. Und wenn Sie dann den Blick des Hundes erwidern, sozusagen den Kontakt schließen, sollte dies bewusst geschehen und immer eine Information beinhalten. Geben Sie Ihrem Hund immer zu verstehen, dass Sie seinen Blick bemerkt haben, z. B. durch ein Signal für „Lauf weiter", „Komm näher" oder Ähnliches.

Der Hund sucht Ihren Blick. Genau jetzt ist der Moment, in dem Sie reagieren müssen!

Blickkontakt muss sich lohnen

Der Hund sitzt neben Ihnen. Sein Interesse ist auf irgendetwas gerichtet, nur nicht auf Sie. Bleiben Sie so lange unauffällig und ruhig neben ihm stehen, bis er Sie kurz ansieht. Irgendwann wird er dies tun.
In dem Augenblick, in dem er Sie anschaut, setzten Sie sich mit einer deutlich auffordernden „Jetzt geht es los"-Geste in Bewegung. Dann können Sie zum Beispiel losrennen, herumtoben, eventuell wieder langsamer werden, ihn kurzzeitig Fuß gehen lassen, ins Sitz bringen und anschließend mit einem „Lauf" wieder freigeben. Was lernt er? Immer, wenn er Blickkontakt sucht, passiert etwas! Passiert nichts, was Ihren Hund interessiert, wird er den Blickkontakt nicht mehr suchen.

Blickkontakt als Aufgabe

Ermuntern Sie Ihren Hund freundlich durch eine Geste und einen motivierenden Laut zum Herankommen. Kurz bevor er Sie erreicht, drehen Sie sich weg, so dass er um Sie herumlaufen muss, um Blickkontakt aufnehmen zu können. Jetzt ist der richtige Moment für ein Leckerle oder für ein Sozialspiel. Die Kontaktaufnahme muss immer ein positives Erlebnis für den Hund nach sich ziehen. Sorgen Sie dafür, dass von Mal zu Mal der Blickkontakt verlängert wird, indem der Zeitpunkt der Belohnung durch interessante Aufgaben hinausgezögert wird, für die Blickkontakt wesentlich ist.

BLICKKONTAKT

Der Hund sollte die Chance bekommen, von sich aus den Blickkontakt zum Menschen aufzunehmen. Legen Sie aber auch Wert darauf, dass der Hund sich erst dann von Ihnen abwendet, wenn Sie den Blickkontakt für beendet erklärt haben.

Variation

Lassen Sie Ihren Hund etwas apportieren und drehen Sie sich von ihm weg, kurz bevor er mit dem Gegenstand zurück ist. Sie schlagen zwei

Fliegen mit einer Klappe. Ihr Hund vergisst einerseits, sich vor Ihnen mit der Beute in imponierender Weise zu präsentieren, und er sucht den Blickkontakt, weil dieser ja belohnt wird. Jetzt können Sie sogar noch Futter gegen Beute tauschen, was sein Instinktverhalten kultiviert, Beute zu sichern. Es vermittelt ihm, dass er sich auch mit Beute nähern kann, weil es einfach immer toll ist, sich Ihnen zu nähern.

WICHTIG

Der Hund braucht Sozialpartner. Er wird sich aber nur denen gegenüber öffnen, die ihn wahrnehmen und ihn in seiner Befindlichkeit durch ihr eigenes Verhalten reflektieren.

Nehmen Sie Kontakt auf!

Wird ein Hund in seinen Handlungen von seiner Bezugsperson nicht wahrgenommen – aus fehlendem Interesse, aus Zeitmangel, oder weil der Mensch die Mitteilungen des Hundes nicht bemerkt oder nicht entschlüsseln kann –, macht es für den Hund irgendwann keinen Sinn mehr, sich um eine Kontaktaufnahme zu bemühen.

1 Um Ihnen zu zeigen, dass er die Beute gefunden hat, wird der Hund fast immer Blickkontakt suchen. Wenden Sie sich von ihm ab, wenn Sie in die Hocke gehen.

2 Erst wenn er vor Ihnen ist und Kontakt aufnimmt, tauschen Sie mit Futter.

Nun kann es sein, dass Sie die Kontaktangebote Ihres Hundes schon so lange ignoriert haben, dass er sich gar nicht mehr um Sie bemüht. Wenn das der Fall ist, dann hat er das erst mit der Zeit gelernt, und zwar von Ihnen! Er ist zu dem Schluss gekommen, dass Sie gar nicht mit ihm kommunizieren wollen. Er reduziert seine Kontaktangebote daraufhin mit der Zeit deutlich. Getreu dem Motto: ‚Okay, dann mach' ich meinen Kram halt alleine...' Aber dennoch: Es ist nie zu spät! Sie können jederzeit die Kommunikation mit Ihrem Hund beginnen. Jeder Spaziergang, jeder Tag bietet Gelegenheiten, das Interesse aufs Neue zu wecken.

Ursachen für gestörtes Kontaktverhalten

Verselbstständigung

Verselbstständigung: für einen Herdenschutzhund normal?

Der Hund ist beispielsweise den ganzen Tag im Garten oder darf beim Spaziergang immer frei laufen. So gewöhnt er sich daran, sein Handeln selbst zu bestimmen. Der Mensch greift nie reglementierend ein, ist also dem Hund gegenüber nicht präsent. Der Hund darf ständig machen, was er will. Weshalb sollte er mit dem Menschen überhaupt in Kommunikation treten, wenn es sowieso nichts zu „besprechen" oder zu vereinbaren gibt?

Befindlichkeiten des Hundes

Viele Menschen streicheln ihren Hund, obwohl sich dieser abwendet und signalisiert: „Jetzt nicht." Sie nehmen sich dadurch die Möglichkeit, Streicheleinheiten als Belohnung zum Beispiel für Blickkontakt einzusetzen. Wie soll denn etwas, was vom Hund oft als nicht angenehm empfunden wird, plötzlich eine Belohnung sein? Gehen Sie deshalb bewusst und sehr sorgfältig mit Ihren Liebkosungen um.

Der Hund ignoriert seinen Menschen

Sie rufen und rufen, aber der Hund reagiert nicht. Sie setzen nicht nach und bestehen damit auch nicht auf einer Kontaktaufnahme. So lernt der Hund, dass es keine negativen Konsequenzen hat, wenn er nicht reagiert. Dadurch hat das Rufen, noch bevor es an Bedeutung für den Hund gewinnen konnte, jegliche Bedeutung für ihn verloren.

Handscheue

Handscheue entsteht in den meisten Fällen durch unsensibles Anleinen.

Der Mensch ruft, der Hund kommt und schaut seinen Menschen erwartungsvoll an. Dann macht er häufig nur folgende frustrierende Erfahrung: Er wird gepackt, festgehalten und an die Leine genommen. So kommt es, dass er bei der unmittelbaren Kontaktaufnahme immer mehr den Blick meidet, um die aus seiner Sicht bevorstehende Konfrontation zu verhindern. Oft genügen zwei bis drei Wiederholungen und der Hund nähert sich nur noch zögerlich und hält bei der Kontaktaufnahme einen Sicherheitsabstand ein. Das ist nach meinen Erfahrungen die Hauptursache für die so genannte Handscheue und nicht, wie allgemein angenommen wird, das Schlagen des Hundes mit der Hand.

Was ist zu tun?

Geschwindigkeit

Bei der Kommunikation mit dem Hund ist es von entscheidender Wichtigkeit, dass man die Signale des Hundes bei dessen Kontaktangebot auf den Punkt genau beantwortet. Andernfalls ordnet der Hund die verspätete Reaktion falsch zu. Hunde reagieren blitzschnell auf jede plötzliche Veränderung. Sie erwarten das auch von ihrem menschlichen Gegenüber. Das ist, wie mir viele Hundehalter in meinen Kursen und Seminaren immer wieder schildern, eine der größten Herausforderungen.

1 Wecken Sie das Interesse Ihres Hundes an dem was Sie tun. Das ist kinderleicht.

2 Apportierübungen sind eine gute Möglichkeit.

Den Grund für das Nichtreagieren erkennen

Wenn der Hund ein Signal des Menschen ignoriert, macht es keinen Sinn, dieses Signal zigfach zu wiederholen. Wenn Sie genau beobachten, wie ein Hund mit seinesgleichen Übereinkünfte trifft, werden Sie bemerken, dass er sich dabei nur selten wiederholt. Er modifiziert seine Verhaltensmuster immer wieder, bis er zu einem befriedigenden Ergebnis kommt, auf das von den beteiligten Hunden immer wieder zurückgegriffen wird. Kommt z.B. ein neuer Hund in diese Gruppe, so werden die getroffenen Übereinkünfte aufs Neue modifiziert und gelten dann im Rahmen dieser Gruppe.

Missverständnis, Konflikt, Angst

Reagiert Ihr Hund also nicht auf Ihr Signal, dann hat er es entweder nicht verstanden oder er befindet sich in einem inneren Konflikt oder er ignoriert es bewusst. Analysieren Sie die Situation und finden Sie die Ursache heraus. Hat Ihr Hund Sie nicht verstanden, dann überprüfen Sie Ihre Signalgebung und verbessern Sie diese so, dass sie klar und eindeutig wird. Befindet sich der Hund in einem inneren Konflikt, weil die richtige Beantwortung des Signals mit einer bereits bestehenden Übereinkunft Ihres gemeinsamen sozialen Regelwerks kollidiert (zum Beispiel Futterrangordnung, Beuteverhalten), dann müssen Sie diesen Konflikt auflösen. Hat der Hund die über das Signal übermittelte Verhaltensaufforderung deshalb nicht befolgt, weil ihn dies in eine aus seiner Sicht gefährliche Situation bringen würde (zum Beispiel bei Angst vor Geräuschen oder Personen, bedrohlichen Gegenständen, oder Wasser), müssen Sie mit ihm an der Überwindung seiner Ängste arbeiten. Dazu sollte der Hund gemeinsam mit Ihnen viele positive Erfahrungen machen, die sein Vertrauen und seine Sicherheit so stärken, dass er Stück für Stück seine Angst überwinden lernt.

Blickkontakt einfordern

Egal, ob es sich um das An- oder Ableinen handelt, ob Sie den Hund heranrufen oder ob Sie mit ihm nur ein wenig schmusen wollen, achten Sie immer darauf, ob Ihr Hund Blickkontakt aufnimmt oder nicht. Bestehen Sie bei jeder Kontaktaufnahme auf ausreichenden Blickkontakt. Je weniger Sie dabei sprechen und je eindeutiger Sie in Ihren Signalen sind, desto stärker wird der Hund auf Sie achten.

TIPP

Hat Ihr Hund Ihr Signal bewusst ignoriert, müssen Sie ihm deutlich machen, dass sein Verhalten falsch ist und Sie es nicht tolerieren.

„Egal was außen herum passiert, ich seh nur mein Herrchen!"

Die Anwendung von Signalen

In der Interaktion zwischen Mensch und Hund ergeben sich in Sekundenbruchteilen unendlich viele unerwartete Situationen, deren Interpretation Ihnen nicht auf Anhieb gelingen wird. Sie werden sich laufend in neuen Konstellationen wiederfinden in Ihrem Versuch, das Verhalten, also die Signale Ihres Hundes, richtig zu deuten und adäquat zu beantworten. Hier liefert Ihnen der Alltag immer wieder neuen Stoff, über den sich das Nachdenken wirklich lohnt. Mit der Zeit werden Sie lernen, die jeweilige Situation schneller und präziser in ihrer Komplexität zu erfassen.

Bleiben Sie konsequent

Deshalb kann ich Sie nur immer wieder darin bestärken: Halten Sie sich als verantwortungsbewusster Hundehalter unbedingt an die wichtigste Maxime: Bleiben Sie immer konsequent (was nicht mit schematisch zu verwechseln ist), dann bleiben Sie für den Hund berechenbar in Ihren Reaktionen auf sein Verhalten. Überlegen Sie also vorher, welches Verhalten Sie wünschen. Klären Sie auch mit Familienangehörigen ab, welches Verhalten des Hundes in der Familie erwünscht ist und welches nicht. Definieren Sie einfache, klare Signale, um in einem Konfliktfall eine Verständigungsmöglichkeit mit dem Hund zu haben, die für ihn problemlos nachvollziehbar ist, anstatt ihn womöglich nur noch zusätzlich zu verwirren.

Unbewusster Umgang mit Signalen

Während an diesem Buch geschrieben wurde, hatten meine Frau und ich wenig Zeit für die Hunde. Wir saßen den ganzen Tag am Computer. Aber immer, wenn wir eine Pause machten, löste das akustische Signal des herunterfahrenden Computers ein Heranstürmen unserer Hunde aus. Sie kamen augenblicklich aus irgendeiner Ecke des Hauses aufgeregt angeschossen und erinnerten uns an ihr Bedürfnis, raus zu müssen. Das akustische Signal des Computers und unsere Reaktion, sofort mit ihnen Gassi zu gehen, wurde für sie zum feststehenden Symbol. Dieses Symbol hat solange Gültigkeit, so lange wir brav der Erwartungshaltung unserer Hunde entsprechen.

Fehleinschätzungen

In der Kommunikation zwischen Mensch und Hund kann es auch – meist unbeabsichtigt und unbewusst – zu unterschiedlicher Einschätzung der Sender- und Empfängerrolle kommen:

Wir rufen daheim den Hund mit seinem Namen, denn wir wollen mit ihm spazieren gehen. Der Hund springt freudig um uns herum und fordert geradezu ein „Angeleint werden“, weil er weiß, dass es dann losgeht. Das funktioniert tagein, tagaus ohne nennenswerte Unterschiede. Wir haben, so denken wir, klare Signalübereinkünfte getroffen. Ein Symbol für „Komm her“ und eines für „Anleinen“, auf die wir jederzeit zurückgreifen können. Aber weit gefehlt.

Hunde verbinden Übereinkünfte mit Örtlichkeiten und Gegebenheiten. Was in der Wohnung wunderbar funktioniert, nämlich das problemlose Herankommen und Anleinen, ist draußen plötzlich wie weggeblasen. Aber das ist noch nicht alles. Der Hund stellt relativ schnell die Formel fürs Nach-draußen-Gehen um. Er lernt meistens rein zufällig, dass, wenn er unruhig in der Nähe der Leine oder der Ablage hin und her springt der Mensch kommt, ihn anleint und mit ihm raus geht. Der Hund verknüpft: ‚Ich rufe, du kommst. Los, Leine her, damit ich mit dir meine Runde drehen kann‘!

Aufforderungssignale

Der Hund wird hier durch die Signalbeantwortung des Menschen in eine Art von Führungsrolle gedrängt. Er hat sich Aufforderungssignale erarbeitet, die zwar vom Menschen mehr oder weniger unbewusst immer wieder in seinem Sinn beantwortet werden, den Hund aber in seinem Verhalten bestätigen. So ergibt sich für den Hund eine Basis, um nach und nach auch in anderen Bereichen über Aufforderungssignale seine Ideen und Bedürfnisse durchsetzen zu können.

AUFGABE

Versuchen Sie einmal realistisch einzuschätzen, wie groß Ihre Begabung in der speziesübergreifenden Kommunikation zwischen Mensch und Hund ist:
Überprüfen Sie sich einmal, wie viele und welche Signale Sie zur Verfügung haben, die nach einmaliger, ich meine wirklich nach einmaliger (!), Aufforderung von Ihrem Hund einwandfrei und eindeutig beantwortet werden. Und dann überprüfen Sie, wie viele Signale Ihr Hund sendet, die Sie sofort zu einer Reaktion veranlassen, entweder weil Sie wissen, was er von Ihnen erwartet, oder weil Sie unbewusst auf ihn reagieren. Sie sollten genau darüber nachdenken, welche Konsequenzen, sowohl positiv als auch negativ, Ihr sofortiges Reagieren mit sich bringt.

1 Das ist falsch!

2 Das ist richtig!

Feinste Signale erkennen

Der Umgang mit Hunden fordert von uns Menschen unablässig die Bereitschaft zur stetigen Verfeinerung der eigenen Wahrnehmungsfähigkeit: Wir müssen lernen, die Verhaltenssignale des Hundes genauer zu beobachten und wir müssen lernen, uns und unsere Aufgaben, die wir an den Hund stellen, völlig klar darzubieten.

Beispiel Halsband anlegen

Sie haben Ihren Hund motiviert, sich Ihnen zu nähern, da Sie ihn anleinen wollen. Die Hand mit dem Halsband greift in Richtung seines Kopfes. Just in diesem Moment weicht der Hund jedoch zurück, legt die Ohren an und wirkt verunsichert. Für ihn ist es jetzt von entscheidender Bedeutung, dass Ihre Hand nicht weiter nach ihm greift, sondern sofort zurückweicht und auch Ihre ganze Körperhaltung eine leicht angedeutete Rückwärtsbewegung zeigt. Damit signalisieren Sie: „Ich habe bemerkt, dass Du unsicher bist." Motivieren Sie ihn sofort wieder freundlich, sich Ihnen zu nähern. Erst wenn er sich bei der Kontaktaufnahme sicher zeigt, dürfen Sie ihn wieder zum Anleinen motivieren.

1 Emma schnuppert am Futter.

2 Durch die Bewegung der Hand nach oben setzt sie sich.

3 Ein klares Signal für „Sitz".

Reagieren Sie richtig

Der Hund signalisiert seine Befindlichkeit durch sein Zurückweichen. Wenn Sie auf das Verhalten des Hundes adäquat reagieren, indem Sie sich ebenfalls zurücknehmen und ihn nicht weiter bedrängen, weiß der Hund, dass Sie ihn verstanden haben. Der Hund lernt aus Erfahrungen, dass Sie ihn in seinem „Sein", in seiner Befindlichkeit, seinem augenblicklichen Gefühl wahrnehmen, verstehen und respektieren. Das wird ihn motivieren, weiter mit Ihnen zu kommunizieren.

Signale und der Einsatz von Sprache

Hunde können Sprache nicht verstehen, auch wenn es oft so scheint. Aber: Der Hund hat die Fähigkeit, Worte oder vielmehr Laute des Menschen zu erinnern und bestimmten Dingen, Gerüchen, Handlungen und Empfindungen zuzuordnen. Er kann ausgezeichnet die emotionale Färbung von Lauten wahrnehmen und wird sie seinen Erfahrungen entsprechend zuordnen. Ein Wort oder ein Stimmungslaut kann, wenn er zur einzelnen Geste oder zur gesamten Gestik passt, diese noch zusätzlich verstärken.

Beispiel Sitz

Ein ganz einfaches Beispiel: Sie wollen Ihrem Hund das „Sitz" beibringen. Arbeiten Sie zuerst nonverbal, also nur mit dem Körper und, zum leichteren Verständnisaufbau für den Hund, anfangs mit Futter.

Zuerst lassen Sie den Hund an Ihrer Hand schnuppern, in der Sie zwischen Zeigefinger und Daumen ein Stück Futter halten. Nun veranlassen die Hand- und die Körperbewegung den Hund, sich hinzusetzen. Durch die Bewegung der Hand mit dem Futter über den Kopf des Hundes, nach oben und leicht nach hinten, folgt der Hund mit seinem Kopf der Bewegung und wird sich dadurch von selbst hinsetzen. Sobald er sitzt, geht die Hand sofort nach unten und gibt dem „sitzenden!" Hund das Futter. Gelingt dies nonverbal, können Sie diesem Verhalten einen Laut zuordnen, indem Sie den Hund zusätzlich mit einem verbalen, sehr positiv und ruhig gesprochenen Lob in seinem gezeigten Verhalten bestätigen. „Siiitz – So brav." Sie koppeln also die Geste mit einem Stimmungslaut!

Die Bedeutung des Sozialspiels

Spielen Hunde?

Nein, Hunde definieren sich. Sie kommunizieren, „stellen sich vor", übermitteln ihre Gefühle, definieren ihren Status in der Welt. Diese Definition durch Kommunikation nimmt einen großen Bereich im Sozialspiel der Hunde ein. Sozialspiel dient den Hunden, sich als „Ich" wahrzunehmen, sich gegenüber den anderen zu definieren, sich zu erproben und zu orientieren, auch für potentielle Kommunikationssituationen. Es ermöglicht den Spielpartnern, sich abzugrenzen und ihrerseits Grenzen zu setzen. Die im Sozialspiel getroffenen Übereinkünfte haben in aller Regel Gültigkeit, auch für die Zukunft, sind also nicht auf den Zeitabschnitt, den das Spiel dauert, beschränkt.

Sozialspiel als Kommunikationsmittel

Im Sozialspiel zeigen Hunde Verhaltenskoordinationen, die sich aus der Situation ergeben und den Regeln der Improvisation folgen. Sie bedienen sich dabei feststehender Ausgangssymbole, mit deren Hilfe sie die einzelnen „Gesprächs-Themen" definieren. Diese feststehenden, speziellen Sozialspiel-Symbole haben einen essentiellen, instinktiven Ursprung und ermöglichen uns deshalb, mit dem Hund direkt zu kommunizieren. Es ist eine Art gattungsspezifischer Symbolsprache, die von jedem Hund auf instinktiver Ebene verstanden werden kann. Bietet man dem Hund ein entsprechendes Symbol an, kann man ihn dadurch instinktiv auslösen. Er muss reagieren, er kann nicht anders. Insofern ist seine Selbstkontrolle damit teilweise außer Kraft gesetzt. Das ermöglicht uns den Einstieg in die hündische Sozialspielebene.

1 Erste Kontaktaufnahme: „Wer bist du?"

2 Hunde kommunizieren untereinander deutlich und unmissverständlich.

Der Hund fühlt sich verstanden

In der Therapie verhaltensauffälliger Hunde kann ich so den Hund zu instinktiver Reizbeantwortung führen und im unmittelbar darauf folgenden Sozialspiel Übereinkünfte treffen. Hat der Hund erkannt, dass ich mit ihm auf seiner hochritualisierten Verständigungsebene kommuniziere, tritt selbst bei einem unsicheren, ängstlichen, angespannten oder aggressiven Hund schlagartig Entspannung ein, und erstes zaghaftes Vertrauen zeigt sich. Er hat die ungewöhnliche Erfahrung gemacht, dass ein Mensch ihn tatsächlich versteht. Schnell ist dann das Interesse des Hundes an der Kommunikation mit dem Menschen geweckt und er bemüht sich wieder um einen Abgleich von Interessen und Befindlichkeiten.

1 Im Sozialspiel werden immer Übereinkünfte getroffen.

2 Die aufmerksamkeitsheischende Geste des Beagles findet bei den anderen beiden keine Beachtung.

Signale im Sozialspiel

Hunde benützen im Sozialspiel zum Teil Verhaltensmuster und Signale, die bereits einen angeborenen semantischen Kontext haben. Dieser inhaltliche Sinn-, Sach- oder Situationszusammenhang ergibt sich aus den von den Sinnesorganen erzeugten neuronalen Erregungszuständen. Das ist noch keine Kommunikation im Sinne einer willentlich gesteuerten Bedeutungsübertragung. Bedeutung wird den neuronalen Erregungen erst innerhalb eines kognitiven Systems zugewiesen, und zwar in Abhängigkeit vom Kontext, in dem die Erregung auftritt. Der Sender kann nicht sicher sein, dass mit einem einzigen Signal die von ihm beabsichtigte Bedeutungszuweisung im Empfänger ausgelöst wird. Hunde gehen davon aus, dass das, was sie senden, genauso beim Empfänger ankommt. Der Empfänger ordnet dem Signal zuerst eine vorläufige Bedeutung zu und überprüft dies seinerseits wieder durch einen erneuten Signal-Abgleich (Rückkoppelung). Der Bedeutungsinhalt wird hier erst durch Verabredung von Signalen und deren regelmäßige Einübung festgelegt.

Ständiger Abgleich

Hunde treffen im Sozialspiel Übereinkünfte zu den unterschiedlichsten Themen. Sie zeigen dabei Verhaltensmuster, die aus immer wieder neu und anders zusammengesetzten Signalen bestehen. Viele der benutzten Signale haben bereits einen vorläufigen Symbolcharakter und werden beziehungsspezifisch zu gültigen Symbolen modifiziert. Symbole werden auf ihre Bedeutung hin im Sozialspiel von Zeit zu Zeit, bei Bedarf oder zur Kontrolle aufs Neue abgeglichen.

1 Instinktive Aufforderungsgeste aus dem Bereich der Futterrangordnung.

2 Apportieren: Nur ein „Spiel" oder das Treffen von Übereinkünften?

Instinktive Symbole im Sozialspiel

Hunde nutzen im Sozialspiel unter anderem hochritualisierte und formstabile Verhaltensmuster, die als Symbole je nach Funktionskreis verschiedene Bedeutungsinhalte tragen und größtenteils angeboren sind. Bei Welpen kann man diese angeborenen Verhaltensmuster noch deutlich erkennen, da hier die Einflussnahme des Menschen noch verhältnismäßig gering ist.

Symbole im Sozialspiel

Die Körpersignale und Verhaltensmuster eines Hundes sind selbstverständlich immer aus dem jeweiligen Kontext heraus zu interpretieren. Ein in die Tiefe gehendes Verständnis des Ausdrucksverhaltens von Hunden setzt einen reichhaltigen, fundierten Erfahrungsschatz mit Hunden sämtlicher Rassen und Schläge und eine entsprechend entwickelte Wahrnehmungsfähigkeit beim Beobachter voraus.
Es gibt fest definierte Formen von Sozialspielmustern, die jeweils als Verweis auf ein anderes Ereignis, eine Handlung oder als generalisierte Ansprüche gegenüber den übrigen Mitgliedern der Gruppe fungieren. Es gibt symbolhafte Handlungsabläufe, über die der Hund dem Sozialpartner Mitteilungen über komplexe Zusammenhänge machen kann, die sich auch auf die Zukunft beziehen können.

„Spielen" beeinflusst die Kommunikationsfähigkeit

Das hat auch Konsequenzen für die Erfahrungen, die der Hund im Sozialspiel mit seinem Menschen macht, und für die Schlussfolgerungen, die er daraus zieht. Der Mensch sollte sich deshalb vergegenwärtigen, dass auch er mit jeder Form von Spiel mit dem Hund aus dessen Sicht kommuniziert. Die Kommunikationsfähigkeit der Hunde, insbesondere der Welpen, wird dabei oft negativ beeinflusst. Ich bin, nach Auswertung meiner umfangreichen Videoaufzeichnungen, zu der Überzeugung gelangt, dass die Einflussnahme des Menschen auf die instinktiven, kommunikativen Signale des Hundes, vor allem durch Beutespiele (wie z. B. Zerrspiele, stereotype Wurfspiele, extreme

1 Individuelle Übereinkünfte betreffen immer auch den Rest der Gruppe.

2 Erster Signalabgleich.

3 Kein Interesse an einem Gespräch.

Beutemotivation durch Verbellübungen etc.) eine Verarmung seines Ausdrucksverhaltens bewirkt. Wenn ein Hund seinen hundeüblichen „Wortschatz“ nicht mehr ausreichend beherrscht oder stark modifiziert anwendet, kann das zu ernsten Problemen im Umgang mit Artgenossen und sonstigen Sozialpartnern führen.

Binärsystem im Sozialspiel

Im Sozialspiel reglementieren sich Hunde wechselseitig. Dabei folgen sie einem instinktiven Gefühl für „richtig“ oder „falsch“. Diese instinktive „Moral“ zeigt sich unter anderem auch darin, dass sich Hunde in den Dialog zweier anderer Hunde „einmischen“, um denjenigen Hund „zur Ordnung“ zu rufen, der sich nicht angemessen verhält. Aus den Interaktionen der Hunde lässt sich herauslesen, dass das Sozialspiel auch dazu dient, die Balance im sozialen Gefüge einer Gruppe herzustellen oder zu wahren. Das bedeutet, dass der Hund im Sozialspiel nicht nur individuelle Bedürfnisse und Interessen kommuniziert, sondern gleichzeitig auch ein Bewusstsein für das Gruppeninteresse hat.

Kommunikation im Sozialspiel

Die Übermittlung von Informationen zu den verschiedenen Gesprächsthemen des Sozialspiels erfolgt nach meinen Beobachtungen indirekt als Übermittlung eines Gefühlszustandes: Hund 1 zeigt als Sender im Sozialspiel ein bestimmtes Verhaltensmuster, das seine Bedürfnisse, seine innere Gestimmtheit und seine Gefühle übermitteln soll. Dieses Gefühlsmuster wird von Hund 2 empfangen und tendenziell nachempfunden. Durch Koppelung an das dargestellte Gefühlsmuster von Hund 1 wird bei Hund 2 eine Empfindung ausgelöst, die dieser wiederum seinem eigenen Gefühl entsprechend zurücksendet und dadurch eine Gefühlsveränderung in Hund 1 auslöst. Es kommt so lange zu einem wechselseitigen Austausch von Gefühlsmustern, bis das Thema zufriedenstellend abgeklärt ist oder einer der Beteiligten das kommunikative Interesse verliert.

Jedes Spiel vermittelt Realität

Der Hund bringt jedes momentane Gefühl authentisch durch seinen Körper zum Ausdruck. Er bewegt sich im Hier und Jetzt. Sowohl im Sozialspiel (auch mit Menschen), als auch im Ernstfall. Der Hund macht keinen Unterschied. Und daraus folgt eine Erkenntnis von zentraler Bedeutung: Ein Hund kann Spiel nicht so begreifen wie ein Mensch. Im hündischen Spiel werden ritualisierte Verhaltensmuster

WORÜBER „SPRECHEN“ HUNDE?

Ich konnte im Sozialspiel mehrere wichtige Themenkreise abgrenzen:

- Innere Gestimmtheit, Empfindung (Gefühl)
- Bedürfnisse
- Jagd und deren Organisation, Nahrung, und deren Verteilung (Futterrangordnung)
- Geborgenheit, territoriale und individuelle Abgrenzung (Sicherheit)
- Fortpflanzung (Paarungsverhalten)
- Zugehörigkeit, ausgewogene Integration in die Gruppe (homöostatisches Modell)

WICHTIG

Denken Sie in jedem Moment der sozialen Interaktion mit Ihrem Hund daran, dass er Sie „beim Wort“ nimmt. Er wird versuchen, jeder Ihrer Handlungen eine Bedeutung beizumessen und Ihrem Tun einen Sinn abzugewinnen.

und Regeln ausprobiert, modifiziert oder verworfen. Hunde nehmen dabei Verhaltenssequenzen vorweg, die zukünftig zu erwarten sind.

Gesprächsthemen im Sozialspiel zwischen Mensch und Hund

Auch im Sozialspiel zwischen Mensch und Hund werden Übereinkünfte zu vielen wichtigen Fragen getroffen. Sie sollten diese wichtigen Fragen mit Ihrem Hund so klären, dass die Regeln des gemeinsamen Lebens klar, verständlich und gleichbleibend gültig sind. Verbindliche Übereinkünfte können in der Folge das Zusammenleben für alle Beteiligten erleichtern. Sie sollten daher insbesondere zu den folgenden Themen klare Übereinkünfte treffen:

a) Position in der Gruppe
b) Beißhemmung
c) Beute
d) Bedürfnismitteilung

Werden hier spielerisch geheime Übereinkünfte getroffen?

Spiel gilt als Übereinkunft

Wenn Sie mit Ihrem Hund spielen, ist das aus seiner Sicht zu Anfang bei für ihn unbekannten „Spielabläufen“ immer „ernst gemeint“ und es gibt kein Spiel ohne Bedeutung für ihn. Ihr Handeln, Ihre Reaktionen sind für den Hund immer relevant. Er versucht diesem, Ihrem Tun, immer Sinn und Bedeutung abzugewinnen, außer er verliert sich dabei in Automatismen. Deshalb ist Ihr Spiel mit dem Hund immer auch eine Chance für die Kommunikation mit ihm. Seien Sie sich dessen bewusst! Verspielen Sie diese Chance nicht, nutzen Sie sie!

Das Binärsystem

Möglichkeit einer artgerechten Kommunikation

„Ja“ oder „Nein“

Der Hund erlebt seine Welt binär, im Sinne von Erfolg oder Misserfolg. Er organisiert sich erfolgsorientiert an zwei gegensätzlichen Zuständen, also binär. Es geht oder es geht nicht. Dabei ist er grundsätzlich lösungsorientiert, getreu dem Motto: Irgendetwas geht immer!
Die beste Art der Verständigung mit dem Hund ist deshalb ebenfalls binär. Es ist ein System, das nur zwei einander entgegengesetzte Zustände kennt, wie zum Beispiel An/Aus, Richtig/Falsch, Ja/Nein, Plus/Minus. Wie eben der Binärcode, den Sie sicher aus der Welt der Mathematik und Informatik kennen: 0 oder 1. Für die Verständigung mit dem Hund gibt uns das Binärsystem die Möglichkeit, mit wenigen Signalen Empfindungen und Informationen kompakt zu übermitteln. Die Kombination, also die Aneinanderreihung der jeweiligen Information „positiv“ oder „negativ“ (erwünscht/unerwünscht) erlaubt auch, komplexe Zusammenhänge in der Kommunikation einfach und damit für den Hund verständlich zu gestalten.

DIE BINÄREN ZUSTÄNDE

Der positive Bereich beinhaltet:	Der negative Bereich beinhaltet:
▸ Erfolg	▸ Misserfolg
▸ Richtig	▸ Falsch
▸ Motivation, Bestärkung	▸ Ablehnung
▸ Angenehmer Reiz	▸ Unangenehmer Reiz
▸ Sicherer Bereich	▸ Gefährlicher Bereich
▸ Grüner (erlaubter) Bereich	▸ Roter (nicht erlaubter) Bereich

Die binäre Kommunkation mit dem Hund

Wie kann man nun diese zwei Bereiche für den Hund begreifbar machen und was beinhalten sie? Erwünschtes (richtiges) Verhalten wird durch Wohlfallenslaute, motivierende Gesten, freundliche Mimik positiv beantwortet und damit bestärkt. Unerwünschtes Verhalten wird dagegen mit Missmutslauten, Unmutsgesten und unfreundlicher Mimik genauso eindeutig abgelehnt. Der Mensch hat so die Möglichkeit, dem Hund seine Wünsche und Vorstellungen durch Signale zu vermitteln. Das ist in allen nur vorstellbaren Situationen einsetzbar.

1 Diese Geste ist eindeutig negativ belegt: Nein – Stopp!

2 Motivierend und freundlich – diese Geste ist eindeutig positiv belegt.

Erfolgreich kommunizieren

Das Binärsystem ist damit die Basis einer erfolgreichen Kommunikation. Wenn man dieses System einmal verstanden hat und gelernt hat, es richtig umzusetzen, ist es ganz einfach. Die Variationsmöglichkeiten, die das Binärsystem dem Hundehalter an die Hand gibt, sind überaus vielfältig. Weiß der Hund einmal, was „Nein", also Missmutslaute, Unmutsgesten, unfreundliche Mimik, für ihn bedeuten, nämlich: „Es gibt Ärger, wenn Du das augenblicklich gezeigte Verhalten nicht sofort einstellst", dass also sein gezeigtes Verhalten unangenehme Konsequenzen für ihn hat und damit nicht erfolgversprechend ist, dann entscheidet er sich in der Regel dafür, das negative, unerwünschte Verhalten einzustellen.

Blitzschneller Wechsel

Von zentraler Bedeutung beim Einsatz des Binärsystems ist, dass der Hund in dem Augenblick, in dem er sein vom Menschen „negativ" beantwortetes Verhalten ändert, **sofort** übergangslos mit einem 100%igen „Ja", also mit Wohlfallenslauten, motivierenden Gesten und freundlicher Mimik für die Veränderung seines Verhaltens belohnt wird. So verstärkt der Wechsel vom „Nein" zum „Ja" die Motivation des Hundes, sich so zu verhalten, dass er positive Rückmeldungen von seinem Menschen bekommt. Das heißt: Körperhaltung, Gesten, Mimik und Stimme entsprechen entweder „Ja" oder „Nein", und zwar unverwechselbar. Eine Geste für „Ja" heißt immer „Ja", eine Geste für „Nein" bedeutet immer „Nein".

Üben, üben, üben

Das klingt zunächst einfach. In der Praxis ist es aber nicht immer einfach, wie ich in meinen Kursen und Seminaren immer wieder feststelle. Diesen blitzschnellen Wechsel von „Ja“ zu „Nein“ und umgekehrt müssen Sie trainieren. Menschen neigen dazu, an Stimmungen festzuhalten. Wir können nicht sofort umschalten, wenn wir uns gerade über etwas oder jemanden geärgert oder gefreut haben. Wir sind nachtragend oder misstrauisch, ob eine wahrgenommene Veränderung einer Person oder Situation wohl von Dauer ist. Es fällt uns schwer, jeweils nur den Moment zu leben und nicht an Gestern oder Morgen zu denken. Der Hund lebt naturgemäß immer im Augenblick, im Hier und Jetzt. Hier können wir von ihm lernen. Um sich dem Hund zu vermitteln, müssen wir lernen, in Sekundenbruchteilen von „freundlich“ auf „unfreundlich“ und wieder zurück zu schalten.

Kongruenz in der Signalübermittlung

Damit der Hund Ihre Botschaft, also das „Ja“ beziehungsweise das „Nein“ verstehen kann, ist es von zentraler Bedeutung, dass das übermittelte Signal eindeutig und unmissverständlich ist. Deshalb müssen Körper, Stimme, Gesten und Mimik immer dasselbe aussagen, nämlich positiv/ja oder negativ/nein. Also ist die Kongruenz, die Übereinstimmung von Stimmlage, Lautstärke, Mimik, Gesten und Körperhaltung ausschlaggebend. Jede noch so geringe Abweichung auch nur eines einzigen der ausgesendeten Signale verunsichert den Hund, da er widersprüchliche Informationen erhält. Der Hund nimmt immer die Gesamtheit aller Ihrer ausgesandten Signale wahr.

Eindeutig vermittelt Marga aus der Bewegung heraus: „Stopp“

Überprüfen Sie sich selbst

Um herauszufinden, ob Sie bei der Anwendung des Binärsystems in Ihren Signalen kongruent sind, müssen Sie sich ständig kritisch überprüfen. Stimmen alle Ihre ausgesandten Signale in ihrer Bedeutung überein? Können Sie den Hund zu dem Verhalten anleiten, das Sie von ihm erwarten?

Coby soll im Sitz warten, bis Frauchen in einiger Entfernung ein Dummy ablegt. Will er ihr nachkommen, während sie weggeht, wird er mit einer deutlichen Geste „Nein – Halt“ gestoppt. In dem Moment, in dem er stoppt und sich wieder setzt, wechselt Frauchen augenblicklich ins Positive und signalisiert ihm: „Ja, so ist es gut.“ In diesem Wechsel zwischen „Ja“ und „Nein“ vermittelt sie Coby deutlich, was sie von ihm will und er kann sie verstehen. Die Binärsprache funktionierte zwischen den beiden eindeutig und die Kommunikation war erfolgreich. Diese Übereinkunft kann in andere Bereiche übertragen werden. Beim „Stopp aus der Bewegung“ kann überprüft werden, ob diese Geste gilt.

Die Vorteile des Binärsystems

Ihr Hund versteht Sie

Das Binärsystem vereinfacht die Kommunikation zwischen Mensch und Hund. Durch die klare und eindeutige Definition der binären Signale „Ja" und „Nein", positiv und negativ, können Sie in kürzester Zeit auch komplexe Interaktionen zwischen Ihnen und Ihrem Hund erfolgreich gestalten. Ihr Hund weiß immer, woran er mit Ihnen ist.

DIE VORTEILE DES BINÄRSYSTEMS

Die Vorteile für den Menschen:

Das Binärsystem ermöglicht dem Menschen eine simple Verständigungsmöglichkeit mit dem Hund, die dabei auch den jeweiligen Empfindungen Rechnung trägt.

Das Binärsystem bietet die Chance, klare und deutliche Grenzen zu setzen, indem man sich auf die Grundaussage „Ja" oder „Nein" reduziert.

Das Binärsystem hilft dem Menschen, in seinen Signalen kongruent und damit eindeutig zu werden.

Das Binärsystem ist Basis für eine gelungene Kommunikation.

Die Vorteile für den Hund:

Er kann lernen, menschliches Verhalten zuzuordnen, weil es für ihn nachvollziehbar und verständlich wird.

Er lernt, Konflikte flexibel zu lösen. Durch die klaren und für den Hund einsichtigen Reaktionen der Menschen entwickelt er die Fähigkeit, Konflikte mit ihnen (=Interessensgegensätze) abzugleichen. Er lernt beobachten, denken, Strategien entwickeln und einsichtig handeln. Das Lösen von Konflikten läuft also bewusster ab, seine Bewertungsmuster werden viel differenzierter und er hat mehr Wahlmöglichkeiten zur Lösung dieser Konflikte.

Er entwickelt soziale Kompetenz. Im schnellen Wechsel der Signale wird geklärt, ob die Partner bereit sind, ihr Verhalten zu verändern und einander anzugleichen. Er macht bei jedem Wechsel von „Nein" zu „Ja" die Erfahrung: ‚Mein Gegenüber nimmt sich zurück, wenn ich mich zurücknehme'. Damit kann der Hund „Zurückweichen" als Lösungsmodell auch für andere soziale Interaktionen erkennen.

Das Vertrauen in die Handlungsweisen seines Menschen gibt dem Hund Sicherheit.

Sicherheit durch Vertrauen

Über das Binärsystem geben Sie dem Hund die Möglichkeit, Ihre Handlungen zu- und einzuordnen. Er kann sich darauf verlassen, dass Sie ihn wahrnehmen, ihn respektieren und sich ihm gegenüber immer gleich bleibend deutlich artikulieren. Wenn Sie mit Ihrem

1 Hunde artikulieren sich sehr deutlich.

2 Lea (rechts) signalisiert Gommes: „Ich nehme mich zurück. Du auch?"

3 Deutlich zu erkennen: Während des Laufens tauschen der Dalmatiner und der Border Collie Informationen aus.

Hund immer mittels Binärsprache, wie ich den Einsatz des Binärsystems auf der Kommunikationsebene bezeichne, kommunizieren, vermitteln Sie dem Hund unter anderem Sicherheit. Der Hund erhält im Rahmen des Binärsystems immer eine Antwort, die er auch verstehen kann. Er macht dabei die Erfahrung, dass sich die Antworten des Menschen auf sein Verhalten dadurch ändern, dass er selbst sein Verhalten modifiziert. Das Verhalten des Menschen dem Hund gegenüber ist also nicht willkürlich, damit auch nicht beängstigend und lässt sich vom Hund durch sein eigenes Verhalten mitbestimmen.

Woher kommt die Binärsprache?

Ich habe jahrzehntelang Hunde im Kontakt mit ihren Artgenossen beobachtet, auf Video aufgezeichnet und in der Folge Bild für Bild analysiert. Dabei konnte ich feststellen, dass Hunde über ein hochdifferenziertes Repertoire an körpersprachlichen und lautsprachlichen Ausdrucksformen verfügen, durch die sie komplexe Handlungsabläufe strukturieren und den Austausch von Informationen organisieren. Alle Ausdrucksformen des Hundes fußen dabei auf dem Binärprinzip, dem Modell Ja/Nein, Gut/Schlecht, Richtig/Falsch.

Hunde sprechen eine deutliche Sprache

Beobachten Sie Hunde im Sozialspiel mit Artgenossen. Hunde artikulieren sich sehr deutlich und rasend schnell. Für unser Auge fast nicht mehr erkennbar, wechseln die Signale und Informationen zwischen ihnen hin und her. Dabei erfolgt ein ständiger Abgleich. Sie klären: „Was machst Du, wenn ich das mache?" – „Nimmst Du Dich zurück, wenn ich mich zurücknehme?" – „Kann ich Dir vertrauen?". Bei jeder neuen Begegnung erfolgt als Erstes wieder dieser Abgleich, ob noch alles so ist, wie beim letzten Zusammentreffen. Und diese kommunikativen Gesten können dann immer feiner werden, so dass am Schluss nur noch ein Blick oder die Andeutung einer Geste genügt.

Variationsmöglichkeiten in der Binärsprache

„Kinderleichte“ Binärsprache

Das Prinzip der Binärsprache ist auch ein natürlicher Teil der menschlichen Kommunikation. Kleinkinder beschränken sich in der Kommunikation erst einmal auf die Grundaussagen: „Das gefällt mir/Das will ich“ oder „Das gefällt mir nicht/Das will ich nicht“. Sie weinen, und im nächsten Moment strahlen sie unvermittelt. Oft ist dieser Wechsel übergangslos. Sie agieren sozusagen in einem binären System.

Die Skala von 1 bis 10

Vielleicht kommt Ihnen das sehr eingeschränkt vor. Weit gefehlt: Innerhalb des Binärsystems eröffnet sich Ihnen ein großes Raster mit einer Vielzahl von Variationsmöglichkeiten. Stellen Sie sich einfach einmal eine Punkteskala von 1–10 vor.

–									+
1	2	3	4	5	6	7	8	9	10
äußerst negativ	sehr negativ	stärker negativ	mehr negativ	etwas negativ	etwas positiv	mehr positiv	stärker positiv	sehr positiv	äußerst positiv

Der grüne Bereich ist der Positive. Auf der Skala von 6 bis 10 finden sich in verschiedenen Abstufungen ausschließlich Signale, die der Hund als positiv interpretieren kann. Der rote Bereich ist negativ. Auf einer Skala von 1–5 finden sich alle Signale, die der Hund als negativ einordnet.

Alles an Gabriele strahlt positive Gestimmtheit aus.

Die positive Seite

Nehmen Sie nun an, dass in der Skala die Stufe 6 für sehr leise und sanft und die Stufe 10 für sehr laut und überschwänglich positiv steht. Sie haben also die Möglichkeit, alle positiven Signale in allen Abstufungen so zu kombinieren, dass Sie sich in der Skala ständig in den Bereichen zwischen 6 und 10 bewegen. All diese Signale sagen dem Hund: „Das ist richtig, das ist positiv!“ Die unterschiedliche Intensität der Signale erlaubt eine individuelle, der Situation und dem Hund angepasste Signalübermittlung und kann damit vom Hund auch individuell beantwortet werden. Die Variationsbreite in der Kommunikation ergibt sich aus den verschieden starken Intensitäten der Signale. Die Intensität lässt sich durch Hilfsmittel wie Futter steigern.

POSITIVE UND NEGATIVE SIGNALE

Als positive Signale gelten:	Als negative Signale gelten:
▸ Alle Lautäußerungen, von einer ruhigen, leisen, dabei freundlichen Stimmlage bis zur übertriebenen, überschwänglich lauten, mit hoher Stimme geäußerten, quasi euphorischen Begeisterung.	▸ Alle Lautäußerungen, von einem leisen, aber sehr bestimmenden Tonfall (kann auch leises Knurren sein) bis hin zum äußerst bedrohlichen Knurren oder sehr lautem, aggressivem Brüllen.
▸ Alle offenen Gesten, von der kleinsten, fast unbemerkten Geste bis zur überschwänglichen Freude, die sich durch Umherspringen (den Kasperl machen) dem Hund zeigt.	▸ Alle Gesten, von der kleinsten, fast unbemerkten (angespannte Haltung, hochgezogene Schultern) bis zur übermäßig aggressiven, den Hund angreifenden Geste.
▸ Jede Mimik vom freudigen Augenausdruck bis zum breit lachenden Gesichtsausdruck.	▸ Jede Mimik, vom unmutigen Augenausdruck bis zum übertrieben bösen Gesichtsausdruck.
▸ Alle Gesten, die den Hund nicht bedrängen und ihm dadurch das Gefühl geben, Freiraum in seiner Entscheidungsfindung zu haben, wie Öffnen der Armen, rückwärts gerichtete Bewegungen usw.	▸ Alle Gesten, die den Hund bedrängen, ihn verunsichern und ihm das Gefühl geben, dass sein Freiraum in seiner Entscheidungsfindung eingeschränkt ist und er an Grenzen gestoßen ist, die von Ihnen verteidigt werden.
▸ Alle definierten Orte, die ihm als sicher und positiv vermittelt werden (grüner Bereich).	▸ Alle definierten Bereiche, die ihm als gefährlich und unsicher vermittelt werden (roter Bereich).

Die negative Seite

In der gedachten Skala von 0 bis 10 steht die Stufe 1 für äußerst laut und aggressiv bis hin zur Stufe 5, die für sehr leise, aber bestimmend steht und direkt am Übergang zum positiven Bereich angesiedelt ist. Sie haben also die Möglichkeit, die Botschaft „Negativ = Dein Verhalten ist nicht erwünscht" in verschiedenen Intensitäten an den Hund zu übermitteln, jeweils angepasst an die Situation (schlimmes, wiederholtes Fehlverhalten mit hohem Gefährdungspotenzial oder einfach nur das „etwas schlechte Benehmen") und außerdem angepasst an die Persönlichkeit des Hundes („Haudegen" oder „Sensibelchen"). Die Grundaussage muss jedoch für den Hund erkennbar in allen Skalenabstufungen des Negativbereichs zwischen 1 und 5 immer die gleiche sein, nämlich „negativ/falsches Verhalten". Ihr Hund wird Ihre Signale seinerseits individuell beantworten, indem er signalisiert: ‚Ich habe dich verstanden, ich nehme mich zurück'.

Das ist deutlich negativ: „Stopp"

Binärsprache – aber richtig

Fehler vermeiden

Diese Geste verunsichert den Hund.

Ich erlebe in meinen Kursen und Seminaren häufig, dass in der Anwendung der Binärsprache immer wieder dieselben Fehler gemacht werden. Da es sich bei näherem Hinsehen um Fehler handelt, die man vermeiden kann, möchte ich Ihnen die typischen Stolpersteine kurz erläutern.

Zu langsame Reaktionen

Das heißt, wir reagieren auf das Verhalten des Hundes zu langsam. Dadurch ergibt es sich, dass wir oft im falschen Moment loben oder zum falschen Zeitpunkt missmutig sind. Damit verpassen wir regelmäßig die Gelegenheit, genau dann auf den Hund einzuwirken, wenn es Sinn macht – nämlich genau in dem Moment, in dem der Hund sein Verhalten verändert. Schlimmer noch! Unser verspätetes Signal ordnet der Hund nun fälschlicherweise seinem bereits geänderten Verhalten zu. Und das ist das Fatale. (Sie sagen noch „Nein“, während er schon längst sein Verhalten geändert hat und dafür gelobt werden müsste.)

Unklare Signalgebung

Wir vermischen die beiden Bereiche positiv/negativ, damit sind sie für den Hund nicht zu unterscheiden. Er kann nicht mehr erkennen, ob er etwas richtig oder falsch macht. Zum Beispiel: Sie reglementieren Ihren Hund in einem nur halbherzig unmutigen, fast sogar noch freundlich gestimmten Tonfall. Wenn Sie Ihren Hund dann auch noch in einem nahezu identischen Tonfall loben, hat er überhaupt keine Chance mehr zur Unterscheidung. Überprüfen Sie einmal ein paar Tage lang Ihren Tonfall, wenn Sie positive beziehungsweise negative Signale senden möchten. Lassen Sie sich von Freunden, Bekannten einordnen: Wie groß beziehungsweise klein ist der Unterschied in Ihrer Stimme?

Widersprüchliche Signale

Es werden widersprüchliche Signale gesendet. Das heißt der Mensch ist nicht übereinstimmend in Körpersprache, Mimik, Stimme und innerer Gestimmtheit. Wenn zum Beispiel der Körper eine stark bedrohliche Geste zeigt und die Stimme freudig und lockend ist, dann wird der Hund dadurch völlig verunsichert. Welches Signal stimmt jetzt? Worauf soll er sich beziehen? Liegt der Hauptanteil dieses widersprüchlichen „Gesamtsignals“ dann noch bei sprachlichen Äußerungen, über deren Bedeutungsinhalt keine klaren Übereinkünfte getroffen wurden, ist das Chaos perfekt.

Reaktionen des Hundes werden nicht wahrgenommen

Wir nehmen die Reaktionen des Hundes auf unser Verhalten entweder nicht wahr oder wir erkennen vielfach nicht, dass unser Verhalten ihn zu bestimmten Schlussfolgerungen veranlasst, die wir gar nicht beabsichtigen. So geht der Hund davon aus, dass sein Verhalten unseren Wünschen entspricht.

Nichts als leere Worte

Wir weichen in Sprache aus, wenn wir mit unseren Körpersignalen am Ende sind. Wir reden und reden und reden: „Habe ich dir nicht gesagt, dass du das sein lassen sollst, du siehst ja, was du jetzt davon hast…“ Kommt Ihnen das bekannt vor? Der Schwall an Worten beruhigt vielleicht das eigene Gewissen, weil man ja aktiv wurde und auf das hündische Verhalten reagiert hat, das „Geplapper“ hat aber keinerlei Aussagekraft für den Hund. Keine Aussage ist für den Hund verunsichernd, er kann damit nichts anfangen.

Erfolg durch Gesten

Sie wollen, dass der Hund freiwillig zu Ihnen kommt und auch bei Ihnen bleibt, sich also nicht sofort wieder umdreht und wegläuft.

Das „Warte“-Signal und ein lautes „Nein“ veranlasst den Dalmatiner, sich wieder zu setzen.

Sie kennen das sicher, viele Hunde kommen zwar kurz zu ihrem Halter, schauen nach, ob er vielleicht ein Leckerchen in seiner Hand hat, drehen sich dann auf dem Absatz um und ab geht's zu anderen interessanteren Attraktionen. Was machen Sie in diesem Moment, wenn der Hund auf dem Absatz kehrt macht?
Nutzen wir dieses Beispiel doch gleich, um die Binärsprache anzuwenden. Dazu ist es nötig, die Handlungssequenz in einzelne Schritte zu zerlegen.

Blickkontakt ist immer positiv.

Rascher Wechsel von positiv zu negativ

Um den Hund dazu zu bringen, dass er sich Ihnen immer freudig nähert, müssen Ihre Signale immer kongruent positiv sein. Ist er dann bei Ihnen, erhält er jedes Mal Futter oder Streicheleinheiten.
Dreht der Hund sich jetzt um und will sofort wieder weglaufen, wechseln Sie augenblicklich in den entgegengesetzten Zustand. Ihre Signale sind **sofort** übereinstimmend negativ (natürlich angepasst an Hund und Situation) und zwar solange, wie sich der Hund von Ihnen abwendet, bis genau zu dem Moment, an dem er stoppt oder sich Ihnen wieder zuwendet. Augenblicklich wechseln Sie wieder in den positiven Bereich, zeigen ein freundliches Gesicht und locken den Hund mit „zuckersüßer“ Stimme und ausgebreiteten Armen.
Der Wechsel von „positiv“ zu „negativ“ ist natürlich auch in den Momenten angesagt, in denen der Hund bei Ihrer ersten Aufforderung zum Herankommen nur kurz aufblickt, um Ihnen sogleich wieder den Rücken zuzudrehen. Hier müssen Sie dem Hund sofort und unmissverständlich signalisieren, dass Sie sein „ignorantes Benehmen“ nicht akzeptieren. Wendet er sich Ihnen aufgrund Ihrer verärgerten Reaktion wieder zu, blickt er sofort in ein strahlendes Gesicht und wird freundlich aufgefordert, heranzukommen.

TIPP

Der Wechsel zwischen „positiv“ und „negativ“ muss schlagartig erfolgen. Das sollten Sie immer wieder üben.

Geduld!

Verlieren Sie nicht die Geduld, wenn es einiger schneller Wechsel zwischen positivem und negativem Signal bedarf. Betrachten Sie es als Feedback für Ihren Hund und als Übungsmöglichkeit. Jeder Blickkontakt, den der Hund mit Ihnen aufnimmt, muss positiv beantwortet werden. Wendet er Ihnen jedoch den „Allerwertesten" zu, dürfen Sie durchaus angesäuert reagieren. Ein drohendes Knurren, ein wütender „Brüller", ein hinterhergeworfener kleiner Gegenstand führen dazu, dass der Hund sich Ihnen wieder zuwendet. Und was sieht er dann? Ja genau, Sie wissen es eh' schon: ein freundliches Gesicht mit der Botschaft: „Bei mir bist Du immer herzlich willkommen!"

Der Blickkontakt in der Binärsprache

Direkter Blickkontakt verunsichert viele Hunde. Angestarrt zu werden, wird von den meisten Hunden als Negativ erfahren. Auf der anderen Seite ist Blickkontakt – wie schon erwähnt – die Voraussetzung für die Kommunikation über Gesten und Symbole. Hier setzen wir binär an. Schaut der Hund, sind wir freundlich. Zeigt er uns sein Hinterteil, zeigen wir uns mürrisch.

Quibinger orientiert sich an mir. Ich gebe ihm zu verstehen: „Gut so".

Blickkontakt ist schön!

Das heißt, der Hund muss den Blickkontakt mit Ihnen positiv belegen. Das erreichen Sie, indem Sie jedes Mal, wenn der Hund Sie ansieht, innerlich in einen positiven Zustand gehen. Ihre Mimik, Gestik und Stimme sind freundlich, so dass der Hund Blickkontakt immer sofort als positiv zuordnet. Er hört die freundliche Stimme und sieht die dazugehörende freundliche Mimik und Gestik. Der Hund verbindet dann den Blickkontakt mit einer positiven Erwartung. Das heißt auch, dass er Sie häufiger anschaut – denn es ist für ihn angenehm. Sie können sich am Anfang damit helfen, dass Sie innerlich jedes Mal begeistert „Ja" sagen, wenn der Hund Sie anschaut. (Das bedeutet natürlich: Wenn Ihr Hund Sie freundlich anschaut, kommt **nie** ein „Nein").
Wenn der Hund Blickkontakt nicht als Konfrontation erlebt, kann er darauf offener, neutraler, neugieriger reagieren und sich unbefangener in eine soziale Interaktion mit dem Betreffenden einlassen. Er wird ohne Argwohn Interesse signalisieren und nicht vorschnell einordnen. Er lernt, besser zu differenzieren. So wird die Ausgangsbasis für Begegnungen positiv beeinflusst. Denken wir dabei an eine Situation, in der kleine Kinder, die mit ihren Augen auf Blickhöhe des Hundes sind, einem Hund gegenüber stehen. Der Hund, der die Erfahrung gemacht hat, dass Blickkontakt positiv ist, empfindet es nicht mehr so stark als Provokation, wenn er direkt angeblickt wird. (Im Kapitel „Kommunikation" ab S. 68 finden Sie Übungen zur Aktivierung des Blickkontaktes Ihres Hundes.)

So üben Sie die Binärsprache

Wichtigstes Lernziel ist dabei die Kongruenz. Sie trainieren also zunächst, alle Ihre Signale in Übereinstimmung zu bringen.
Und so machen Sie das:

Brunos ganze Freude ist es, das Dummy holen zu dürfen. (Variante 1)

WICHTIG

Ihre innere Stimmung, Ihre tatsächliche Gefühlslage muss in Übereinstimmung mit den verwendeten Gesten, Körperhaltungen und Lautäußerungen sein. Ihr Hund wird später genau merken, ob Sie das, was Sie mitteilen, auch wirklich so meinen oder nur mit halben Herzen so tun, als ob.

Der positive Zustand

Versetzen Sie sich in einen positiven Zustand. Lächeln Sie innerlich und denken Sie an eine schöne Situation, vielleicht einen wunderbaren Urlaubstag oder Ähnliches. Bleiben Sie in diesem guten Zustand, in dem alles positiv ist. Finden Sie dazu die entsprechende Körperhaltung, Stimme, Mimik, Gesten. Sagen Sie jetzt: „Ja" oder „So fein" oder „Prima". Wenn Sie wahrnehmen, dass Sie die für Sie wirklich positiven Signale gefunden haben, dann fotografieren Sie das innerlich ab, so dass Sie es zur Verfügung haben. Dann stellen Sie sich vor einen großen Spiegel und sagen es wieder – mit entsprechender Körperhaltung, Stimme, Mimik, Gesten. Machen Sie das so oft, dass Sie ein ganz deutliches Körpergefühl und ein klares Empfinden für Ihre Stimmlage haben, wenn Sie sich im positiven Zustand befinden. Sie müssen präsent haben: Wie stehen Sie, wie gehen Sie, wie ist Ihre Haltung, wie sprechen Sie, wenn Sie positiv gestimmt sind? „Ja, fein, so ist es prima..."

Der negative Zustand

Dann üben Sie den entgegengesetzten Zustand. Denken Sie an eine stressige Situation, in der Sie sich geärgert haben. Versetzen Sie sich innerlich in eine ablehnende Haltung und geben Sie mit entsprechender Mimik und Körpersprache negative Laute von sich. Das kann „Nein" sein oder ein „Oh-Oh-Oh!" – kurz und hart gesprochen! Checken Sie auch dabei genau Ihr Körpergefühl, Ihre Stimme, Gesten und Mimik. Fotografieren Sie den Zustand innerlich ab, so dass Sie jederzeit präsent haben, welche Körperspannung Sie haben, wie Sie gehen, wie Sie stehen, wenn Sie in einem negativen Zustand sind, wenn Sie „Nein" oder „Oh-Oh-Oh" sagen....

Rascher Wechsel

Dann versuchen Sie, so schnell wie möglich von einem Zustand in den anderen zu wechseln und wieder zurück. Also vom positiven in den

negativen Bereich und zurück – hin und her. Die Sequenzen sollten häufig geübt werden, denn Ihr Hund decodiert sehr schnell Ihre Signale – viel schneller als Sie seine!
Beobachten Sie, ob Sie überzeugend sind und ob Ihre Signale kongruent sind. Fragen Sie jemand anderen, wie er Sie wahrnimmt, und üben Sie dann so lange, bis Sie überzeugend den jeweiligen Zustand herstellen und in den anderen wechseln können.

Binärsprache im Einsatz

Die illustrierten Beispiele sollen Ihnen zeigen, welche vielfältigen Reaktionsmöglichkeiten Sie mit dem einfachen Mittel der Binärsprache im Dialog zwischen Mensch und Hund haben:

Variante 1

Bruno soll die Aufgabe lösen, das Dummy zu holen und zu Frauchen zurückzubringen. Dazu wird er erst einmal über Geste ins Sitz gebracht und zum Bleiben aufgefordert. Frauchen legt in einigen Metern Entfernung das Dummy ab und ist währenddessen die ganze Zeit auf Bruno konzentriert, genauso wie er auf sie. Will er zwischendurch aufstehen, folgt sofort ein „Nein" (gestisch und stimmlich), setzt er sich wieder, kommt unmittelbar das „Ja" (gestisch und stimmlich). Dann – Bruno macht das gerne – kommt die richtungweisende Geste: „Los und holen." Genau in dem Moment, in dem der Hund das Dummy aufnimmt, kommt ein bestätigendes „Ja". Lässt er sich plötzlich ablenken, zum Beispiel von den anderen Hunden, könnte ein „Nein" ihm vermitteln: „Das ist jetzt nicht die Aufgabe!" Wendet der Hund sich daraufhin wieder dem Dummy zu, erfolgt sofort wieder das „Ja". Aber Bruno lässt sich nicht ablenken und bringt das Dummy begeistert zurück zu seinem Frauchen.

Ja, da liegt das Dummy! (Variante 2)

Variante 2

Klappt die Variante 1 gut, dann können Sie es etwas schwieriger machen. Versuchen Sie, Ihren Hund mit „ja/nein" aus größerer Entfernung zu dirigieren. Er soll ein Dummy suchen, das Sie zuvor versteckt haben, ohne dass der Hund es sehen konnte, wie zum Beispiel in dieser gelben Tonne. Nun schicken Sie ihn auf die Suche und die ist erschwert, weil das Dummy in der Tonne ist.

Erfolgserlebnis

Durch eine deutliche Geste, unterstützt durch „Ja" und „Nein", können Sie ihn aus der Ferne zum Dummy lenken. Er ist erfolgreich. Er erfährt: ‚Ich schaffe es aber nur mit Frauchen/Herrchen. Wir sind ein Team'. So wird er lernen, dass Ihre Gesten Bedeutung haben. Das motiviert ihn, auf Sie zu achten und Ihren Blick zu suchen.

Die Binärsprache als Problemlöser

Der Hund im Menschenalltag

Als Hundebesitzer stehen Sie im Alltag immer wieder vor neuen Herausforderungen mit Ihrem Hund. Ihr Hund soll sich sowohl als angenehmer Hausgenosse in Ihre Familie einfügen als auch angenehm auffallen durch sein freundliches Wesen bei Begegnungen mit anderen Menschen. Wo auch immer Sie mit Ihrem Hund spazieren gehen, soll er ein soziales Verhalten im Umgang mit Artgenossen, kleinen Kindern, Radfahrern, Joggern, Spaziergängern, Postboten und Lieferanten an den Tag legen.

Ein verständlicher Wegweiser

Welche Verhaltensweisen des Hundes der Mensch als passend erachtet und welche nicht, muss er seinem Hund erst vermitteln. Das Binärsystem gibt Ihnen aufgrund seiner Einfachheit und Wirksamkeit eine Verständigungsmöglichkeit an die Hand, mit der Sie sehr schnell und äußerst exakt Ihrem Hund den Weg durch unseren komplexen, für ihn nicht durchschaubaren Alltag weisen können.

Mehr Freiheit

Durch die Binärsprache kann Ihr Bruno, Ayco oder Monti Sie und Ihre Verhaltensweisen endlich einordnen. Er kann begreifen, was erwünscht und was unerwünscht ist. In jeder Situation verfügen Sie über einen gemeinsamen Code. So können Sie gemeinsam mit Ihrem Hund auch neue Herausforderungen meistern. Mussten Sie schon einmal einen Besuch, eine Unternehmung mit Freunden, eine Besorgung oder etwas anderes absagen, weil Sie „einen Hund haben"? Das ist vorbei. Mit einem Hund, auf den Sie sich verlassen und den Sie lenken können, weil er versteht, was Sie von ihm wollen, können Sie sich sehen lassen.

Ein kleines Stückchen Futter kann ein deutliches „Ja" noch unterstreichen.

Für einen Welpen ist die Menschenwelt eine recht verwirrende Angelegenheit.

Ihr Hund vertraut Ihnen

Und Ihr Hund dankt es Ihnen, wenn Sie mit ihm wirklich kommunizieren. „Wirklich“ kommunizieren meint, auf einer, seiner Ebene, auf der er jederzeit zuordnen und verstehen kann. Weil hier simpel und einfach nur auf Bedürfnisse und Empfindungen eingegangen wird. Eine Ebene, die auf eine Fremdsprache, die der Hund sowieso nie verstehen kann, verzichtet. Denn mit dieser Form der gelungenen Kommunikation stärken Sie das Vertrauen, das der Hund in Sie hat. So erfährt er bei immer neuen Gelegenheiten, dass er sich auf Sie verlassen kann, dass Sie ihm Sicherheit geben. Sie lassen ihn in schwierigen Situationen nicht allein, sondern geben ihm verständliche Hilfestellungen, damit kann er Handlungsstrategien entwickeln, die sozial verträglich sind und ihn erfolgreich sein lassen. Mit jeder positiven Wiederholung schleift sich diese Erfahrung ein, mit jedem Mal prägt sie sich tiefer ein. Das bedeutet, dass sich der Hund immer mehr an Ihnen orientieren wird, Sie als kompetenten Partner erfährt. So hat Ihr Hund die Chance, sich frei, sozial kompetent und sicher in seinem Umfeld zu bewegen. Und Sie können sicher sein, dass Ihr Hund Ihnen in jeder Beziehung „folgen“ kann.
Mit der Binärsprache sind Sie einer gelungenen Kommunikation ein großes Stück näher gekommen!

Eine vertrauensvolle Anleitung gibt ihm die Sicherheit, die ihn zu einem ausgeglichenen Hund macht.

Ein Welpe kommt ins Haus

Wie alles anfängt

Emma

Am Beispiel von Emma, meiner Weimaranerhündin, möchte ich Sie mit den wichtigsten Stationen am Anfang eines Hundelebens vertraut machen und Ihr Verständnis für die körperlichen und geistigen Entwicklungsprozesse eines Hundes wecken.

Die Milchbar ist eröffnet. Emma ist mit von der Partie.

Entwicklung des Gehirns

In den ersten Lebenswochen entwickelt sich das Gehirn, gemäß den rassespezifischen Gegebenheiten. Es wächst ähnlich wie andere Körperteile. Während dieser Phase des Gehirnwachstums entwickeln sich neuronale Vernetzungen. Die Reize aus der Umwelt bestimmen, wie sich diese neuronale Vernetzungen anlegen. Quantität und Qualität der gemachten Erfahrungen sind dabei ausschlaggebend für das spätere Verhalten des Hundes.

Wissenschaftlich gesehen

Die Wissenschaftlerin Prof. Dr. rer. nat. Anna Katharina Braun erklärt dies so: Das Gehirn von Wirbeltieren wird gewissermaßen als Sicherheitsfaktor mit einem Überschuss von Nervenzellen und synaptischen Verschaltungen geboren. Aus dem Überangebot an neuronalen Verschaltungen werden diejenigen Synapsen (Strukturen des Neurons, an der Informationen zwischen Nervenzellen ausgetauscht werden), die durch frühe Erfahrungen und Lernprozesse häufig und stark aktiviert werden, selektiv erhalten und verstärkt, während die Verbindungen, die selten, nur schwach oder gar nicht aktiviert werden, abgebaut werden. Es scheint also, als ob gerade die frühen Erfahrungen ihren Abdruck im sich noch entwickelnden und daher im Vergleich zum erwachsenen Gehirn noch sehr viel stärker modellierbaren Gehirn hinterlassen und dadurch die Verhaltensweisen nachhaltig beeinflussen und manchmal sogar unveränderbar festlegen. Je nach den in früher Jugend vorliegenden Umweltbedingungen kann sich diese Plastizität, das heißt starke Veränderbarkeit, des jungen Gehirns sowohl in positiver als auch in negativer Weise auswirken.
Hier setzt mein Welpenprägungskonzept an. Indem ich bewusst positiven Einfluss auf die neuronalen Vernetzungen nehme, ist es möglich, typische, eventuell problematische Gebrauchshundeeigenschaften so zu modifizieren, dass der Hund die Basis bekommt, sich mit seinem trotz allem hündischen Wesen und Verhalten in eine Familienstruktur einzugliedern.

Aufbau sozialer Beziehungen

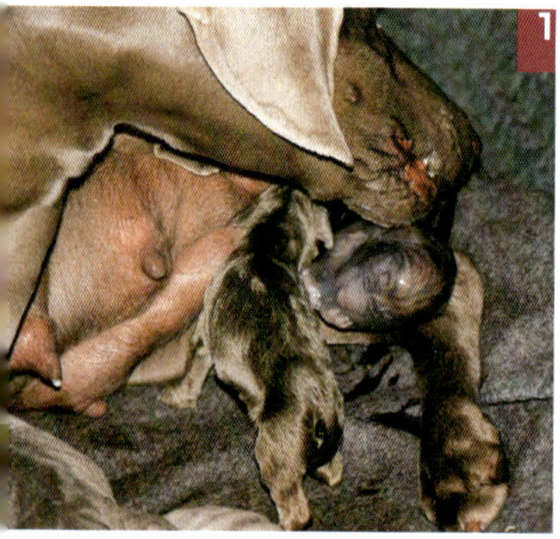

1 Der dritte Welpe sah etwas grün aus. Eifrig bemühte Maggie sich, ihn durch Lecken zum Leben zu erwecken.

2 Der „Grünling“ ist noch nach Tagen deutlich zu erkennen. Er war einige Wochen der Kleinste unter den sechs.

3 Täglich wurde jeder Welpe gewogen und alles genau notiert. So konnte man die Entwicklung der einzelnen gut beobachten.

Sobald sich die Augen des Welpen öffnen (ca. am 13. Tag), beginnt durch das Einsetzen der Sinnesfunktionen der bewusste Aufbau sozialer Beziehungen. Für den Welpen öffnet sich ein Zeitfenster (ca. 13.–49. Tag), in dem er eine große Bereitschaft und Fähigkeit zeigt, soziale Fertigkeiten zu erlernen. In diesem Zeitfenster der Sozialentwicklung wächst das Gehirn am schnellsten. Die Umweltstimulation bestimmt, wie stark es wächst und wie es seine Form verändert. Während dieser kritischen und sensiblen Zeit werden die Bahnen und Verknüpfungen für den späteren Ablauf von Denkprozessen geschaffen und die mit jedem Lernprozess untrennbar verknüpften emotionalen Erfahrungen im Gedächtnis abgespeichert.

Entscheidende Phase

Es ist also von enormer Bedeutung, dass Sie großen Wert auf das richtige soziale Umfeld Ihres Welpen legen. Im Alter von ca. 16 Wochen ist im Wesentlichen das Sozialprofil des Hundes fertiggestellt (Ray Coppinger, Hunde). Alles, was bis dahin versäumt wurde, lässt sich nur sehr schwer nachholen und wird den späteren Verlauf der sozialen Beziehungsfähigkeit des Tieres bestimmen und damit auch die eventuellen Schwierigkeiten, mit denen sich der Hundehalter später auseinandersetzen muss.

KINDERSTUBE KENNEN LERNEN

Wenn Sie sich für die Anschaffung eines Hundes entschieden haben, schauen Sie sich den Züchter und die Bedingungen, unter denen seine Welpen aufwachsen, genau an. Besuchen Sie ihn vor der Welpenabgabe ein, zwei oder drei Mal. Ihr Züchter wird das als Interesse verstehen und begrüßen.

Erste Erfahrungen mit der Umwelt

Die Entwicklung des Welpen

In den ersten 1–2 Lebenswochen sind Augen und Ohren der Welpen noch geschlossen, ihre Wahrnehmung der Umwelt beschränkt sich auf Fressen, Schlafen und die Suche nach Wärme. Vor allem Riechstoffe dienen dazu, ihnen die „Welt“ zu vermitteln – denn zunächst baut sich diese vornehmlich in Form von Geruchsbildern auf. Riechstoffe weisen ihnen auch den Weg zu den Zitzen der Mutter, ihrer „Lebensversicherung“. Die Entwicklung der Welpen verläuft überaus schnell. Ab der dritten Lebenswoche beginnen, sie ihre Augen zu öffnen, sie werden langsam aktiver und beginnen erste Erfahrungen in ihrem unmittelbaren Umfeld zu machen.

Das ist alles noch sehr neu. Vorsichtig wird erst einmal die Umgebung untersucht.

Koordinierte Bewegungen

Nach der dritten Lebenswoche werden die Bewegungen der Welpen immer koordinierter. Sie beginnen in den folgenden Wochen, die nähere Umgebung zu erkunden, der Umgang mit den Wurfgeschwistern wird aussagekräftiger und die Spielaktivitäten werden länger und ausgefeilter. Es wird schon mal in die Rute gebissen oder an den Ohren gezogen, die Welpen beginnen sich selbst zu erfahren. Es geht nicht immer sanft zu, aber der Spielpartner zeigt durch seine Wehlaute sofort an, wenn der andere zu weit gegangen ist. Eine Beißhemmung entwickelt sich.

Erste Erziehung

In dieser Zeit beginnt auch die Hündin, ihre Welpen zu erziehen. Und dabei artikuliert sie sich deutlich! Der Welpe lernt beispielsweise: Nasenrücken runzeln, steif werden und Knurren der Mutter bedeutet: ‚Jetzt aber ganz schnell auf den Rücken legen und keine Bewegung, keinen Mucks mehr'. Der erwachsene Hund wiederum reagiert sofort auf dieses Zurücknehmen des Welpen, er nimmt sich ebenfalls zurück und ist zufrieden. Den Signalen werden Bedeutungen zugeordnet. Wenn die Reaktion als verstanden zurückkommt, reicht beim nächsten Mal bereits ein Nasenrückenrunzeln oder ein kurzer strenger Blick. Hier entstehen erste symbolische Signale. Von klein an entwickelt sich bei deutlicher Codierung der Signale ein dynamisches Wechselspiel.

1 Im Sozialspiel mit Wurfgeschwistern lernen die Welpen Sozialverhalten.

2 Diese Welpen zeigen keine Unsicherheit bei Berührungen.

3 Erzieherische Maßnahmen der Mutter gehören unbedingt zur gesunden sozialen Entwicklung des Welpen.

Der Körperkontakt

Von Anfang an berührt der Mensch die Welpen. Sie werden bestaunt, beobachtet, gewogen, wieder berührt und auf den Arm genommen, um sie zu streicheln und zu liebkosen. Dieser tägliche positive und angenehme Kontakt, den der Welpe mit den Menschen hat, vermittelt ihm die Basis für das Vertrautsein mit diesen fremden Lebewesen, mit denen er sein ganzes Leben verbringen wird.

Bedeutung für das Sozialverhalten

Viel Körperkontakt zwischen Mensch und Hund bestärkt also das positive Sozialverhalten auch für den späteren Lebensverlauf. Hierzu gehört auch, dass der Welpe sich ohne Argwohn oder Stress von seinem Menschen auf den Rücken legen und den Bauch kraulen lässt. Der Mensch sollte sich über ihn legen oder über ihn beugen können, ohne dass der Welpe Unsicherheit oder gar Angst zeigt. Fördern Sie diesen vertrauensvollen Körperkontakt auch weiterhin. Auch gemeinsames Kuscheln auf dem Sofa gehört dazu.

Anna sitzt nur zu gerne mitten drin.

Kinder

Sind kleine Kinder im Haus des Züchters, ist es überaus wichtig, dass diese niemals mit den Welpen alleine gelassen werden. Nur dann ist gewährleistet, dass die Welpen (und auch die Kinder) durch positiven und sanften Kontakt ein gutes Sozialverhalten entwickeln. Auch später, in der neuen Familie, muss in den ersten Monaten sehr sensibel darauf geachtet werden, wie sich Kinder (vor allem Kleinkinder) gegenüber den Welpen verhalten. Alle schlechten Erfahrungen, Grobheiten wie am Schwanz ziehen, nach dem Welpen schlagen oder treten etc., können sich dem Hund unter Umständen einprägen. Ist er älter und stärker, könnte es sein, dass er sich manches nicht mehr gefallen lässt und durch Knurren oder Schnappen Stresssituationen auf seine Art zu lösen versucht. Kinder erforschen die Welt. Welpen sollten nicht ihr Forschungsobjekt sein. Denn es können tief sitzende, negative Verknüpfungen im Gehirn des Welpen entstehen, die sich erst viel später zeigen. Ihre Verantwortung als Erwachsener ist es, dies zu beaufsichtigen und rechtzeitig einzugreifen.

KINDER

Kinder im Haus des Züchters können durchaus von Vorteil für eine gute Prägung sein. Jedoch sollten sie nie alleine mit den Welpen bleiben. Immer sollte eine Aufsichtsperson dabei sein, die das Ganze beobachtet und sofort einschreitet, wenn die Kinder mit den Welpen zu experimentieren beginnen.

Geräusche

Lernt der Welpe bereits beim Züchter die unterschiedlichsten Umweltgeräusche kennen, kann er später im neuen Umfeld leichter damit umgehen. Dazu gehören beispielsweise normale Haushaltsgeräusche wie Staubsauger, Küchengeräusche, Radio etc. Dabei geht es auch um die Intensität von Geräuschen, die der Welpe als normale Umweltge-

Es ist Sommer und es ist heiß. Auch der Gartenschlauch und Wasser sind den Welpen schon nicht mehr fremd.

gebenheit hinzunehmen lernen sollte. Wenn er in einer reizarmen Umgebung aufwächst, kann unter Umständen eine plötzliche Flut von unbekannten Reizen beim neuen Besitzer Angst oder Unsicherheit auslösen. Meideverhalten oder eine Tendenz zur Flucht kann dann die Folge sein.

Angstreaktionen

„Angst ist eine Reaktion mit Reizschwelle, das bedeutet, dass ein Reiz einen bestimmten Pegel überschreiten muss, um eine Reaktion auszulösen. Angst ist zu einem großen Teil ein Meideverhalten gegenüber neuen Dingen." Wenn ein Welpe nach Einsetzen der Angstreaktion (in diesem Fall könnte das einfach die Reizschwelle sein, ab der das Geräusch als zu laut empfunden wird) mit Schüssen konfrontiert wird, wird er sie als zu vermeidende Gefahr wahrnehmen (Jagdhund).
Jedes Verhaltensmuster – Angst, Unterwerfung, Erkundungsverhalten,

Spielen – hat einen anderen Entwicklungsverlauf, der von Rasse zu Rasse verschieden ist. Jedes hängt sowohl mit der Entwicklung der Drüsen und den Hormonausschüttungen, als auch mit der Entwicklung der Motorik und der Sinnesorgane zusammen. Und jedes Subsystem ist gleichzeitig ein Feed-Back-Mechanismus, nach dem beim Welpen nicht nur Veränderungen im Gehirnwachstum, sondern auch in der Entwicklung aller anderen Organe stattfinden. (Ray Coppinger)

„Wartet nur bis wir wach sind…"

Stubenreinheit

Der Standort der Wurfkiste und die Bodenbeschaffenheit ist ein wichtiges Kriterium, um dem zukünftigen Hundehalter die erste Hürde zur Stubenreinheit zu erleichtern. Wieder bestimmen die Früherfahrungen die Gehirnentwicklung des Welpen. Wo wird er sich lösen? Je nach Frühprägung tendiert der Hund in seinem Löseverhalten dazu, sich unter Dach (bei reinen Hausaufzuchten) oder im Freien (Welpen

STUBENREINHEIT – DER IDEALFALL

Die Wurfkiste steht unter Dach, der erste Ausgang nach draußen geht eventuell in einen kleinen Vorraum (auch noch unter Dach), der mit Sand, Sägemehl oder Erde gefüllt ist. Von dort sollten die Welpen so schnell wie möglich ins Freie gelangen und sich dort auf Wiese oder Erde lösen lernen. Unter diesen sehr guten Voraussetzungen erhält der Welpenbesitzer quasi einen „stubenreinen" Hund. Er muss „nur" noch darauf achten, dass er den Kleinen anfangs in relativ kurzen Zeiträumen nach draußen bringt, um die Vorarbeit des Züchters weiterzuführen. Das heißt: anfangs alle 1–2 Stunden mit dem Welpen raus! Nach dem Fressen, nach dem Schlafen, nach dem Sozialspiel oder einer anderen aufregenden Sache. Und zwar wirklich jedes Mal! Den Kleinen gut beobachten, um wahrnehmen zu lernen, wie er sich vermitteln will, wenn es dringend wird. Nicht alle Hunde zeigen deutlich, wann sie sich lösen müssen.

1 Hündin und Züchterin laufen zusammen weg. Schnell folgen die Welpen, um den Kontakt nicht zu verlieren.

2 Nur durch Pfeifen und Weglaufen schafft es die Züchterin hier bereits problemlos, die Kleinen zum Nachlaufen zu bewegen.

hatten freien Zugang nach draußen) zu lösen. Es findet auch eine Bevorzugung je nach Untergrund statt (Prägung auf den Untergrund). Zum Beispiel Zeitungspapier, Teppichboden, Holzdielen, Fliesen, Gartenplatten, Sand, Fell, Decken, Gras, Erde etc. Nur durch größere Anstrengung ist mancher Welpe wieder von dieser Fehlprägung abzubringen. Lassen Sie sich von Ihrem Züchter den Aufzuchtplatz zeigen und beziehen Sie in den ersten Wochen eine eventuelle Fehlprägung mit ein. So werden Sie nicht ungerecht, falls es mit der Stubenreinheit nicht so schnell klappt. Der Welpe kann nur das Löseverhalten zeigen, das er in den ersten Wochen seines Lebens kennen gelernt hat.

Erste Orientierung an den Lauten des Menschen

Ab dem Zufüttern kann die Aufmerksamkeit des Welpen auf einen mit freundlicher, sehr hoher Stimme lockenden Ruf gelenkt werden. Da die Welpen mehrmals am Tag zugefüttert werden, kann nach der Vorbereitung der Futterschüssel dieser spezielle lockende Ruf oder Pfiff die Aufmerksamkeit der Welpen erregen. Bereits nach einigen solchen Fütterungen genügt es, einmal zu pfeifen oder zu rufen, um die Welpen zum Herankommen zu animieren. Dieser Laut bildet im Gehirn die speziellen neuronalen Vernetzungen und prägt sich dem Welpen ein. Er lernt schnell zu kommen, denn es gibt Futter. Rufen/Pfeifen = Futter = toll! Und es erlaubt dem späteren Halter, auf dieses Signal, das bereits eine Bedeutung erhalten hat und somit zum Symbol wurde, zurückzugreifen. Die Grundlagen zum Verständnis für den richtigen Einsatz von Signalen und Symbolen habe ich Ihnen ja bereits im Kapitel Kommunikation (ab S. 69) ausführlich erläutert.

Erste Orientierung am Verhalten des Menschen

Der Welpe läuft der Hündin nach, denn: „Mutter hat das Futter, die ‚Milchbar‘, bei sich“. Das kann sich der Mensch zunutze machen. Hündin und Mensch laufen weg. Die Welpen bemerken dies sofort und laufen zuerst der Hündin nach, um nicht den Anschluss zu verlieren. Dies macht sich die Züchterin zunutze. Sie freut sich, pfeift und klatscht in die Hände, während sie neben der Hündin mitläuft. Die Welpen sind ganz darauf konzentriert, den Kontakt zu den beiden nicht zu verlieren. Der Laut (Klatschen, Pfeifen, sich Freuen etc.) kann somit einem Verhalten (Weglaufen) zugeordnet und zum auslösenden Reiz für Nachlaufen werden. Emmas Züchterin läuft die ersten Male zusammen mit der Hündin zum vollen Futternapf, während sie dabei klatscht, sich freut und pfeift. Und schon nach einigen Tagen laufen die Welpen der Züchterin immer öfter auch ohne Hündin nach. Sie beginnen, sich am Verhalten des Menschen zu orientieren.

Erste Autofahrt

Um die Welpen auf die erste Autofahrt mit ihrer künftigen, neuen Familie vorzubereiten, sollten diese mindestens einmal vor der Abgabe zusammen mit der Mutterhündin eine gemeinsame Autofahrt unternommen haben. Wird die erste Erfahrung mit diesen Geräuschen und Eindrücken im Kreise der ganzen Meute vorgenommen, haben die Welpen die Möglichkeit, sich an den anderen zu orientieren.

1 Zusammen mit der Hündin läuft die Züchterin zum Auto. Das Pfeifen und Laufen löst bei den Welpen das freudige Nachlaufen aus.

2 Alle werden zusammen in das Auto gesetzt und los geht die erste Autofahrt ins Grüne.

3 Am Ziel angekommen, findet erst einmal ein ausgiebiges Erkunden der neuen Umgebung statt.

4 Welpen und Menschen ruhen etwas zusammen, um dann gemeinsam zu einer weiteren Fahrt aufzubrechen.

Erster Kontakt mit Wasser

Besteht die Möglichkeit, an ein Gewässer mit flachem Randgebiet zu gelangen, ist ein erstes vorsichtiges kennenlernen von Wasser, zusammen mit der Mutterhündin, eine gute Früherfahrung für die Welpen. Der erste Kontakt mit Wasser sollte freiwillig und angespornt durch die eigene Neugier stattfinden. Zwingt man die Welpen, könnte eine lebenslange Scheu oder sogar Angst vor dem Kontakt mit Wasser entstehen. Es genügt bereits die Beobachtung der anderen Rudelmitglieder beim lustigen Kontakt mit Wasser, um anfängliches Zaudern zu überwinden. Auch die Jahreszeit muss passen!

Eine Kiste mit einer Decke hilft, die Heimfahrt gut zu überstehen.

Welpenabgabe

Jeder Züchter, der eine liebevolle Bindung zu seinen Welpen aufgebaut hat, trennt sich schwer von ihnen. „Hab' ich auch den richtigen Halter ausgesucht?“ „Wird der Kleine es auch gut haben?“ Diese und viele andere Fragen beschäftigen ihn. Schließlich ist der Abgabetag gekommen. Alles ist bestens vorbereitet, jeder neue Welpenbesitzer erhält etwas Futter für die nächsten Tage, ein Stück Stoff, T-Shirt oder eine Decke mit dem vertrauten Geruch der Wurfkiste und sicherlich viele Ratschläge mit auf den Nachhauseweg. Nun liegt es in der Hand des neuen Sozialpartners, also an Ihnen, wie sich der weitere Weg des Hundes gestaltet.

Umzug ins neue Zuhause

TIPP

Beruhigende Musik während der Autofahrt kann Wunder wirken. Zum Beispiel ruhige, klassische Musik. Ich habe die Erfahrung gemacht, dass meine Hunde darauf sehr gut reagierten. Auch für Zuhause half das. Schon bei den ersten kurzen Phasen, die der Welpe alleine war, legte ich immer wieder dieselbe CD ein.

Die Heimfahrt

Bereiten Sie das Auto für die Heimfahrt sorgfältig vor. In einer Kiste liegt das T-Shirt oder die Decke, die bereits einige Tage in der Wurfkiste gelegen hat und so diesen vertrauten Geruch mitnimmt. Damit fühlt der Welpe sich in den ersten Stunden nicht gleich in eine ihm unbekannte Umgebung versetzt und kann sich leichter an sein neues Umfeld gewöhnen. Sie sollten in jedem Fall zu zweit sein, um die Versorgung des Welpen während der Fahrt sicher zu gewährleisten. Nehmen Sie sich bei längeren Fahrzeiten genügend Zeit und legen Sie mehrere Pausen ein, falls Ihr Welpe unruhig wird. Er muss sich eventuell wegen der vielen Aufregung öfter lösen. Jeglicher Stress beim Autofahren sollte vermieden werden, denn auch diese Erfahrungen prägen sich ein und bestimmen sein zukünftiges Verhalten beim Autofahren mit.

1 Richtiges Heben will gelernt sein.

2 Fassen Sie den Welpen mit einer Hand zwischen den Vorderläufen an der Brust und mit der zweiten Hand zwischen den Hinterläufen.

3 Wenn Sie ihn hochheben, sitzt er quasi auf einer Hand, während Sie ihn mit der zweiten sanft an der Brust halten.

Richtiges Heben

Der Welpe ist in diesem Alter noch sehr empfindlich. Seine Rippen sind weich und leicht verletzbar, alles ist im Wachsen und entwickelt sich erst. Gerade deshalb sollten Sie, wenn Sie den Welpen auf den Arm nehmen, beim Hochheben darauf achten, dass Sie den Kleinen nicht ungünstig fassen und ihm dabei weh tun.

Untersuchen und berühren

Machen Sie von Anfang an „Fellpflege" bei Ihrem Welpen. Ohren anschauen, Zähne untersuchen, die Pfoten und Krallen berühren, auf den Rücken legen und den Bauch kraulen usw. Machen Sie ein für den Hund möglichst angenehmes Ritual (eine soziale Interaktion) daraus. Mindestens alle zwei bis drei Tage sollten Sie ihn an allen möglichen Stellen des Körpers untersuchen und ihm beibringen, dabei stillzuhalten. Leichter fällt es dem Hund, sich an diese Berührungen und Untersuchungen zu gewöhnen, wenn er satt und müde ist.

Der erste Tierarzt-Besuch

Die erste Impfung hat Ihr Welpe ja bereits beim Züchter erhalten. Dort musste er normalerweise auch schon eine genauere Untersuchung über sich ergehen lassen. Im Impfpass wird ersichtlich, wann der nächste Termin fällig ist. Doch auch weitere Untersuchungen beim jungen Hund sind manchmal unvermeidbar. Immer wieder kann etwas vorfallen.

Emmas erstes „Weh-Weh“

Emma hatte bereits mit 9 Wochen ihre erste Verletzung. Sie wollte leichtsinniger Weise an die Futterschüssel von Chiara. Die erwachsene Hündin zeigte ihr kurz, effektiv und deutlich: „Falsch“. Dies war nur einmal notwendig. Ab diesem Zeitpunkt wartete Emma brav, bis die Ältere das Interesse an der jeweiligen Sache verloren hatte. Das kleine Loch an ihrer Schnauze musste sofort versorgt und einige Tage mit einer Jodsalbe eingerieben werden, damit sich keine Entzündung bildete. Deshalb waren wir froh, dass Emma schon recht gut zu handhaben war und bei den Untersuchungen brav still hielt.
Da Emma gelernt hat, sich überall anfassen zu lassen – Zähne zeigen, Ohren untersuchen, Pfoten genau betrachten und Bäuchlein kraulen – ist dies für sie eher eine Wohltat als Stress. Deshalb können auch der Tierarzt und seine Assistentin beim ersten Besuch die Kleine problemlos untersuchen, ihr die Ohren reinigen und die Herztöne abhören. Anschließend wird geschmust und das Leckerchen ist schon eine Selbstverständlichkeit.

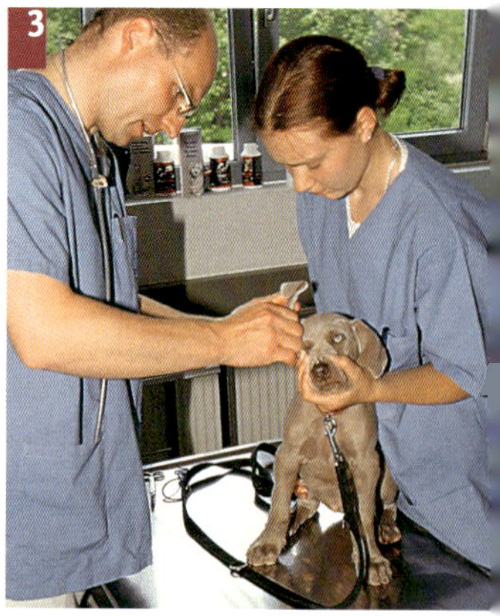

1 **Emma verhält sich schon sehr ruhig und lässt sich ohne Probleme die Zähne untersuchen.**

2 **Auch das Ohrenuntersuchen wird geübt.**

3 **Der erste Besuch in der Tierarztpraxis.**

Auch Abtrocknen will gelernt werden

Schlechtes Wetter gibt es immer wieder. Das ist dem Hund mit Sicherheit ziemlich egal. Aber der Langlebigkeit Ihrer Böden und Teppiche kommt das wahrscheinlich nicht so entgegen. Zeigen Sie Ihrem Welpen deshalb, dass Abtrocknen angenehm sein kann. Nehmen Sie dabei seine Unsicherheitssignale ernst! Will er zurückweichen, halten Sie ihn keinesfalls fest. Nehmen Sie sofort die Hände von ihm weg und motivieren Sie ihn, wieder zu Ihnen zu kommen. Festhalten erzeugt Misstrauen, denn schnell fühlt sich der Hund gefangen. Motivieren Sie ihn, diese Prozedur freiwillig hinzunehmen. Das kostet zwar Zeit, lohnt sich aber für die Zukunft.

1 Wenn Sie in die Hocke gehen, wird der Welpe nicht mehr versuchen, an Ihnen hochzuspringen.

2 Deutlich zeigt die Geste: Hochspringen ist nicht erwünscht!

Hochspringen

Viele Welpen neigen dazu, hochzuspringen. Belohnen Sie den Welpen nicht dafür, indem Sie ihn während des Hochspringens streicheln. Gehen Sie entweder in die Hocke und schmusen mit ihm (Abb.1), oder blocken Sie ihn rechtzeitig, schon bevor er bei Ihnen ist, mit einer deutlichen, jedoch nicht bedrohenden Geste ab. (Abb.2)

Regeln in der Menschenwelt

Der erste Schritt zur Nachgiebigkeit

Vermitteln Sie dem Welpen, dass der Mensch ihm deutlich überlegen ist. Diese deutliche, sanfte und beschützende Überlegenheit, die keine rein körperliche, sondern vor allem eine mentale Überlegenheit sein sollte, spielt eine wichtige Rolle, wenn auf „spielerische" Art wesentliche Übereinkünfte zwischen Mensch und Hund getroffen werden. Der Mensch bestimmt auf sanfte, jedoch souveräne Art den Freiraum des Hundes. Souveränität meint hier, dass der Mensch in seinen sozialen Interaktionen sich nicht auf „Diskussionen" mit dem Hund einlässt, die diesen glauben machen, es sei erst noch zu klären, wessen Interessen durchsetzbar sind. Immer ist es der Mensch, der aufgrund seiner deutlichen, natürlichen Überlegenheit den Rahmen für das soziale Miteinander absteckt.

Der Mensch bestimmt

Es fängt bei Kleinigkeiten an. Lernt der Welpe, dass es nach seinen Wünschen geht, dass er seinen Willen durchsetzen kann, dann vermitteln Sie ihm damit, dass er generell bestimmt, was, wann und wo, wie passiert. Und schnell wird es damit immer schwerer, den Hund in Ablenkungssituationen in seine Schranken zu weisen. Und sagen Sie jetzt nicht: „Ach, das kommt doch nicht drauf an, soll er doch seinen Willen haben!“ Täuschen Sie sich nicht. Sie legen beim Hund ein Verhaltensmuster an. Dieses Muster heißt: „Hier bestimme ich!“ Das kann bei einem kleinen Hund niedlich sein, aber bei einem erwachsenen Hund ist der Stress vorprogrammiert. Und zwar von Ihnen. Denn er hat von Ihnen gelernt zu bestimmen. Diese, seine Haltung zu verändern, wenn es in Gefahr- oder Stresssituationen darauf ankommt, Ihren Willen durchzusetzen, wird ungleich schwerer.

Daher ist es wichtig, dass Sie über das Aktionspotential Ihres Hundes bestimmen. Hat Ihr Hund seine „verrückten“ fünf Minuten und will nur Toben, verordnen Sie stattdessen ein paar Schmuseeinheiten. Oder: Will Ihr Welpe an der Leine nach links, wenden Sie sich nach rechts und ziehen ihn notfalls sanft aber bestimmt mit sich. Das sind Momente, in denen der Welpe auf sanfte, aber konsequente Art und Weise lernt und lernen muss, nachzugeben. So wird er generell nachgiebiger und aufmerksamer in seinen Reaktionen auf Ihre Vorgaben.

ÜBUNGEN ZUR FÖRDERUNG DER NACHGIEBIGKEIT

- Es ist überaus wichtig, dass Ihr Welpe lernt, manche Situationen zu dulden. Nehmen Sie Ihren Welpen auf den Arm und halten Sie ihn so lange, bis er nachgibt und sich entspannt. Kraulen Sie ihm jetzt das Bäuchlein. Warten Sie noch einen Augenblick und setzen Sie ihn dann wieder auf den Boden.
- Gehen Sie in die Hocke und fixieren Sie Ihren Welpen mit sanfter Bestimmtheit. Wenn er sich entspannt, wird wieder das Bäuchlein gestreichelt.
- Lassen Sie Ihren Welpen wissen, dass Sie ihn überall und jederzeit anfassen werden. Berühren Sie ihn, auch überraschend. Von vorne, von hinten, von der Seite. Natürlich nicht grob. Gerade so, dass er Sie deutlich bemerkt und erfahren kann, dass eine Berührung nicht Gefahr oder Schmerz bedeutet.

Meins oder deins?

Nehmen Sie ein Stück Futter, das Sie durch leichtes Bespucken ritualisiert in Besitz genommen haben und legen Sie es vor sich auf den Boden. In der Hand halten Sie verdeckt ein weiteres Futterstück, das

Sie später als Belohnung verwenden. Zeigt der Hund Interesse an dem auf dem Boden liegenden Futterstück, gehen Sie dicht mit Ihrem Kopf über das Futterstück und knurren bedrohlich. Sie werden sehen, dass der Welpe sich augenblicklich zurücknimmt. Wenn nicht, klopfen Sie ihm bestimmt aber nicht zu hart auf den Kopf und stoßen Sie dabei einen lauten Warnlaut oder ein lautes „Nein" aus. Der Welpe wird erschreckt zurückfahren. Augenblicklich muss jetzt ein lang gezogenes freudiges „Jaaahh" oder „Feiiiiiin" Ihrem Welpen signalisieren: Das war die richtige Entscheidung! Gleichzeitig erhält er von Ihnen das Futter, das Sie in der Hand verborgen hielten. So lernt der Welpe sich zurückzunehmen. Er wird dafür belohnt. Sein Verhalten ist also lohnenswert und ganz nebenbei begreift er auch noch: „Nein" heißt immer und grundsätzlich „Nein".

Beißhemmung intakt halten

Die Veranlagung zur Beißhemmung ist beim Hund prinzipiell vorhanden. Die angeborenen und erlernten Hemmungsmechanismen vermindern Verletzungsrisiken und haben eine wichtige Funktion im sozialen Kontakt zwischen Artgenossen und natürlich auch im Umgang mit dem Menschen.

1 Vestus wollte nicht auf meinem Arm bleiben und versuchte zu beißen. Ein Schmerz- und Unmutslaut wies ihn in seine Schranken.

2 Jetzt herrscht absolute Entspannung – auf beiden Seiten.

Beißhemmung ist Selbstschutz

Schon sehr früh lernt der Welpe von seinen Wurfgeschwistern: Wenn er fest zubeißt, quietscht der andere und wendet sich ab. Wenn er noch einmal zubeißt, beißt der zurück. Dieses Abwenden oder diese Gegenattacke bewirken, dass der Welpe im weiteren Umgang mit seinen Sozialpartnern vorsichtiger wird. Man kann die soziale Beiß-

Welpenspiel ist „Lernen fürs Leben“ und nicht nur Spiel ohne Bedeutung.

hemmung als eine Art erlerntes Selbstschutzverhalten bezeichnen. Wir Menschen können diese Beißhemmung intakt halten, indem wir diese Übereinkunft erkennen, nutzen und verstärken.
Viele Welpenbesitzer sehen bereits nach den ersten Tagen aus, als hätten sie sich, ohne Handschuhe zu tragen, durch eine Dornenhecke gearbeitet. Der Welpe beißt in alles, was er zwischen die Zähne kriegen kann, und dazu gehören auch die Hände, Arme und Füße des Menschen. Wie kann man in diesen Fällen den kleinen Racker dazu bringen, mit seinen spitzen Zähnchen nicht mehr die Haut seiner Sozialpartner zu perforieren, während sich diese mit ihm beschäftigen?

Sanft und ruhig

Versuchen Sie Interaktionen und Sozialkontakte so zu steuern, dass diese sanft und ruhig ablaufen und immer in einem positiven Körperkontakt enden. Vermeiden Sie ruppige Rauf- oder Zerrspiele. Geben Sie Ihrem Welpen gar nicht erst die Möglichkeit, sich durch herausfordernde Verhaltensweisen wie Zerren, Knurren oder Schnappen als ein Ihnen gleichgestellter Konkurrent zu fühlen oder sogar noch zu erfahren, dass er seine Interessen Ihnen gegenüber durchsetzen kann.
Jedes Zerrspiel um Beute drängt den Hund zu aggressiven Verhaltensweisen, jedes dabei überlassene Beutestück wird er als Bestätigung seiner Stärke und seiner Position innerhalb Ihrer sozialen Gruppe empfinden. Denken Sie daran, für einen Hund ist Spiel unter anderem kommunikativer Abgleich. Wenn Sie möchten, dass sich Ihr Hund künftig an Ihnen orientiert, sollten Sie deshalb den Part des kompetenten und souveränen Partners übernehmen, der sich gar nicht auf eine solche Ebene des Kräftemessens mit ihm einlässt.

Fordern Sie Ihren Welpen heraus

In der Hundesprache ist das „ins-Fell-Beißen“ eine Aufforderung, gegenseitige Positionen im Sozialspiel abzuklären und dabei das eigene Ich zu definieren. Nutzen Sie die Veranlagung Ihres Welpen zur Beißhemmung, indem Sie ihn spielerisch herausfordern und dabei deutliche Grenzen setzen, damit er früh lernt, welche Verhaltensweisen richtig oder falsch sind. Wie das in der Praxis funktioniert, habe ich, in meinem Video „Der Weg des Vertrauens“ demonstriert.

Übertreiben Sie

Attackiert Sie Ihr Welpe z.B. durch ein aufforderndes in-die-Fersen-Zwicken, genügt zumeist, ein lautes, hohes, quietschendes und wehklagendes „Auu-auu-auu-auu“. Geben Sie vor, es hätte schrecklich weh getan, bringen Sie Ihren Schmerzlaut wirklich überzeugend vor. Will er es wirklich wissen und stellt er sein Verhalten nicht ein, können Sie ein warnendes, tiefes Knurren von sich geben. Sofort, wenn der Welpe das Beißen einstellt, vermitteln Sie ihm durch einen freundlich sanften, hohen Laut, dass Sie wieder positiv gestimmt sind.

Schluss mit lustig

Die Art Ihres Sozialspiels und Ihre Verhaltensmuster im Umgang mit dem Welpen bestimmen, wie schnell das unangenehme Verhalten des Welpen zu einem Ende zu bringen ist. Ein sofortiges Stoppen des Sozialspiels, sobald der Welpe zu grob wird, kann ihm verdeutlichen, dass Sie sein Verhalten nicht billigen und mit Abbruch des Sozialkontakts darauf reagieren. Wenn Sie unvermittelt aufstehen und weggehen, den Hund komplett ignorieren, keine Ansprache, keine Berührung, nicht einmal einen Blickkontakt zulassen und auch kein Schimpfen erfolgt, kann das große Wirkung zeigen. Vergessen Sie auch hier nicht: Immer wird der Welpe durch eine positive Reaktion Ihrerseits bestätigt, sobald er das unerwünschte Verhalten einstellt.

Umgangsregeln für Kinder

Gerade Kinder üben durch ihren Bewegungsdrang immer einen starken Reiz für den Welpen aus und sollten deshalb lernen, sofort stehen zu bleiben, den Hund zu ignorieren und durch Schmerzenslaute zu vermitteln, dass ihnen das Nachlaufen und Zwicken nicht angenehm ist. Unterstützen Sie Kinder in diesen Situationen, damit sich hier kein aggressiver Umgang zwischen Kind und Welpe ausbilden kann. Damit weder das Kind in seiner Not nach dem Hund schlägt oder tritt, noch der Hund die Erfahrung macht, er könne mit dem Kind wie mit seinen Wurfgeschwistern verfahren. Dazu gehört auch, dass Kinder den Welpen nicht provozieren. Schaffen Sie Rückzugsmöglichkeiten für den Hund, die von den Kindern respektiert werden müssen.

Hundekontakt – Welpenschutz

Fördern Sie kontrollierten Hundekontakt. Ich hoffe, es hat sich mittlerweile bei den meisten Welpenbesitzern herumgesprochen, dass Welpen, außer in der eigenen Familienmeute, keinen generellen Welpenschutz genießen! Die meisten erwachsenen Hunde sind zwar mit fremden Welpen gutmütig, aber ist Ihnen der Hund nicht bekannt, fragen Sie lieber zuerst, ob er mit Welpen freundlich ist. Kleinere Zurechtweisungen eines erwachsenen Hundes im richtigen Moment können durchaus erzieherisch wichtig sein, aber eine richtig negative Erfahrung kann unter Umständen prägend für das ganze Leben sein. Beobachten Sie also äußerst kritisch die Sozialspielebene Ihres Hundes mit Artgenossen, gleichgültig ob Welpe, Junghund oder erwachsener Hund, und beenden Sie das „Spiel“ wenn es zu ruppig und unangenehm wird. Auch der Besuch einer Welpengruppe bedeutet für Ihren Welpen ein „Lernen fürs Leben“ im Sozialumgang mit Artgenossen. Gehen Sie also nicht mit der Einstellung dorthin, dass Sie Ihren Kleinen „nur“ zum Spielen dorthin bringen. Eine schlecht geführte Welpengruppe fördert unter Umständen den späteren Problemhund.

Sozialspiel und soziale Interaktionen müssen kontrolliert ablaufen.

Eine gemeinsame Beziehung aufbauen

Nutzen Sie das Binärsystem

Im ersten Teil meines Buches habe ich Ihnen bereits die Grundlage für meine Methode der Welpenerziehung, nämlich das Binärsystems, ausführlich erläutert (ab S. 89). Deshalb verzichte ich an dieser Stelle darauf, nochmals ausführlich die Vorteile des Binärsystems und seine Ableitung aus dem hündischen Kommunikationsverhalten zu erklären.

Zur Erinnerung

Die Binärsprache arbeitet immer nach demselben Prinzip – mit zwei einander entgegengesetzten Zuständen: positiv oder negativ.

Eindeutig

Für die Binärsprache bedarf es der Eindeutigkeit. Alle Signale, die Sie dem Hund geben, müssen eindeutig sein – nicht ein „bisschen klar", sondern glasklar. Es bedarf der Kongruenz, der Übereinstimmung Ihres inneren Zustandes, Ihrer Mimik, Ihrer Körpersprache und Ihrer Stimme. Nur dann kann der Hund Ihre Signale „verstehen" und „beantworten". Wenn Ihre Signale nicht übereinstimmen, also inkongruent sind (negative Körpergeste zu positiver Lautäußerung etc.), dann verwirren Sie Ihren Hund. Eindeutigkeit und Kongruenz, sprich Binärität der Signale auf allen Ebenen (Sprache, Geste, Mimik und innere Gestimmtheit.), sind also Voraussetzungen für das Funktionieren des Binärsystems.

Unterscheidbar

Die beiden gegensätzlichen Pole – positiv und negativ – müssen deutlich unterscheidbar sein. Ihr Hund muss an Stimme, Körper etc. deutlich erkennen, ob Sie ihn gerade loben = positive Signale oder mit seinem Verhalten gerade nicht einverstanden sind = negative Signale. Vielen Menschen ist gar nicht bewusst, dass sie durchweg mit ein- und derselben Stimme, mit derselben Tonalität loben und tadeln. So kann der Hund nicht unterscheiden. Finden Sie für sich heraus, ob man an Ihrer Stimme die Unterschiede wirklich deutlich hören kann.

Tempo

Das Tempo ist wichtig. Ihr Hund reagiert sehr schnell, oft erheblich schneller als Sie! Das heißt, sobald er etwa von einem unerwünschten Verhalten ablässt, auf das Sie negativ reagiert haben, müssen Sie **sofort** in den positiven Modus wechseln. Es ist wichtig, dass Sie den schnellen Wechsel zwischen den beiden Modi beherrschen. Das müssen Sie unbedingt trainieren. Das ist oft schwieriger als man glaubt.

Jeder in der Gruppe soll akzeptieren lernen, dass er nicht so ohne weiteres den anderen von seiner Schüssel zu vertreiben hat. Emma lernt diese Regel vom ersten Tag an.

Zeitpunkt

Der richtige Zeitpunkt ist entscheidend. Positiv reagieren, genau in dem Moment, in dem es passiert – und umgekehrt negativ in dem Moment, in dem das unerwünschte Verhalten gezeigt wird.

Ein gemeinsamer Code

Für eine gelungene Kommunikation ist es unerlässlich, einen gemeinsamen und verbindlichen Code zu etablieren. Durch diesen gemeinsamen Code kann der jeweils andere die Bedeutung eines Signals decodieren und damit verstehen.
Wenn jemand morst und Sie kennen das Morsealphabet nicht, dann können Sie es nicht entschlüsseln. Es geht also für Sie und Ihren Hund darum, ein solches gemeinsames „Alphabet" zu entwickeln.

Wie können Sie das Ihrem Hund näher bringen?

Sie können und müssen ihn immer dann bestätigen, wenn er auf Ihr Signal richtig reagiert. Signalisieren und zeigen Sie ihm „Ja, das war richtig". Und wenn er falsch auf Ihr Signal reagiert, signalisieren und zeigen Sie ihm „Nein, das war falsch". Und das muss absolut eindeutig sein. Wenn das der Fall ist (wenn also ein ganz bestimmter Reiz für eine ganz bestimmte zu erwartende Antwort codiert), dann beeinflusst dies die Reaktionsmöglichkeit des Hundes ganz erheblich. So können Sie ihn in seiner Handlung beeinflussen, ihn lenken und leiten. Und darum geht es ja – dass Ihr Hund lernt, sich in das Regelwerk des gemeinsamen Lebens einzufügen.
Der Hund ist ein Sozialwesen – er will mit seinen Sozialpartnern (intraspezifisch, also innerhalb seiner Art, und interspezifisch, also zum Beispiel zwischen Hund und Mensch) in eine Kommunikation treten und tut das auch. Mir geht es in den folgenden Beispielen darum, Ihnen durch das Angebot von Übungen und Trainingsmöglichkeiten neue Umgangsweisen zwischen Hund und Mensch näher zu bringen. Bitte verstehen Sie die Übungsangebote jedoch nicht als starre Schemata im Sinne einer Bedienungsanleitung für den richtigen Umgang mit dem Hund.

BINÄRSPRACHE AUF EINEN BLICK

- Die Binärsprache bedarf der Eindeutigkeit.
- Die Signale müssen deutlich unterscheidbar sein (positiv-negativ).
- Sie müssen schnell reagieren, schnell zwischen positiv und negativ wechseln.
- Sie müssen Ihre Signale zum exakt richtigen Zeitpunkt geben.

Erste Grenzen setzen

Das neue Regelwerk in Ihrer sozialen Gemeinschaft

Beginnen Sie sofort, also vom ersten Tag an, an dem der Welpe ins Haus kommt, Regeln aufzustellen. Nicht der Neuankömmling hat das Sagen, auch wenn er zum Verlieben süß ist, sondern er muss sich in die bestehende Ordnung einfügen, und klare Grenzen gesetzt bekommen. Das ist schwer. Ich kann das von Emma sagen. Sie war ein Welpe, den man ständig nur knuddeln wollte. In unserem Haushalt waren aber schon zwei Hunde und eine Katze und für die „Alten" sollte sich an ihren Positionen, die sie in unserer sozialen Gemeinschaft hatten, nichts verändern.

Beispiel Fressgewohnheiten

Da waren zum Beispiel die Fressgewohnheiten. Der fünf Jahre alte Kater wurde von den beiden „Alten" beim Fressen nicht gestört. Dafür sorgte der Mensch und die Hunde hatten das akzeptiert. Erst wenn der sich den Bart sauber schleckte und die Schüssel stehen ließ, durfte einer der Hunde den kläglichen Rest auslecken. Manchmal hatte ich das Gefühl, als ob der Kater diese Regel schamlos für sich ausnutzte und besonders langsam und genüsslich seine Schüssel leerte, während Herr Quibinger sich über ihn beugte und es fast nicht erwarten konnte, bis er fertig war. Aber – die Regel wurde eingehalten. Auch Emma lernte dies vom ersten Tag an .

Emma schaut zwar äußerst ungläubig, aber sie muss trotzdem akzeptieren, dass die Katze zuerst fressen darf. Erst dann darf sie noch die Restkrümel ausschlecken.

Erste grüne und rote Bereiche im Haus

„Grenzenlosigkeit“ kann sich beim Hund unter Umständen sehr fatal auswirken. Deshalb sind Regeln wichtig. Definieren Sie zu diesem Zweck beispielsweise die Küche (oder einen anderen Teil des Hauses) als Tabubereich für alle Hunde (und Katzen). So kann Ihr Welpe lernen, Grenzen zu respektieren. Vermitteln Sie ihm dazu über die Binärsprache den grünen, erlaubten beziehungsweise in Unterscheidung dazu den roten, nichterlaubten Bereich. Geht er über die Schwelle, wird sofort mit einem deutlichen „Nein“ der rote, nicht erlaubte Bereich gekennzeichnet. Ist er wieder hinter der Schwelle, also im grünen, erlaubten Bereich, erfolgt die Bestätigung „das ist richtig“ über das „Ja“. So wie der große Hund die Schwelle zur Küche als Grenze akzeptiert, lernt auch der Welpe diese einzuhalten.

1 „So sollte es sein: Die Hunde liegen brav an der Grenze zum „roten Bereich“, in diesem Fall an der Türschwelle zur Küche.“

Erste grüne und rote Bereiche im Garten

Oft höre ich Klagen von entnervten Hundehaltern: „Mein Hund gräbt alle Gemüsebeete um und reißt mir die Blumen aus.“ Ist der Hund alleine im Garten, beginnt er sich mit dem zu beschäftigen, was sich ihm gerade anbietet, wie beispielweise in der weichen Erde zu graben. Er lernt, seinen Tagesablauf selbst zu bestimmen, und denkt bald nicht mehr daran, Ihre Vorschriften und Regeln anzuerkennen. Er verselbstständigt sein Handeln. Begrenzen Sie, noch bevor der Welpe ins Haus kommt, alle für Sie wichtigen Bereiche zum Beispiel mit einem niedrigen Zaun. Wieder hilft die Binärsprache Ihnen, Ihrem Welpen grüne und rote Bereiche zu vermitteln. Hüpft er über den Zaun in das Beet, kommt sofort ein deutlich binäres „Nein“, ist er wieder außerhalb, zeigt ihm Ihre positive Binärstimmung „Jetzt ist es richtig“. Bieten Sie ihm dort ein Sozialspiel oder Futter an.

2 Gartenbeete, Rabatten usw. können Sie zur Unterstützung für einige Monate mit einem kleinen Zaun abgrenzen.

3 Der Weg ist deutlich abgegrenzt. So lernt Emma, nicht im Salat herumzuhüpfen.

Bleiben Sie mit Ihrem Hund bei allen Spaziergängen IMMER auf den Wegen. Bauer, Jäger und das Wild werden es Ihnen danken.

Grenzen bei Spaziergängen

In städtischen Gegenden ist es für jeden selbstverständlich, dass Mensch und Hund auf Gehwegen gehen. Menschliche Regeln fordern dies. Dadurch erfahren Hunde ganz selbstverständlich Grenzen. In ländlichen Gegenden gibt es nur wenige Bürgersteige. Die Grenzsetzung müsste also auf den Wald- und Feldwegen erfolgen, wo es leider zumeist nicht passiert. Läuft Ihr Hund bereits von Welpenbeinen an täglich frei und unkontrolliert durch Wald, Feld und Wiesen, sind spätere Probleme vorprogrammiert. Fast alle Hunde laufen schnüffelnd über Flächen. Jäger nennen das Stöbern. Hunde finden schnell heraus, wann und wo welches Wild zu finden ist und wie vielleicht ein Erfolg bei der Jagd erreicht werden kann. Während Sie meinen „Er freut sich und rennt so schön“, ist Ihr Hund (vor allem, wenn es sich um eine jagdlich motivierte Rasse handelt) bereits mit höchsten Glücksgefühlen bei der Jagd. Tritt dann auch noch Erfolg ein, nämlich dass er etwas aufstöbert, dann ist es passiert. Lehren Sie daher Ihren Welpen vom ersten Tag an: „Mein Weg sei dein Weg.“ Der Weg ist immer der grüne, die Wiese, das Feld oder der Wald immer der rote Bereich.

Herankommen – Hier

Erste Laute und Gesten

Eine weitere Verhaltensregel und damit der Vertiefung der Binärsprache dienlich, ist das Etablieren der ersten Laute und Gesten, die den Hund motivieren, aus jeder Situation sofort und unverzüglich zu Ihnen zu kommen. Und zwar, weil er es gerne und freiwillig macht. Die erste Orientierung an den Lauten und am Verhalten des Menschen hatte bei Emma bereits beim Züchter stattgefunden (Rufen/Pfeifen = „Milchbar"/Futter = toll). Ich konnte daher gut darauf aufbauen. Vielleicht hat auch der Züchter Ihres Welpen dieses bereits in die Wege geleitet. Wenn nicht, dann fangen Sie gleich heute damit an.

KOMMEN DÜRFEN

Anfangs schaut der Welpe normalerweise noch relativ häufig auf Sie. Nutzen Sie diesen Zeitraum, er ist schneller vorüber als Sie denken. Um das freudige Herankommen über den Tag verteilt immer wieder üben zu können, verwenden Sie am besten einen Teil der täglichen Futterportion als Leckerchen. So macht es Sinn für den Hund zu kommen. Sie können den Kleinen untertags viele Male heranrufen und ihm nebenbei vermitteln: Hier ist deine „Milchbar". So können Sie das Herankommen konkret üben:

1. Der Hund schaut nach Ihnen – Sie gehen daraufhin sofort in die Hocke und breiten die Arme aus. Ihre Mimik ist freudig, Ihr Körper einladend und motivierend, ein Laut unterstützt in überschwänglich hohen Tönen zusätzlich die Gestik. Kurzum, Sie befinden sich in einem fein aufeinander abgestimmten, positiven Zustand. Damit etablieren Sie die Gesten: Hocke und ausgebreitete Arme und den Laut: freundlich lockender Ruf = Futter = toll!

2. Schaut der Welpe nicht nach Ihnen, pfeifen oder rufen Sie ihn mit überschwänglichen, hohen Lauten und gehen Sie in dem Augenblick, in dem er zu Ihnen schaut, mit ausgebreiteten Armen und freudiger Mimik in die Hocke.

3. Schaut und hört er nicht, versuchen Sie durch Weglaufen in die entgegengesetzte Richtung seine Aufmerksamkeit zu erregen, und sobald er nach Ihnen sieht, folgt wieder der übliche Signalablauf: In-die-Hocke-gehen, Arme ausbreiten und Sich-freuen, wenn der Hund bei Ihnen ist, Schmusen oder Futter.

Nicht vergessen: Beenden Sie diese Übung immer, indem Sie den Welpen mit einem freundlichen „Lauf" wieder freigeben.

Warum so – und nicht anders?

Bei allen folgenden Übungsabläufen ist es unabdingbar, dass Sie diese Reihenfolge einhalten. Denn sie hat ihren Sinn. Der Hund nimmt Blickkontakt auf – das heißt, er ist an einer kommunikativen Interaktion interessiert. Erst dann kommt Ihre Reaktion. Ihr Signalablauf: Hocke und ausgebreitete Arme etc. Nun reagiert der Hund: Er nähert sich und Sie erwidern dies mit Freude, Futter oder sanften Berührungen. Das Pfeifen oder das ihn freundlich, mit übertrieben hoher Stimme Beim-Namen-Rufen und das sich daran anschließende Hinhocken und dabei Die-Arme-Ausbreiten, sobald er herschaut, wird damit zum eindeutigen Signal für den Hund. Indem Sie die Gestik einsetzen und nicht auf die sonst angewendete verbale Kommandoebene ausweichen, können Sie mit dem Hund auf seiner Verständigungsebene kommunizieren.

1 **Das In-die-Hocke-Gehen ist das Signal zum Kommendürfen.**

2 **Als Belohnung folgen Streicheleinheiten oder Futter.**

Den Sinn verstehen

Wenn der Mensch diesen gleich bleibenden Signalablauf zeigt, weiß der Hund: ‚Immer, wenn ich darauf reagiere und zum Menschen komme, passiert etwas Angenehmes'. Variable Belohnungen machen es für den Hund interessanter. Deutlich und fast immer unmissverständlich können Sie damit dem Hund auch (später) aus weiterer Entfernung signalisieren: „Komm zu mir!"

Die emotionale Stimmung des Hundes beeinflussen

WICHTIG

Benutzen Sie den Namen des Welpen immer nur dann, wenn Sie ihn freundlich rufen und seine Aufmerksamkeit erregen wollen, und nicht, um ihn zu schimpfen. Er soll seinen Namen immer mit einer angenehmen Erwartungshaltung verbinden!

Ein weiterer wichtiger Aspekt: Mit der anfangs sehr übertrieben gezeigten positiven Gestik und Stimmung können Sie jeden normal entwickelten Hund in einen positiven Gemütszustand bringen, was sich an seinem freudigen Verhalten und seiner lebhaften Reaktion leicht ablesen lässt. Haben Sie schon einmal das Experiment gewagt, ganz tief in die Schublade Ihrer schauspielerischen Talente zu greifen und sich für den Hund zum Kasper oder zum Clown zu machen? Springen Sie über Ihren eigenen Schatten und beobachten Sie die Reaktionen Ihres Hundes oder auch fremder Hunde.

Verhalten Sie sich angepasst

Bei manchen Hunden genügt bereits eine freundliche Stimme oder Gestik, bei anderen muss man sich schon sehr anstrengen, um eine wirklich freudige Reaktion des Hundes zu erhalten. Je nachdem, wie Ihr Hund auf Sie reagiert, sollten Sie daher das angemessene positive Signal setzen, wie im Kapitel Binärsystem (ab S. 89) bereits beschrieben. Ist Ihr Hund eher ruhig, dann müssen Sie ihm mit Ihrem Verhalten vermutlich ausgeprägt positive, wenn nicht euphorische Signale anbieten, um eine wirklich freudige Reaktion hervorzurufen. Ist Ihr Hund sehr quirlig, sollten Sie mehr darauf achten, sich nicht so sehr ins Zeug zu legen, damit in seine Reaktionen nicht zu heftig ausfallen. Auf diese Weise lernen Sie, Ihren Hund in seinen Stimmungen, in seiner Befindlichkeit, zu beeinflussen.

Kommen oder nicht kommen – das ist hier die Frage

Wird der Welpe etwas älter, beginnt er sein Umfeld in immer weitläufigeren Kreisen zu erkunden. Dieses Erkundungsverhalten setzt bei Hunden zu unterschiedlichen Zeitpunkten ein. Manche lösen sich schon mit 8 Wochen erstmals von ihrem Menschen, während andere erst viel später eigene Wege gehen. In den ersten Tagen oder Wochen ist der Welpe noch sehr darauf bedacht, sich an Ihnen zu orientieren. Aber irgendwann versucht er, von heute auf morgen herauszufinden, ob es Konsequenzen nach sich zieht, wenn er seinen Sozialpartner Mensch ignoriert. Insbesondere in den Momenten, wo Sie Ihren Hund durch freundliches Rufen oder Pfeifen dazu auffordern, sich Ihnen zuzuwenden, macht er die Probe aufs Exempel und wird Sie zur Abwechslung einmal ignorieren oder sich abwenden, um seine eigenen Interessen weiterzuverfolgen. Wenn Sie an diesem sensiblen Punkt

Jedes Herankommen muss eine positive Erfahrung für den Welpen sein.

der Welpenentwicklung nicht aufmerksam sind und auf das Verhalten des Welpen nicht angemessen reglementierend reagieren, vermitteln Sie Ihrem Welpen unbewusst, dass Ihr Gerufe und Gepfeife keine Bedeutung mehr für ihn zu haben braucht. Sehr schnell kann es passieren, dass Sie damit Ihr Symbol für „Herankommen“ (= in die Hocke gehen) wieder auflösen.

Kommunizieren Sie binär

Bereits hier muss also der Wechsel zwischen den beiden Zuständen positiv und negativ in Ihrer Binärsprache einsetzen. Ignoriert Sie der Hund oder dreht er sich von Ihnen ab, wenn Sie sich bemerkbar machen, wechselt Ihr positiver Zustand sofort in den negativen. Sie haben dies ja bereits vorm Spiegel geübt, oder? (Siehe Binärsystem S. 100.) Sie bleiben solange im negativen Bereich (die Intensität ist abhängig vom jeweiligen Hund), bis der Hund auf Sie reagiert. Zeigt er sich dabei nur ein klein wenig verunsichert oder wendet sich Ihnen wieder zu, wechseln Sie unverzüglich wieder in den positiven Zustand und motivieren den Hund mit allen Tricks, die Sie auf Lager haben, dazu, sich Ihnen zu nähern, wie zum Beispiel: Zurückgehen/laufen, hohe Stimme, den Hampelmann machen etc. Sie freuen sich und auch der Hund freut sich! Das dynamische Wechselspiel positiv/negativ vermittelt deutlich und klar: richtig/falsch. Das Wichtigste daran ist jedoch, dass Sie sich damit über Verhaltensmuster in eine kommunikative Interaktion begeben, die für den Hund leicht verständlich ist.

TIPP

Überprüfen Sie spätestens jetzt noch einmal vor dem Spiegel, ob Ihre positiven und negativen Signale eindeutig und klar zu unterscheiden sind.

Gelten Ihre Symbole – auch unter Ablenkung?

Kommt Ihr Hund im Laufe seiner weiteren Entwicklung mit gleich bleibender Kontinuität zu Ihnen, wenn Sie ihn dazu motivieren, können Sie die Ablenkung (= ablenkende Reize, die das Interesse des Hundes wecken) erhöhen. Denn nur dann wird sich zeigen, ob die Signale, die Sie senden, von ihm auch wirklich verstanden und angenommen werden. Glauben Sie nur nicht, dass sich die mit Sicherheit immer öfter auftretenden kleinen Ungehorsamkeiten und Unaufmerksamkeiten im Laufe der Zeit schon legen werden! Entweder hat der Hund Ihre Signale nicht verstanden, ist verunsichert, vertraut Ihnen nicht mehr, oder er testet bereits „schamlos" aus, wie weit er seinen eigenen Willen durchsetzen kann. Kommt der Hund immer lustloser oder erst nach Signalwiederholung zu Ihnen, wird es Zeit, Ihre Motivationssignale zu überdenken. Denn meist liegt es daran, dass Sie dem Hund nicht ausreichend viele verschiedene positive Signale anbieten (= Ihr Unterhaltungswert sinkt) oder Sie spiegeln Ihrem Hund nicht deutlich genug wider, dass Sie sein Desinteresse nicht akzeptieren. Je besser Sie die Signalebene aufbauen, um so leichter entwickelt sich ein harmonisches Zusammenleben zwischen Mensch und Hund. Gleichen Sie diese immer wieder neu daraufhin ab, ob die Signale so verstanden werden, wie sie gemeint sind. Gehen Sie mit Zuwendung, Futter und Sozialkontakt nicht inflationär um.

Sitz lernen

Nur das Sitzen belohnen

Als Allererstes sollten Sie Ihren Welpen, wenn er sich von selbst „hinsetzt", positiv bestätigen. Setzt sich der Welpe, erhält er als Bestätigung Futter. Steht er oder springt er an Ihnen hoch, darf keine Belohnung folgen. Er kann sonst nicht unterscheiden, was Sie eigentlich belohnen: sitzen, aufstehen oder springen. Hier ist absolute Konsequenz gefragt, wenn Ihr Hund darüber Klarheit bekommen soll.

Geste einführen

Schon nach kurzer Zeit können Sie dann das Signal „Sitz" über eine Geste einführen. Nehmen Sie dazu ein Stückchen Futter zwischen Daumen und Mittelfinger und lassen Sie den Hund kurz daran schnuppern. Dann heben Sie Ihre Hand mit gestrecktem Zeigefinger langsam hoch und führen diese zunächst mit dem Futter langsam leicht nach hinten und oben, über den Kopf des Hundes. So folgt der Hund mit dem Blick der Bewegung, sein Kopf geht nach hinten und er wird sich dadurch hinsetzen. Strecken Sie die Hand dann weiter nach oben, weit über Ihren Kopf. Sobald der Hund sitzt, geht die Hand sofort wieder nach unten und gibt dem sitzenden! Hund das Futter.

Die Geste muss deutlich sein

Viele Menschen benutzen nur den kurz vor den Oberkörper erhobenen oder nach unten zeigenden Zeigefinger. Davon ist vor allem beim Erlernen der Signale abzuraten. Aus dem Blickwinkel des Hundes ist dies nur schlecht zu erkennen. Auch wenn es anfangs vielleicht noch ungewohnt ist: Zeigen Sie Ihre Gesten übertrieben deutlich! Hand hoch über den Kopf hinaus! Später, wenn Sie den Hund auf weitere Entfernung ins Sitz bringen wollen, ist nur das Körpersignal für ihn erkennbar, das sich deutlich (auch gegen den Hintergrund noch erkennbar) von anderen Signalen unterscheidet.

1 **Der Hund hat sich hingesetzt. Er erhält genau in diesem Augenblick ein Stück Futter als Belohnung.**

2 **Der Hund will durch Hochspringen schneller zu dem Futterbrocken gelangen. Jetzt dürfen Sie nicht belohnen. Erst wenn er wieder sitzt, nähert sich ihm sofort die Hand mit dem Futter.**

3 **Hier könnte die Hand noch deutlicher gehoben werden.**

Das Körpersignal kommt hinzu

Sie gehen zuerst leicht in die Knie und ziehen, indem Sie sich strecken, mit der gleichzeitig nach oben gehenden Hand den ganzen Körper mit hoch.

Zusätzlich zu der Geste (hoch erhobener Zeigefinger) verbinden Sie nun das Körpersignal. Der Hund steht vor Ihnen und sieht auf Ihre Hand, von der er weiß, dass sich dort meistens Futter befindet. Nun beugen Sie leicht die Knie, so als ob Sie in die Hocke gehen würden und strecken sich dann, während Sie die Hand mit dem Futter mit nach oben ziehen. Der Hund wird Ihre Kombination aus Geste und Körpersignal schnell und gut einordnen und kann sich noch besser daran orientieren, da Sie deutlicher wurden.

Überfordern Sie Ihren Welpen nicht

Erhöhen Sie bei einem 8–10 Wochen alten Welpen die Anforderungen nur langsam und immer angepasst an seinen Entwicklungsstand. Jeder Welpe ist anders! Welpen haben noch sehr kurze Konzentrationsphasen, die Sie nur langsam steigern können. Immer wenn der Hund aktiv wird, sein Aktionspotential erhöht ist, sollten Sie kurz etwas Spannendes mit ihm unternehmen. Nutzen Sie seine Wachphasen für Übungen, die dadurch spannender gestaltet werden können, indem Sie etwas zusammen finden, etwas Neues entdecken oder einfach nur irgendwo sitzen und die Natur und das Umfeld zusammen beobachten. Danach gibt's wieder Ruhephasen. Es gibt auch Welpen, die man manchmal zu Ruhephasen zwingen muss. Ein Welpe braucht noch viel Schlaf- und Erholungspausen. Je mehr er davon hat, desto mehr wird er sich zu einem ruhigen Hund entwickeln.

Übungsvariationen

Sitz – Warten – Komm – Sitz

Klappt das Signal Herankommen (Hocke) und das Signal Sitz, kann man nun auf diese ersten Signalübereinkünfte aufbauen und sie erweitern und variieren. Auch hier achten Sie darauf, dass Sie nicht in herkömmliche Verhaltensmuster zurückfallen und statt der eindeutigen Geste gleich das verbale Kommando „Sitz" verwenden! Denn: Zuerst steht immer die Geste, die dann später mit dem Wort gekoppelt werden kann. Sie wollen ja eine kommunikative Interaktion mit dem Hund aufbauen, die auf das binäre System zurückgreift, und nicht nur die übliche Kommandoebene anwenden. Überprüfen Sie sich ständig neu in der Einfachheit und Kongruenz Ihrer Signalgebung.

Variante 1

Sie bringen Ihren Hund über eine deutliche Geste ins Sitz. Nun drehen Sie sich seitlich etwas von ihm ab, verdeutlichen dies zusätzlich durch eine „Sitz und Warte"-Geste und entfernen sich dann einige Meter. Manchmal bleibt der Hund nicht sitzen, sondern läuft Ihnen sofort nach. Dann müssen Sie erst einmal an der gemeinsamen Übereinkunft über das Symbol für „Warte" arbeiten: Bringen Sie dazu Ihren Hund über eine Geste ins Sitz. Gehen Sie mit der Warte-Geste nur so weit von ihm weg, wie er problemlos ruhig sitzen bleibt. Und wenn es anfangs nur ein Meter ist. Warten Sie einen Augenblick, bevor Sie sich ihm wieder nähern. Geben Sie ihm zur Belohnung für das Sitzen und Warten ein Stück Futter. Dies können Sie nun wiederholen und dabei versuchen, den Abstand und die Wartezeiten langsam zu erweitern. Bitte alles ohne Worte oder Kommandos! Versuchen Sie wirklich nur über Gesten zu arbeiten, und beobachten Sie an den Reaktionen des Hundes, ob Sie deutlich genug sind. Versuchen Sie wirklich, diesen Ablauf der Gesten wortlos zu gestalten. Sie fördern damit das Interesse Ihres Hundes an Ihren Handlungen. Er lernt Sie zu beobachten, sucht den Blickkontakt und konzentriert sich voll auf Ihr Verhalten.

Der Hund wird nur über die eindeutige und klare Geste ins Sitz gebracht. Deutlich geht der rechte Zeigefinger nach oben.

Erst wenn der Hund sitzt, stellt man die Futterschüssel mit deutlicher „Warte-Geste" in einiger Entfernung vom Hund auf den Boden.

Erst die deutlich hinweisende Geste signalisiert dem Hund: „Du darfst fressen."

Variante 2

1 Der Hund wird über Körpergestik ins Sitz gebracht.

2 Durch die deutliche „Warte“-Geste signalisiert man dem Welpen „Warte“ und geht dann langsam einige Meter zurück.

3 In die Hocke gehen und dabei die Arme ausbreiten bedeutet für den Hund „Du darfst jetzt kommen“, wie wir es zuvor bereits mit dem Hund als gemeinsames Symbol erarbeitet haben.

4 Unterstützend wird das Herankommen sofort mit Futter oder Streicheleinheiten positiv bestärkt.

5 Sie stehen auf, bringen den Hund über Geste wieder ins Sitz. Im Anschluss daran können Sie ihn durch eine deutliche Geste für „Lauf“ wieder freigeben.

Variante 3

Bringen Sie den Hund ins Sitz über eine Geste. Entfernen Sie sich einige Meter und motivieren Sie ihn wieder per Geste, zu Ihnen zu kommen. Wenn der Hund Sie fast erreicht hat, laufen Sie mit freudiger, motivierender Geste weg. Der Hund wird mit Ihnen mitlaufen. Das gemeinsame Herumlaufen ist für den Hund hochmotivierend und bereits eine Belohnung. Beenden Sie das Herumtollen mit einer Sitzübung und geben Sie den Hund durch eine „Lauf"-Geste frei.

Drei Signal-Übereinkünfte

Wenn Sie sich die letzten Beispiele noch einmal durch den Kopf gehen lassen, können Sie erkennen, dass bereits drei deutliche Signal-Übereinkünfte in diesen Übungsvariationen enthalten sind. Sitz – Warte (Komm mir nicht nach.) – Herankommen. Achten Sie darauf, wie oft Sie diese drei Signalübereinkünfte im Laufe der folgenden Beispiele immer wieder finden werden und was Sie damit bereits erreichen können.

Blickkontakt fördern

Überlegen Sie sich weitere Übungsvariationen, so wie unser Beispiel mit der Futterschüssel. Im Alltag finden sich viele Möglichkeiten dazu. Lassen Sie sich was einfallen. Thema: Wie kann ich meinen Hund dazu motivieren, mich häufiger anzusehen? Variieren Sie die Handlungsabläufe. Verändern Sie den Ablauf so, dass Sie immer mehr Ablenkungsfaktoren mit dazunehmen. So können Sie überprüfen, ob Ihre Signale auch bei erhöhter Reizlage vom Hund verstanden und angenommen werden. Und vor allem: Bleiben Sie eindeutig in Ihren Signalen!

Schauen Sie den Hund nicht an, wenn Sie in die Hocke gehen, sondern drehen Sie sich weg. So muss er um Sie herumgehen und Ihren Blickkontakt suchen. Erst dann gibt es Aufmerksamkeit, Streicheleinheiten oder Futter.

Folgschaft – Fuß gehen

Die Bindung kommt nicht von alleine

Wieder fängt es bei der Mutter an: Der Welpe folgt ihr. Aus gutem Grund, da läuft sein Futter. Und genau da setzt bereits der Züchter an. Von Anfang an achtet der Welpe sehr auf das Verhalten der Mutterhündin. Ständig ist er mit einem Teil seiner Aufmerksamkeit bei ihr. Geht sie weg, bricht er sofort alle Aktivitäten ab und folgt ihr schnell nach. Dann kommt der Welpe ins neue Zuhause des frisch gebackenen Hundehalters. Der Welpe ist gerade mal 8 Wochen alt und wurde aus seiner gewohnten Umgebung mit Mutter und Geschwistern herausgerissen.

Der Mensch als „Ersatzmutter"

Jetzt ist er auf seinen neuen Sozialpartner und seine neue Höhle als Zufluchtsort angewiesen. Die ersten Tage wird er sich kaum weiter als einige Meter von seinem Menschen entfernen und immer darauf achten, dass er diesen nur nicht zu weit aus seinem jetzt noch begrenzten Blickfeld verliert. Hier ist der kleine Hund höchst motiviert und interessiert an Kontakt. Damit ist er äußerst aufnahmefähig und kommunikationsbereit. Das ist ein wichtiger Zeitpunkt, den man nicht verpassen sollte! Doch leider macht der Hundehalter hier oft folgende grundlegende Fehler:

- Der Mensch läuft ständig seinem Welpen nach. Was genau entgegengesetzt zum Verhalten der Mutterhündin ist, bei der der Welpe immer darauf achtete, in ihrer Nähe zu bleiben.
- Der Mensch schaut ständig nach seinem Welpen. Es wird also bald nicht mehr das Wichtigste für den Welpen sein, nach seinem Menschen zu sehen. Der Welpe orientiert sich nicht an Menschen.

1 Emma läuft freudig neben Frauchen und wartet, dass diese stehen bleibt.

2 Endlich ist es soweit: „Frauchen hat Zeit für mich."

3 Sie geht in die Hocke, das heißt: „Endlich Futter."

Die ersten Wochen nutzen

Noch ist es einfach das freiwillige „Folgschaft leisten", wie ich es nenne, zu fördern. Machen Sie es wie die Mutterhündin, tragen Sie Ihrem Welpen nicht Ihre Streicheleinheiten und sein Futter hinterher. Bestimmen Sie von Anfang an die Marschrichtung! Wechseln Sie dabei häufig und unvermittelt Ihre Laufrichtung. Dadurch fördern Sie seine Aufmerksamkeit und er bemüht sich den Anschluss nicht zu verlieren. Verstärken Sie das durch Futtergaben aus der Hand. Übrigens ist dies genauso wirksam bei einem erwachsenen Hund.

WICHTIG

SIE bestimmen den Weg – der Hund folgt Ihnen nach. Das funktioniert auch beim erwachsenen Hund.

Der Blickkontakt

Fördern Sie von Anfang an die Aufnahme des Blickkontakts. Beim An- oder Ableinen, beim Füttern, beim Losgehen, wenn Sie den Hund zu sich rufen usw. Machen Sie jedes Mal eine soziale Interaktion daraus. Denken Sie an das Blickkontakt-Experiment. (Seite 75) Ein Beispiel: Gehen Sie einfach in die Hocke, ohne dabei nach dem Hund zu sehen. Der Hund muss nun um Sie herum laufen und von sich aus Kontakt suchen. Macht er dies nicht, dann haben Sie noch keine Übereinkunft getroffen, dann wissen Sie woran Sie arbeiten müssen! Also achten Sie verstärkt darauf: wo kann ich positiven Blickkontakt aufbauen.

Emma orientiert sich an mir und folgt schon ganz prima „bei Fuß".

Freifolge bei Fuß

Die ersten Wochen sind vergangen, in denen Sie Ihren Welpen über Gesten und Laute motiviert haben, Ihnen zu folgen. Nun können Sie sein augenblickliches Verhalten, „das neben Ihnen Gehen", mit einem Hörzeichen koppeln: z. B. „So schön Fuß". Dieses Hörzeichen bestätigt sein augenblicklich gezeigtes Verhalten. Variieren Sie Ihre Geschwindigkeit. Einmal schnell schreiten, dann im Schneckentempo, um sogleich wieder spontan in einen freudigen Hoppsa-Lauf überzugehen. Dadurch werden seine Sinne immer wieder aufs Neue erregt.

Folgschaft unter Ablenkung

Wie bei allen Übungen sollten Sie die Aufmerksamkeit des Hundes nun immer mehr auf die Probe stellen, indem sie ablenkende Einflüsse in Ihre Übungen mit einbauen. Je selbstsicherer und eigenständiger Ihr kleiner Hund wird, desto mehr werden sich Unaufmerksamkeiten und Ungehorsam häufen. Ausschließliche Motivation, z.B. über Futter, reglementiert noch keinen Ungehorsam oder sein ignorantes Verhalten Ihnen gegenüber. Bestehen Sie auf Kontakthalten! Arbeiten Sie stattdessen mit deutlicher Binärsprache, die dem Hund über „Ja" beziehungsweise „Nein" übermittelt, was Sie von ihm erwarten. „Nein" in seiner ganzen Konsequenz, wenn er sich anderweitig orientieren will. „Ja", ausgeprägt positiv und kongruent, wenn er freudig neben Ihnen läuft. Es ist ein äußerst schnelles Wechselspiel an binären Stimmungen, das Sie üben – üben – üben müssen. Erst dann zeigt sich, ob Sie und Ihr Hund wirklich eine Übereinkunft getroffen haben.

Der Hund an der Leine

Der Umgang mit der Leine

Ohne Leine geht es nicht

Heutzutage ist es fast unmöglich, einen Hund gänzlich ohne Leine zu führen. Da sind die Hundeverordnungen, die vielerorts eine Leinenpflicht vorschreiben. Da ist in Ballungsgebieten die Gefahr durch den immer dichter werdenden Verkehr, und auch in ländlichen Gebieten sehen Bauern wie Jäger ungern freilaufende Hunde. Deshalb ist es für jeden Hundehalter unumgänglich, seinen Hund Leinenführigkeit zu lehren. Das sollte bereits im Welpenalter anfangen. Um den Hund ruhig und sicher an der Leine führen zu können, sollten Sie sich selbst und ihn auf einen positiven Umgang mit der Leine vorbereiten. Gewöhnen Sie Ihren Welpen von klein auf an Halsband und Leine und achten Sie darauf, dass der kleine Kerl Halsband und Leine positiv verknüpft.

Was bedeutet die Leine?

Oft frage ich Hundehalter, wozu sie die Leine verwenden, was der Umgang mit der Leine für sie bedeutet. Es kommen viele Antworten, wie beispielsweise: Kontrolle über den Hund zu haben, ihn damit disziplinieren zu können und ihn am Weglaufen zu hindern. Das heißt, die Leine wird vor allem als Instrument der Disziplinierung und Kontrolle betrachtet und eingesetzt. So eingesetzt bedeutet sie für Hund und Mensch in der Regel: Leine = negativ! Aber Halsband und Leine können eine völlig andere Bedeutung haben: nämlich eine positive.

Ein positives Hilfsmittel

Bereits beim ersten Anleinen übernehmen Sie die Verantwortung dafür, was dem Hund an der Leine widerfährt. Er sollte lernen, dass „Angeleint-Sein" für ihn heißt: sich blind auf Sie verlassen zu können. So bedeutet Leine für ihn Sicherheit. Verzichten Sie auf Kommandos und lehren Sie ihn, über die Kombination von Leinen- und Körpersignalen stille Übereinkünfte mit Ihnen zu treffen. Die Leine begrenzt den Bewegungsfreiraum des Hundes. Das gibt Ihnen die Möglichkeit, dem Hund bewusst Grenzen zu setzen. Unvermeidbar erfährt der Hund immer wieder diese, durch die Leinenlänge definierte, Grenze und gerät in einen Konflikt. Lassen Sie ihn nun die Erfahrung machen, dass er diesen Konflikt lösen kann, denn die Leine lockert sich, wenn er nachgibt. Zusätzlich können Sie diesen Erfahrungsprozess bewusst unterstützen, indem Sie sein Nachgeben positiv reflektieren und belohnen. Mit der Zeit wird der Hund generalisieren, dass Nachgeben sich lohnt und dieses Verhalten auch in anderen Konfliktsituationen zeigen.

In die Hocke gehen und dabei die Arme ausbreiten sollte IMMER die positive Kontaktaufnahme für das darauffolgende Anleinen sein.

Vertrauen ist die Voraussetzung

1 Das ist falsch! Weicht der Hund zurück, nehmen auch Sie Hand und Halsband sofort zurück.

2 Das ist richtig! So wird zuerst das Halsband an- und ablegen geübt.

Der Grundstein für die symbolische Bedeutung der Leine wird bereits beim ersten Anleinen gelegt. Zuvor muss der Welpe die Erfahrung gemacht haben, dass Sie sich ausschließlich positiv verhalten, wenn er sich Ihnen nähert. Da gibt es kein Einfangen, kein Festhalten. Jedes Herankommen, wirklich jedes, wird positiv, entweder durch Futter, Streicheleinheiten oder sanftes Sozialspiel, beantwortet. Der Welpe soll gerne und freiwillig zu Ihnen kommen und sich in Ihrer Nähe wohl fühlen. Jedes Mal, wenn der Welpe ausweicht, wenn Sie ihn streicheln wollen, nehmen Sie augenblicklich die Hände zurück und motivieren ihn, zum Beispiel durch Zurückweichen, sich Ihnen wieder zu nähern. So bemerkt der Hund, dass Sie seine Unsicherheit berücksichtigen und ihn nicht weiter bedrängen oder gar einfangen und festhalten wollen. Er kann Vertrauen fassen.

Erst das Halsband ...

Kommt der Hund freudig, wenn Sie ihn rufen, bringen Sie ihm als Nächstes bei, dass das Anlegen und Wieder-Abnehmen des Halsbands durchaus sehr angenehm und positiv sein kann. Wie beim Streicheln achten Sie auch hier darauf, dass der Welpe beim An- und Ablegen des Halsbandes nicht zurück- oder ausweicht. Denn das Halsband soll positiv verknüpft werden. Dabei entsteht gleichzeitig positiver Sozialkontakt. Um dies über den Tag verteilt immer wieder üben zu können, bereiten Sie am besten morgens für Ihren Hund die tägliche Futterportion vor und verwenden daraus einen Teil als Belohnungs-Leckerchen. So haben Sie den Überblick, dass die volle Tagesration verfüttert wird, und gleichzeitig haben Sie immer viele gute Leckereien zur Hand, um die Motivation des Hundes anzufachen.

... dann die Leine

Nun sind Sie bestens vorbereitet und können den Hund über den Tag verteilt immer wieder zum freudigen Herankommen motivieren, ihm zwischendurch das Halsband anlegen und wieder abnehmen, und dabei jedes Mal aus der Hand füttern. Legen Sie Ihrem Welpen anfangs das Halsband möglichst dann an, wenn im Anschluss etwas Interessantes folgt. Das kann ein Sozialspiel, Streicheleinheiten oder die Futterzeit sein. Schnell wird er vergessen, dass er etwas Neues, Merkwürdiges um den Hals bekommen hat. Bereits nach einigen Tagen können Sie zusätzlich die Leine an das Halsband anklicken und schon einige Schritte mit ihm an der Leine gehen. Vergessen Sie dabei nicht, dass Sie von Anfang an die Richtung vorgeben.

WICHTIG

Das An- und Ableinen des Hundes sollte zu einem immer gleichablaufenden, ruhigen Ritual werden. Machen Sie eine soziale Interaktion daraus.

Das Anleinen

1 Sie haben Ihren Hund dazu motiviert, vor Ihnen zu sitzen und Sie anzusehen.

2 Nun nehmen Sie das Halsband in die linke Hand und fahren mit der rechten Hand, in der Sie das Futterstückchen halten, durch die Schlinge in Richtung Kopf.

3 Sobald der Hund an dem Futterstückchen riecht und es nehmen will, ziehen Sie die rechte Hand langsam zurück, während sich die linke Hand mit dem Halsband nicht wegbewegt. Der Hund folgt der Bewegung der rechten Hand und schlüpft so mit seinem Kopf selbst durch das Halsband.

4 Nicht Sie ziehen das Halsband über den Kopf des Hundes, sondern der Hund geht freiwillig durch das Halsband.

5 Während der Welpe am Futter knabbert, können Sie ihn daran gewöhnen, dass ein Hantieren am Hals nichts Negatives, nichts Unangenehmes bedeutet.

Das Ableinen

WICHTIG

Ebenso wie das Anleinen ist auch das Ableinen ein positives Ritual für Hund und Mensch. Ruhe ist das Wichtigste in dieser Übung. Erst das freigebende Signal für „Lauf" beendet die Übung.

Genauso verfahren Sie beim Ableinen. Sie bringen den Hund über Geste ins Sitz. Dann erhält er ein Leckerchen und während er dieses frisst, können Sie ihm sanft die Halsung vom Kopf ziehen. Geben Sie ihm danach ein zweites Leckerchen und motivieren Sie ihn dazu, seine Aufmerksamkeit, seinen Blickkontakt noch eine Weile aufrecht zu erhalten, bevor Sie ihn mit einem freundlichen „Lauf" und einer dazu passenden Körpergeste zum Freilauf oder Sozialspiel freigeben. Bleiben Sie immer bei demselben Ablauf. So kann sich daraus ein Ritual (siehe Kasten) entwickeln. Üben Sie dies nach einigen Tagen auch schon unter etwas Ablenkung! Erhöhen Sie das Maß an Ablenkung im Laufe der Zeit. Lassen Sie sich beim An- und Ableinen Zeit. Fördern Sie bewusst den Blickkontakt während des An- oder Ableinens, auch nachdem die Leine bereits angelegt oder abgenommen worden ist. Benützen Sie die Binärsprache, indem Sie ein missmutiges „Nein" verwenden, wenn der Hund beispielsweise beim Ableinen sofort losstarten will und ein freundliches „Ja", wenn er Sie ansieht und bei Ihnen bleibt, bis Sie ihn freigeben. Gerade bei diesen Gelegenheiten bauen Sie Ruhe und Ausgeglichenheit im Umgang mit Ihrem Hund auf. Nutzen Sie diese Augenblicke zu einer positiven sozialen Interaktion.

1 Motivieren Sie den Hund, zu sitzen und Blickkontakt aufzunehmen.

2 Nun darf der Hund am Futterstückchen knabbern, während Sie das Halsband öffnen.

3 Während das Halsband gelöst wird knabbert der Hund noch immer am Futterstückchen. Je länger Sie diese Übung hinauszögern, um so ruhiger wird der Hund bei diesem Ritual des Ableinens.

4 Mit einer deutlichen „Lauf"-Geste wird der Hund freigegeben.

Klare Regeln helfen beiden

Mit der Zeit ist der Welpe schon sicherer im Umgang mit Halsband und Leine geworden. Als Nächstes können Sie damit beginnen, Ihrem Welpen beizubringen, sich ruhig zu verhalten, während Sie irgendwo stehen bleiben, um sich zu unterhalten, oder auf einer Bank sitzend einfach nur das Umfeld betrachten. Bringen Sie ihm bei, durch ein für ihn eindeutiges und gleich bleibendes Verhalten, eine ruhige und ausgeglichene Position an Ihrer Seite einzunehmen. Ihre Ruhe löst damit die Ruhe beim Hund aus!

In der Ruhe liegt die Kraft

Eine wirkungsvolle Methode, Ihren Welpen zu einem ruhigen ausgeglichenen Hund – und nicht zu einer Nervensäge – zu erziehen, ist folgende: Sie haben eine zwei bis drei Meter lange Leine. Die Handschlaufe halten Sie in Ihrer Hand. Stellen Sie sich nun mit einem Fuß auf die bis zum Boden durchhängende Leine und begrenzen Sie damit den Freiraum des Hundes auf einen guten halben Meter. Das heißt: „Bis hierhin und nicht weiter!" Hierbei ignorieren Sie jegliches Verhalten Ihres Hundes das eventuell folgt, wie zum Beispiel: Bellen, Winseln, Graben oder Anspringen. Der Hund exsistiert quasi nicht mehr für Sie!

Anfangs wird er sich alles Erdenkliche einfallen lassen, um eine Reaktion zu erhalten. Aber nach einer Weile wird er merken, dass er Sie durch nichts aus dem Gleichgewicht bringen kann und keinerlei Reaktion erhält. Mit keinerlei meine ich auch keinerlei. Kein Blick, kein Wegdrehen, kein Laut. Sie stehen ruhig und gelassen neben ihm und ignorieren alles, was er tut. Da er Sie nun nicht mehr beeinflussen kann, wird er sich legen, setzen oder einfach neben Ihnen stehen.

RITUAL

Man beobachtet zuweilen, dass Tiere dadurch miteinander kommunizieren, dass sie Handlungen sozusagen symbolisch ausführen. Dies ähnelt den im menschlichen Verhalten häufigen stereotypen Verhaltensweisen, die man als Ritual bezeichnet.

(Hornung, Miram, Paul, Verhaltensbiologie)

Ruhe überträgt sich

War Ihr Hund einige Zeit ruhig und entspannt, nehmen Sie den Fuß wieder von der Leine, und gehen mit lockerer Leine (die Handschlaufe hatten Sie noch in der Hand) Ihres Weges, ohne den Hund weiter zu beachten. Im Laufe der Zeit wird sich Ihr Hund daran gewöhnen, dass er sich an Ihre Ruhe koppelt. Er wird beginnen, sich an Ihrem Verhalten zu orientieren.

Es gibt viele Situationen, in denen Sie das Prinzip „Ruhe löst Ruhe aus" im Alltag nutzen können. Zum Beispiel wenn Sie sich in einem Lokal befinden: Sie setzen sich, legen die Leine auf den Boden, stellen einen Fuß darauf und beachten Ihren Hund nicht mehr. Auch hier wird er sich, weil er es ja nicht mehr anders kennt, sofort hinlegen und zur Ruhe kommen.

Der Fuß auf der Leine begrenzt den Freiraum des Hundes. Nach einer Weile wird er erkennen, das auf seine Versuche, Sie zu einer Reaktion zu bringen, keinerlei Antwort erfolgt. Und er wird früher oder später selbst zur Ruhe kommen.

Signalübermittlung statt Leinenruck

Leinenführigkeit

Das Ziel bei der „Leinenführigkeit“ sollte sein, dass Ihr Hund entspannt und stressfrei neben Ihnen an der Leine läuft. Dass er und Sie Sicherheit durch die Leine empfinden – und das in den unterschiedlichsten Situationen. Dies erreicht man jedoch nicht mit dem „Leinenruck“. Er wird noch viel zu häufig angewandt, um dem Hund zum Beispiel das „ordentliche“ Gehen an der Leine, Sitz, Platz oder Blickkontaktaufnehmen zu vermitteln. Zieht der Hund, wird kräftig an der Leine geruckt und dabei ein scharfes „Fuß“-Kommando gegeben. Zieht er sehr stark, kommt zur Unterstützung des Leinenrucks manchmal sogar noch ein Korallenhalsband zur Anwendung.

Finger weg von der „Koralle“

Sie werden es nicht glauben, ich habe schon erlebt, dass sogar bei Junghunden im Alter von 5 oder 6 Monaten bereits mit Korallenhalsung gearbeitet wurde. Hier besteht die große Gefahr einer Schädigung der Halswirbelsäule, und der Hund lernt meiner Meinung nach nicht das, was ihm vermeintlich vermittelt werden soll: das stressfreie „Neben-dem-Menschen-Laufen“. Stattdessen verknüpft der Hund die Leine negativ und wird nur aus Unsicherheit, Angst oder um den erwarteten Schmerz zu vermeiden, nicht mehr an der Leine ziehen. Der Lernerfolg besteht also nicht aus dem, was eigentlich vermittelt werden sollte: das freiwillige Folgschaftleisten. Darüber hinaus zeigt sich

Emma hat von Welpenbeinen an gelernt: Wenn ich mich ausruhe, dann macht sie das auch. Auch hier löst die Ruhe des Menschen die Ruhe beim Hund aus.

nicht selten bei solcher Art geführter Hunde als Nebeneffekt auffällig aggressives Verhalten im angeleinten Zustand.

Denk mit!

Ich versuche, unter Zuhilfenahme der Leine, den Hund zum Denken zu bringen, ihn Nachgiebigkeit zu lehren und eine vielseitige symbolische Signalebene aufzubauen, die ich auch in vielen weiteren Bereichen anwenden kann. Damit entsteht Aufmerksamkeit, der Hund wendet sich mir zu, wird entspannter, sicherer und beginnt zu lernen.

Die Handhabung der Leine

Wie halten Sie die Leine? Knüllen Sie die Leine in einer Hand zusammen? Oder wickeln Sie sich diese mehrmals um das Handgelenk? Ist sie sehr kurz oder sehr lang? Haben Sie sich überhaupt schon einmal Gedanken darüber gemacht, wie man eine Leine handhaben kann? Auf welcher Seite führen Sie Ihren Hund? Achten Sie überhaupt darauf? Wechseln Sie die Seite ständig? Um deutliche und gleich bleibende Signale mit Körper und Leine geben zu können, sollten Sie sich für eine fest definierte Seite entscheiden, auf der Ihr Hund dann immer neben Ihnen läuft. Sinnvollerweise sollte man den Hund auf der linken Seite führen. Die Straßenverkehrsordnung sagt, dass ein Fußgänger, wenn kein Gehsteig vorhanden ist, immer in die dem Verkehr entgegengesetzte Richtung gehen soll. Damit befindet sich auch der Hund auf der vom Verkehr abgewandten Seite.

Orientierung am Menschen

Mir ist es nicht wichtig, ob der Hund mit seiner Schulter genau in Höhe des Knies läuft. Ich lege vielmehr Wert darauf, dass er sich an mir orientiert. Egal, ob er etwas vor, hinter oder neben mir läuft. Er soll es freiwillig tun und dabei nicht an der Leine ziehen. Läuft der Hund immer an einer fest definierten Seite und verwenden Sie dabei deutliche Leinen- und Körpersignale, gibt ihm auch dies Sicherheit. Er kennt Ihre Signale, kann sie gut einordnen, hat Vertrauen dazu, weil sie nicht willkürlich eingesetzt werden. Außerdem kann er, wenn Leinen- und Körpersignale ihm ein "Sicher-geführt-Werden" vermitteln, nebenbei äußere Ereignisse einordnen und dadurch Stresssituationen besser verarbeiten.

Es geht auch ohne Leinenruck! Die deutlich auffordernde „Jetzt geht's los"-Geste motiviert den Hund, seinem Menschen nachzufolgen.

Das Leinensignal zum „Sitz"

Ihr Welpe hat schon gelernt, dass An- und Ableinen ein ganz normaler und immer positiver Verhaltensablauf ist, dem Sozialkontakt oder sonst etwas Angenehmes folgt. Wenn Sie stehen bleiben, ist Ruhe an-

WICHTIG
Ein Verhaltensmuster kann nur zur Regel werden, wenn es immer wieder konsequent zur Anwendung kommt.

gesagt, denn Ihr Fuß steht auf der Leine. Dabei durfte er bis jetzt immer noch selbst entscheiden, ob er neben Ihnen stehen bleibt, sitzt oder sich hinlegt. Jetzt sollten Sie beginnen, den Hund zu lehren, sich neben Sie zu setzen, wenn Sie irgendwo stehen.

Sanfter Zug

Dazu ziehen Sie sanft die Leine senkrecht nach oben und halten diese in Spannung. Ziehen Sie nur soweit, dass es dem Hund unangenehm wird. Bitte ziehen Sie den Hund nicht komplett mit den Vorderpfoten vom Boden, rucken und zupfen Sie nicht dabei, lockern Sie den Zug nicht zwischendurch, um dann wieder zu ziehen! Nein, es wird gleichmäßig sanft an der Leine gezogen, und zwar nur soweit, dass es dem Hund unangenehm, nicht jedoch unerträglich wird.

Der Hund findet die Lösung

Sie ziehen und halten. Der Hund denkt und versucht, dieses Problem zu lösen. Er wird Ihnen diverse Verhaltensmuster anbieten. Irgendwann gibt er nach und setzt sich. Sitzt er, lassen Sie sofort die Leine fallen. Er kann also durch sein Lösungsmodell Nachgeben, sein Sichsetzen, bewirken, dass die unangenehme Einwirkung beendet wird. Beachten Sie: Nur das Setzen des Hundes bewirkt ein Lockern der Leine! Wenn Sie zerren, rucken, ziehen und dazwischen immer wieder nachlassen oder dabei das Kommando „Sitz" sagen, ohne dass der Hund Ihnen diese Lösung angeboten hat, wird Ihr Handeln nicht zu dem Ergebnis führen, das den Hund verstehen lässt, dass sein Sichsetzen die lockere Leine bewirkt. Er soll selbst zu der Lösung kommen, dass er durch Hinsetzen die unangenehme Einwirkung am Hals beenden kann. Das darauf sofort folgende Fallenlassen der Leine, das die unangenehme Einwirkung beendet, ist ein deutlicher Reiz für den Hund, den er wahrnehmen kann, und so signalisiert ihm die dann lockere Leine: Jetzt ist alles okay. Das Leinensignal zum Sitz können auch Kinder problemlos erfolgreich einsetzen. Wortlos und ohne Gewalt.

1 Der sanfte Zug an der Leine ist dem Hund unangenehm. Durch gleichmäßiges Ziehen hat der Hund die Zeit nachzudenken, wie er die unangenehme Einwirkung am Hals beenden kann.

2 Just in dem Augenblick, in dem der Hund sich setzt, fällt die Leine zu Boden.

3 Die lockere Leine signalisiert dem Hund: Jetzt ist alles okay.

1 Die Handschlaufe der Leine befindet sich in der rechten Hand und wie durch eine Öse läuft die Leine durch die linke Hand.

2 Um aus der Bewegung heraus stehen zu bleiben und den Hund ins Sitz zu bringen, ziehen Sie mit der rechten Hand die Leine durch die von der linken Hand gebildete Öse. Die linke Hand mit der so bereits verkürzten Leine verhindert ein Vorprellen des Hundes. Bei diesem Vorgang wird die Leine zunehmend gespannt, während Sie gleichzeitig Ihren Schritt verlangsamen.

3 Jetzt bleiben Sie stehen. Gleichzeitig mit dem Körpersignal (die Knie etwas beugen und dann strecken) ziehen Sie nun mit der linken Hand sanft an der Leine, um das Signal zum Sitz zu geben.

4 Genau in dem Moment, in dem der Hund sich zu setzen beginnt, öffnen Sie die linke Hand und die Leine fällt zu Boden. Die Handschlaufe verbleibt in der rechten Hand.

5 Die Lockere Leine signalisiert dem Hund „sitzen bleiben und warten".

6 Die jetzt lockere Leine und die volle Leinenlänge geben dem Hund den Freiraum, eine später folgende „Jetzt geht es weiter"-Geste erst einmal einordnen zu können und dann auch noch genügend Zeit zu haben, ohne Ruck an der Leine nachzufolgen.

Mit der Leine Nachgiebigkeit fördern

Die Kunst bei der Anwendung eines Leinensignals ist es, die Leine nur sanft ziehen zu müssen, um Ihrem Hund dadurch zu vermitteln, was Sie von ihm erwarten, nämlich: sich hinzusetzen. So entwickelt sich Nachgiebigkeit im Dialog miteinander. Er gibt auf feinste Impulse nach und sofort geben auch Sie nach! Schon nach kurzer Zeit wird es Ihnen gelingen, dass Sie nur mit einem Finger sanft an der Leine ziehen müssen, um ihm zu vermitteln: „Bitte setz dich neben mich.“ Wenn Sie das immer so machen, kennt Ihr Hund es nicht anders. Er beginnt sich auf Ihre Handlungen zu konzentrieren, kann mitdenken und reagieren. Wenn Ihre Antwort „Leine fallen lassen“ sofort auf sein Verhalten „Sitzen“ erfolgt, ist sein Gehirn fähig, dies einzuordnen als „gut gemacht“. Die Übereinkunft hat auf beiden Seiten funktioniert und eine Form der Interaktion beginnt.

1 **Leicht in die Knie gehen, gleichzeitig die Leine relativ knapp am Halsband des Hundes fassen und leicht ziehen. Hier geht das schon ganz sanft mit nur zwei Fingern.**

2 **Setzt sich der Hund, fällt sofort die Leine als Bestätigung zu Boden. Und der Hund sucht den Blickkontakt. Während dieser Bewegungskoordination wird nicht gesprochen!**

Zum Leinensignal kommt das Körpersignal

Mit dem Leinensignal verbinden Sie jetzt gleichzeitig auch noch das ebenso deutliche Körpersignal. Dieses Körpersignal, das „Leicht-in-die-Knie-Gehen-und-dann-den-Körper-Strecken“ haben Sie bereits im vorhergehenden Kapitel beim Signalaufbau für „Sitz“ kennen gelernt. Wieder greifen die einzelnen Signale ineinander über. Sie gehen leicht in die Hocke, die Knie beugen sich etwas. Sie leiten dann durch eine Aufwärtsbewegung des ganzen Körpers, die gleichzeitig das sanfte Aufwärtsziehen an der Leine verstärkt, das Sitz ein. Das dient als Vorbereitung für ein Führen des Hundes ohne Leine.

BINÄRSYSTEM

Übersetzt in die Binärsprache bedeutet gespannte Leine = falsch = negativer Binärzustand, lockere Leine = richtig = positiver Binärzustand.

Deutliches Körpersignal ersetzt Leinensignal

Wenn Sie das immer so machen, wird der Hund erkennen, dass dieses Körpersignal den Zug an der Leine einleitet und er erfährt, dass sich die Leine in dem Moment lockert, in dem er nachgibt. Anfangs wird das Körpersignal noch durch die Leine verstärkt.
Wenn Sie nach einiger Zeit den Eindruck haben, Ihr Hund reagiert bereits auf Körper- und Leinensignal, können Sie zwischendurch testen, ob Sie ihn auch schon ohne das Hochziehen der Leine soweit bringen, nur noch auf das Körpersignal (= langsamer werden, leicht in die Knie gehen und dann strecken) zu reagieren. Da Sie den Hund dazu ja noch an der Leine haben, können Sie, wenn er nicht reagiert, unterstützend immer wieder die Leine zu Hilfe nehmen.
Der dahinter liegende Gedanke aber ist, den Hund ohne Zuhilfenahme der Leine an dieses Körpersignal zu koppeln. Sie arbeiten also mit

3 Indem Sie Ihre Schrittweite verkürzen, werden Sie aus der Bewegung heraus langsamer und bleiben dann stehen. Das leichte Beugen der Knie und der nach oben gehende Zeigefinger als zusätzliches Hilfssignal leiten das Sitz ein.

4 Der ganze Körper streckt sich und auch der Zeigefinger ist über dem Kopf! Deutlicher geht es nicht mehr für den Hund.

dem Ziel, den Hund nach einer Weile nur noch über das Körpersignal, also gänzlich ohne die Leine, ins Sitz bringen zu können.

Lernerfolg testen

Versuchen Sie aus der gemeinsamen Bewegung heraus, Ihren Hund immer wieder durch Körpersignal und Geste ins Sitz zu bringen. Wenn Sie hier kein gesprochenes Kommando geben, kann der Hund Sie aufgrund Ihres Ausdrucksverhaltens einzuordnen versuchen. Dies fördert wiederum den Blickkontakt. Je nachdem, wie der Hund sich verhält, können Sie erkennen, ob Ihre Signale deutlich und für ihn verständlich sind. Wenn Sie bemerken, dass es noch nicht so klappt, dann nehmen Sie erst noch einmal die Leine zu Hilfe.

Was tun, wenn der Hund an der Leine zieht?

Ich denke, eines der größten Probleme fast aller Hundehalter ist das Ziehen des Hundes an der Leine. Wenn Sie einen Welpen großziehen, lassen Sie ihn erst gar nicht die Erfahrung machen, dass er sich durch Ziehen an der Leine durchsetzen kann. Das heißt konkret beim Spaziergang, gehen Sie nicht in die Richtung, in die Ihr angeleinter Hund Sie ziehen möchte. Ist der Welpe noch sehr klein, also ca. 8 – 10 Wochen, sollten Sie ihn zuerst möglichst oft dazu motivieren, dass er Ihnen nachläuft. Dies sollte er ohne und auch mit Leine tun. Aber Ihr Welpe entwickelt sich rasend schnell. Und je nach Entwicklungstand wird er bald versuchen, selbst die Richtung zu bestimmen, in die er laufen möchte.

Die ersten Anzeichen erkennen

Oft wird anfangs der Fehler begangen, dass man diese ersten Anzeichen nicht ernst nimmt oder übersieht. Denken Sie aber immer daran, dass Sie sich in einem Zeitfenster der Entwicklung befinden, in dem sich die Gehirnstrukturen ausbilden. In den ersten Wochen seines Lebens, würde sich kein Welpe erlauben, die Mutterhündin (seine „Milchbar“) für längere Zeit aus den Augen zu lassen. Mit diesem Empfinden wächst er auf, in dieser Struktur bilden sich die Gehirnverknüpfungen aus.
Im Zusammensein mit dem Menschen entsteht jedoch sehr schnell eine andere Struktur im Gehirn des Welpen. Er, der Welpe, entdeckt die Welt, während sein Muttersatz, der Mensch, ihm mit Futter, Streicheleinheiten und Liebesbezeugungen wie eine Glucke hinterherläuft. So entsteht eine „verkehrte Welt“.

1 Zieht der Hund, bleibe ich einfach stehen und beachte ihn nicht.

2 Lockert sich die Leine, zeige ich ihm durch eine deutliche „Jetzt geht es los“-Geste, dass ich weitergehe.

3 Schnell hat der Hund bemerkt, dass er sich nach mir richten muss. Er folgt mir, mit durchhängender Leine obwohl er lieber nach rechts wollte .

4 Während ich irgendwelche beliebigen Gegenstände von einem Platz zum anderen bewege, muss sich der Husky, bedingt durch die am Gürtel befestigte Leine, immer an mir orientieren.

Verselbstständigung gar nicht erst zulassen

Zeigt Ihr Welpe eigenständige Entdeckerfreude und beginnt er, sich von Ihnen abzunabeln und Sie immer öfter zu ignorieren, sollten Sie unbedingt daran arbeiten, den Hund dazu zu bringen, sich intensiver an Ihren Gesten und Körpersignalen zu orientieren und gerne bei Ihnen zu bleiben. Ohne Druck und Aggressivität wie lautes Schreien, Einfangen, Festhalten, Rucken an der Leine etc. Denn wenn Sie diese kleinen Verselbstständigungen nicht im Keim ersticken, dann kann das später ernste Konsequenzen nach sich ziehen. Der Welpe kommt zu der Überzeugung: „Ich bin es, dem alles folgt". Und so beginnt der Kleine, seinen Tagesablauf selbst zu bestimmen und er entwickelt sich zu einem äußerst selbstbewussten Kerlchen, das sich bald von seinem Menschen nichts mehr sagen lässt. Der Husky, den Sie auf den untenstehenden Abbildungen sehen, zeigte sich bereits im Alter von 10 Wochen extrem explorationsfreudig.

TIPP

So können Sie Ihren Welpen wieder zu mehr Orientierung an Ihrem Verhalten bringen: Befestigen Sie die Leine an Ihrem Gürtel und kümmern Sie sich dann nicht mehr weiter um ihn. Erledigen Sie irgendwelche Arbeiten: Aufräumen, Staubsaugen, Gartenarbeiten oder auch einfach nur Umhergehen.

Leckerchen muss nicht sein

In vielen Ausbildungsmethoden wird zum Erlernen der Leinenführigkeit empfohlen, dem Hund ein Leckerchen vor die Nase zu halten und ihn dadurch zu motivieren. Mit Sicherheit ist die Zuhilfenahme von Leckerchen ein Anreiz für den Hund, neben Ihnen zu laufen – zumindest für eine Weile! Aber es ist meiner Meinung nach ein Hilfsmittel, das Ihnen auf Dauer nur vorgaukelt, dass Sie Ihren Hund damit dazu bringen, sich an Ihnen zu orientieren und gerne neben Ihnen zu bleiben. Was ist, wenn der Hund plötzlich kein Interesse mehr an den Leckereien zeigt? Weil er vielleicht satt ist, oder weil es im Augenblick viel reizvolleres gibt. Dann greift dieses Hilfsmittel nicht mehr.

Übung für ältere Welpen

Ist der Welpe bereits etwas älter, verfahren Sie wie in der nachfolgenden Bildfolge gezeigt. Der angeleinte Hund zieht nach vorne, Sie gehen nicht darauf ein, sondern drehen sich in die entgegengesetzte Richtung. Sie reagieren also immer entgegengesetzt dazu, wie der

1 Der Hund zieht an der Leine. Sie drehen sich um und gehen in die entgegengesetzte Richtung. Dabei geben Sie zuerst einmal die volle Leinenlänge. Bleibt der Hund sitzen, bleiben auch Sie mit abgewandtem Körper und gespannter Leine kurz stehen und lassen ihm Zeit, die Situation zu erfassen.

2 Sobald Sie spüren, dass die Leine sich lockert, gehen Sie mit einer deutlichen „Jetzt geht's los"-Geste weiter. Der Hund soll Ihnen an durchhängender, lockerer Leine folgen.

Welpe agiert. Möchte der Hund in die eine Richtung, gehen Sie in die andere, will er nach links, gehen Sie nach rechts, geht er langsam, dann motivieren Sie ihn, schneller zu gehen, geht er schnell, dann gehen Sie übertrieben langsam. Sie bestimmen den Weg und das Tempo! Sie lassen sich nicht aus der Ruhe bringen! Sie sind souverän und haben alles unter Kontrolle! Sie bestimmen, wann Aktivität und wann Ruhe herrscht.

Geben Sie Hilfestellungen

Überlegen Sie einmal, wie oft Sie von Ihrem Hund erwarten, dass er genau weiß, was Sie als Nächstes tun werden. Stehen bleiben, losgehen, sich umdrehen o. Ä. Und dann überlegen Sie weiter: Wie eindeutig sind Ihre Gesten und Signale. Wenn Sie nicht eindeutig sind, sondern abrupt, chaotisch oder unklar, dann kann Ihr Hund sie nicht einordnen und unter Umständen wird er es bald bleiben lassen, sie verstehen zu wollen. Beschränken Sie sich jedoch auf einige wenige und immer gleich bleibende Gesten und Signale, dann fördern Sie damit die Aufmerksamkeit des Hundes. Geben Sie ihm Hilfestellungen, Sie zu verstehen, dann macht es erst Sinn für ihn, Sie in seine Welt mit einzubeziehen.

So sollte es nicht sein! Der Weimaraner bedrängt den angeleinten Beagle, der Mensch greift nicht ein. Damit verliert der Hund schnell das Vertrauen, wenn er an der Leine ist.

Leine als Sicherheit

Die Leine schränkt nicht nur ein, sondern sie kann auch Ruhe und Sicherheit geben. Bieten Sie Ihrem Hund über die Leine eine Sicherheitszone. Lassen Sie es zum Beispiel nicht zu, dass Ihr Hund, wenn er sich an der Leine neben Ihnen befindet, von freilaufenden Artgenossen bedrängt wird. Dies gilt für alle Hunde, egal welchen Alters. Fremde Hunde werden sanft über Geste abgeblockt. Sie werden schnell bemerken, wie Ihr Hund sich zufrieden zurücknimmt, wenn er bemerkt, dass Sie die Situation regeln, dass Sie strukturieren und er sich nicht mehr darum bemühen muss.

Abstand halten

Alle Hunde sollten sich abblocken lassen. Haben Sie nicht auch schon erlebt, dass ein fremder Hund auf Sie zugeschossen kommt, sehr bedrängend ist und weder auf die Gesten Ihres Hundes noch auf Ihre reagiert? Sich von Ihnen nicht abblocken und auf Abstand halten lässt? Ich meine, jeder Hund sollte dies lernen! In meinen Kursen lernen alle Hunde bereits von Welpenbeinen an, sich von allen Zweibeinern reglementieren zu lassen. Der angeleinte Hund erfährt, dass er an der Leine nicht bedrängt wird, der Unangeleinte lernt, auf ein deutliches „Du bist hier nicht erwünscht, halte Abstand!“ zu reagieren.

Die Übereinkunft, die der Mensch hier beim Anleinen trifft, ist: Kommt ein aufdringlicher Artgenosse, blocke ich ihn ab. Ich beschütze Dich, ich strukturiere, ich regle das für Dich!

Leine als Hilfsmittel zum Stressabbau

Ihr Welpe oder Junghund kann irgendetwas nicht einordnen und zeigt sich verunsichert. Es entsteht eine Stresssituation für ihn. Er bellt das Fremde an oder will ausweichen. Wenn er sich nicht schon an der Leine befindet, dann leinen Sie ihn erst einmal über Ihr Anleinritual an und bringen damit Ruhe in diese Situation. Dann nähern Sie sich zusammen mit ihm ruhig und souverän dem angsterregenden Objekt, helfen ihm dies zuzuordnen und damit das Bedrohende zu nehmen. Ist es ein Mensch, der ihn verunsichert, sprechen Sie mit diesem, während Sie Ihren Hund nebenbei ruhig und ohne Kommando über die Leine ins Sitz bringen. Aus dieser Position heraus kann der Hund die Stresssituation verarbeiten. Es ist wichtig, dass Sie sich in solchen Situationen Zeit nehmen, so dass Sie Ihrem Hund in Ruhe vermitteln können, dass das, was er nicht kennt, gar nichts Bedrohliches für ihn hat.

Umweltsicherheit aufbauen

So viel wie möglich entdecken

Je mehr Möglichkeiten der Welpe hatte, sich in verschiedenen Umweltsituationen zurechtzufinden, desto leichter kann er ungewohnte Situationen im späteren Leben einordnen und stressfreier verarbeiten. Deshalb ist es besonders wichtig, den Aufbau und die Entwicklung des Gehirns durch möglichst viele Eindrücke und Informationen zu unterstützen. Dazu sollten Sie die unterschiedlichsten Ausflüge und Aktivitäten unternehmen. Natürlich sollte der Welpe hierbei nicht überfordert werden. Entdecken Sie vor allem in dieser Zeit mit ihm behutsam ein möglichst breit gefächertes Umfeld. Denn Sie wissen nicht, ob sich Ihre Lebensumstände oder Ihr Umfeld in den nächsten 15 Jahren eventuell verändern werden.

Unbekanntes gemeinsam erfahren

An Ihrer Seite lernt der Welpe die Welt kennen. Sein Vertrauen zu Menschen ist erst einmal grenzenlos, eine wichtige Grundvoraussetzung für diese Lebens-Übungen. Durch Ihren Umgang mit der Leine haben Sie bereits eine Signalebene aufgebaut, die dem Welpen Sicherheit an Ihrer Seite gibt. Damit haben Sie die Möglichkeit, ihn ruhig durch die unterschiedlichsten Umweltsituationen zu führen und mit ihm Unbekanntes zu erfahren. Offen und unbefangen begegnet der Welpe neuen Reizen, aber es gibt sicherlich auch einiges, was ihn verunsichert oder sogar verängstigt. Unter Zuhilfenahme der Leine können Sie mit ihm zielstrebig und ruhig an solche Situationen herangehen. Die Leine ermöglicht es Ihnen auch, den Welpen davon abzuhalten, allzu „mutig“ und unüberlegt an Neues heranzugehen. Durch die Leine kann der Welpe aus einer sicheren Position heraus mit bedrohend wirkenden Umweltreizen umgehen lernen. Er kann die vielen neuen Eindrücke mit Ihrer Unterstützung verarbeiten und muss nicht in Verhaltensmuster wie „fliehen“ oder „meiden“ ausweichen. Ihre Souveränität, die Sie über die Leine vermitteln, gibt ihm den nötigen Freiraum, seine Eindrücke einzuordnen und zu verarbeiten.

1 Die Seepromenade bietet sich zum Klettern an. Auch der Steg übers Wasser ist keine leichte Strecke, denn die Holzplanken haben Zwischenräume, durch die man auf das etwa 1 Meter tiefer liegende Wasser sieht.

Durch Stadt und Land

Nutzen Sie alle nur möglichen Umweltreize. Unterschiedliche Orte stellen auch völlig andere Umweltreize dar. Treppen, Brücken, Unterführungen oder Tunnels, alles was Sie mit Ihrem Welpen in dieser sensiblen Phase erkunden, erleichtert sein späteres Leben. Auch über unterschiedlichen Untergrund sollte er laufen, wie beispielsweise Gitterroste, glatte und raue Bodenbeläge, Schotterwege und über Stock und Stein.
Und immer ist es wichtig, dass Sie gemeinsam mit dem Welpen diese Entdeckungen machen. Geben Sie ihm dabei so viel Zeit wie nötig, um alles in Ruhe einordnen zu können. Bringen Sie den Welpen aber nicht durch Zwang an der Leine oder Leckerchen dazu, sondern motivieren Sie ihn, dass er mit Ihnen als Partner zusammen auf diese Entdeckungsreise geht.

2 Die Treppe führt von einer belebten Einkaufstraße in eine Unterführung. Geräusche und Gerüche überschneiden sich, Menschen mit Einkaufstaschen, Mütter mit Kinderwagen, Kinder, die auf Rollschuhen vorbeiflitzen, und sogar einige Hunde begegnen uns.

3 Vorsichtig geht Emma über das Gitter. Ich gehe mit ihr zusammen und da nichts weiter passiert, ordnet sie diesen Untergrund schnell als ungefährlich ein.

Sich lösen im Stadtbereich

Um Ihrem Welpen beizubringen, dass man sich im Stadtbereich nur auf Gras oder auf Erde lösen darf, sollten Sie auf Ihren Spaziergängen auch immer wieder die Möglichkeit nutzen, mit ihm auf einen Grünstreifen zu gehen. Bitte vergessen Sie nicht, eine Tüte mitzunehmen, um die großen Geschäfte sofort entfernen zu können. Ihre Mitmenschen werden es Ihnen danken!

IMMER WIEDER PAUSEN

Im Alter von 8–10 Wochen sollten Sie natürlich nicht jeden Tag bereits stundenlange anstrengende Spaziergänge unternehmen. Gönnen Sie Ihrem Welpen zwischendurch Ruhepausen. Er braucht in diesem Alter noch viele Stunden Schlaf am Tag. Jeder Welpe ist anders. Manche (z. B. Terrier) sind mit 8–10 Wochen schon sehr quirlig und erkundungsfreudig, während sich andere in diesem Alter noch nicht sehr weit aus Ihrer „Höhle", sprich Wohnung, wagen. Entscheiden Sie also je nach Entwicklungsstand Ihres Welpen, wie viel Sie ihm zumuten können. Legen Sie immer wieder Pausen ein und achten Sie sehr darauf, dass Sie Ihren Welpen auf keinen Fall überfordern.

1 Es ist heiß an diesem Tag. Ich schöpfe etwas Wasser aus einem Brunnen und reiche es Emma.

2 Emma braucht eine Pause – und ich auch. Da kommt das Straßencafe gerade richtig.

Restaurants und fremde Menschen

Auch Besuche in Gaststätten, Straßencafes oder Biergärten dürfen nicht fehlen. Ihr Welpe wird mit Sicherheit von allen Seiten bestaunt und jeder will ihn streicheln oder füttern. Gestatten und fördern Sie dies, denn Ihr Welpe soll auf fremde Menschen offen und angstfrei zugehen und möglichst viele positive Eindrücke sammeln. Scheuen Sie nicht größere Menschenmengen oder spielende Kinder. Setzen Sie sich mit Ihrem Welpen mitten in diesen Trubel. Geben Sie ihm die Zeit, diese für ihn noch neuen Reize einzuordnen.

Umweltreize einordnen

Unter Zuhilfenahme der Leine können Sie Ihrem Welpen in vielen Situationen ermöglichen, alles, was sich auf ihn zu oder von ihm wegbewegt, einzuordnen. Unsicherheiten sollten nicht durch das Fliehen, Ausweichen, Weglaufenlassen des Hundes oder durch Trösten („brauchst doch keine Angst zu haben") verstärkt werden. Über die Leine lernt er, dass er nicht ausweichen kann, um damit dem Unbegreiflichen aus dem Weg zu gehen. Er wird es dulden und einordnen. Er kann sich zusammen mit Ihnen das Unbekannte ansehen und genauer kennen lernen.

Seit neuestem verbellt Emma ihr Unbekanntes. Noch bevor uns der Jogger erreicht, nehme ich sie an die Leine, die eine Sicherheitszone definiert.

Jogger, Radfahrer und andere Bewegungsreize

Sie bringen den Hund über die Leine (ohne zu sprechen) ruhig und sanft ins Sitz. Ihre ruhige und souveräne Art wird ihm das Vertrauen geben, sich neben Ihnen sicher zu fühlen und auf weitere Signale von Ihnen zu warten. Jogger, Radfahrer, spielende und laufende Kinder, alles, was dem Hund einen Bewegungsreiz bietet, kann er an der Leine aus ruhiger Position heraus beobachten und einordnen. Gestatten Sie ihm nicht, seinen Verfolgungs-, Hüte- oder Vertreibungsdrang auszuleben. Unterbinden sie konsequent das hinterher Springen oder das Anbellen, belohnen Sie Ruhe.

Die ersten Kühe in Emmas Leben, wir lernen sie zusammen kennen. Die Leine gibt ihr Sicherheit und sie kann nicht ausweichen.

Fremde Tiere

Vor allem im ländlichen Umfeld gibt es viele Tierarten, die der Welpe kennen und als normal einordnen lernen kann. Pferde, Schafe und Kühe, Hühner, Enten, Katzen, auch Kaninchen und Hasen etc. Je nach Rasse wird der Welpe unterschiedlich reagieren. Auch hier verwenden Sie die bereits aufgebaute Signalübermittlung, um dem Hund in diesen Situationen Sicherheit zu vermitteln.

Die Kommunikation vertiefen

Das Beispiel „Bleib“

Damit Sie die Beziehung zu Ihrem Welpen weiter intensivieren und die Kommunikation mit ihm vertiefen können, möchte ich Ihnen an der Übung „Bleib“ weitere Anwendungsmöglichkeiten der Binärsprache vermitteln.

Grüner und roter Bereich

Am Beispiel „Bleib“ möchte ich Ihnen verdeutlichen, wie Sie Ihrem Welpen den Unterschied von grünem beziehungsweise rotem Bereich vermitteln können. Die folgenden Beispiele sind Anregungen. Sie sollten den jeweiligen Übungsablauf an das individuelle Temperament Ihres Hundes, sein Alter und seinen Entwicklungsstand anpassen. Arbeiten Sie also nicht nach Schema F, sondern durchdenken Sie den Ablauf und reagieren Sie flexibel auf das Verhalten, das Ihnen Ihr Hund anbietet. Versteifen Sie sich nicht auf den vorgeschlagenen Trainingsablauf, denn dann besteht die Gefahr, dass Sie schnell in eine allgemeine Konditionierungs- bzw. Kommandoebene verfallen und versuchen, vom Hund Handlungsweisen zu erzwingen, die von ihm oft nicht verstanden werden. Seien Sie sich darüber im Klaren, dass Sie für den Hund ständig gestisch und hörbar eine Menge an unbewussten Signalen aussenden.

WICHTIG

Grüne und rote Bereiche müssen ebenso wie binäre Stimmungen immer klar definiert sein als „Grün“ oder „Rot“.

Klar definiert

Erinnern Sie sich? Der rote/negative Bereich entspricht im Binärsystem den Unmutsgesten und -lauten und der grüne/positive Bereich den motivierenden Gesten und Wohlgefallenslauten. Im Zusammenhang mit der Übung „Bleib“ hat es sich bei der Definition des grünen Bereichs als vorteilhaft erwiesen, diesen Bereich für den Hund durch einen dort abgelegten Gegenstand zu markieren, dies erleichtert dem Hund das Verständnis.

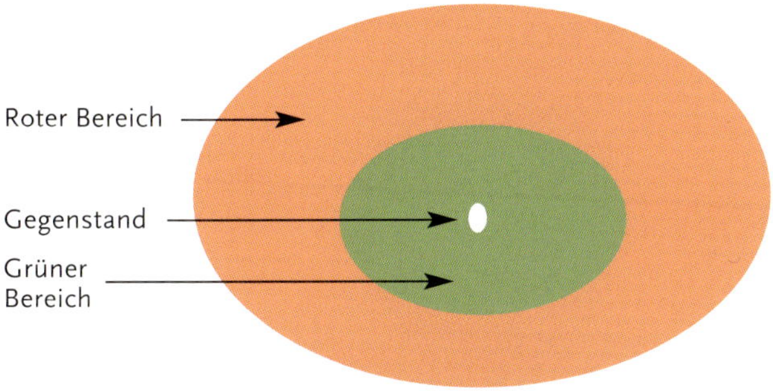

Definition des Grünen Bereichs bei der Übung „Bleib“

Übung zur Definition von rotem und grünem Bereich

Im nachfolgend geschilderten Übungsablauf soll der Hund lernen, sich auf einem von Ihnen definierten Platz aufzuhalten, und zwar bis zu dem Zeitpunkt, an dem Sie ihn dort wieder abholen. Der von Ihnen gewählte Platz wird mit einem Gegenstand (Jacke, Hut, Taschentuch, Decke o.Ä.) markiert und so als „grüner Bereich" definiert. Alles, was sich außerhalb dieses Bereichs, also in einem Abstand von mehr als einem Meter Umkreis rund um den Gegenstand, befindet, wird zum „roten Bereich" erklärt. Hier geht es nicht um eine Platz- oder Sitz-Übung, sondern nur darum, dass der Hund in diesem, von Ihnen definierten grünen Bereich bleibt, gleichgültig, ob er dabei sitzt, liegt oder (kopf-)steht. In diesem Kreis ist alles in Ordnung, während der Aufenthalt außerhalb dieses Kreises nicht in Ordnung ist, also unangenehm für ihn sein sollte. So kann Ihr Hund die Erfahrung machen, dass er eine Wahlmöglichkeit hat. Er kann selbst entscheiden, welchen Aufenthaltsort er bevorzugt.

1 Leine und Gegenstand fungieren als Symbol für den Hund und signalisieren ihm: Bleib an Ort und Stelle.

2 Durch Futter, das Sie auf den Gegenstand legen, kann der Hund darin unterstützt werden, an seinem Platz zu bleiben.

Den grünen Bereich definieren

Der Hund befindet sich neben Ihnen. Er trägt ein normales Halsband und ist angeleint. Sie lassen die Leine auf den Boden fallen und legen einen Gegenstand neben den Hund. Durch diesen Gegenstand, wie hier die Jacke, wird für den 14 Wochen alten deutschen Wachtelhund der grüne Bereich definiert. Der Code lautet: Jacke = grüner Bereich = Warten bis Herrchen wiederkommt. Bauen Sie Ihr Training immer so auf, dass Sie dem Hund diesen grünen Bereich deutlich mit einem Gegenstand kennzeichnen. Das können Sie anfangs noch verstärken, indem Sie zusätzlich Futter auf den Gegenstand legen.

Eindeutige Signale zur „Bleib"-Übung festlegen

Zuerst bleiben Sie ruhig bei Ihrem Hund stehen. Erst wenn er zur Ruhe gekommen ist, entfernen Sie sich langsam von diesem Platz und beobachten dabei, wie sich Ihr Hund verhält. Wenn er nachkommen will, stoppen Sie ihn durch eine deutliche Stopp-Geste. Ihr ganzer Körper, die Geste und die Mimik müssen dabei unmissverständlich, natürlich immer angepasst an Ihren Hund und die jeweilige Situation, ausdrücken, dass ein Nachkommen nicht erwünscht ist. Sie befinden sich im negativen Binärzustand. Nimmt sich der Hund in seinem Verhalten zurück, indem er zurückweicht und beim Gegenstand bleibt, wechseln Sie augenblicklich wieder in den positiven Binärzustand und loben ihn verbal und/oder mit Futter, um ihn darin zu bestärken, dass seine Entscheidung richtig war.

Will der Hund Ihnen folgen, stoppen Sie ihn sofort durch eine ganz deutliche Körpergeste.

Bleibt der Hund beim Gegenstand, kommen Sie immer wieder zurück und belohnen ihn mit Futter.

In aller Ruhe lösen Sie das „Bleib“ auf, indem Sie den Gegenstand aufnehmen.

Situationsabhängig Loben beim Zurückkommen

Vermeiden Sie es, den Hund beim Zurückkommen durch ein zu euphorisches Lob aus der Ruhe zu bringen. Die Intensität des Lobes fällt je nach Temperament des Hundes aus. Handelt es sich um einen quirligen Hund, dann sollten Sie nur sehr gedämpft und ruhig loben, damit Sie ihn dadurch nicht zu erhöhter Aktivität anspornen und er den grünen Bereich verlässt. Auch ein Streicheln oder taktiles Berühren ist hier nicht unbedingt erforderlich. Je ruhiger und ausgeglichener Sie hier auf Ihren Hund zugehen, desto ruhiger und sicherer wird er an dem Platz, an dem er auf Sie wartet, verharren.

Auflösen der Übung „Bleib“

Wenn Sie zu dem Platz zurückgehen, an dem Ihr Hund liegt, nehmen Sie zuerst ruhig den Gegenstand, hier die Jacke, vom Boden auf. Lassen Sie sich Zeit. Sie bringen Ihrem Hund dadurch bei, innerlich ruhig zu werden, Sie zu beobachten und auf das weitere Tun zu warten. Da sich Ihr Hund an der Leine befindet, die neben ihm am Boden liegt, ist es anfangs hilfreich, einfach einen Fuß auf diese zu stellen, um damit ein plötzliches Davonrennen bei eventueller Ablenkung durch das Umfeld zu vermeiden. Nach einer kurzen Pause nehmen Sie dann die Leine vom Boden auf und gehen los. Mit einem deutlichen „Jetzt geht's los“-Körpersignal und eventuell unterstützt durch einen leisen Laut. Vermeiden Sie mit ihm zu sprechen, also benützen Sie keine Worte oder Kommandos hierbei. Wenn Sie klar in Ihren Gesten sind, dann macht es für den Hund Sinn, darauf zu achten, was Sie als Nächstes tun.

IMMER MIT LEINE

Denken Sie daran: Der Hund sollte immer angeleint sein, solange er, auch unter Ablenkung oder wenn Sie sich aus seiner Sicht entfernen, nicht sicher im „Bleib“ wartet oder verharrt. Die Leine ist ein zusätzliches Signal und gibt Ihnen außerdem die Möglichkeit, den Hund zu korrigieren, ohne ihn dabei direkt konfrontieren zu müssen.

Korrektur

Hat sich der Hund bereits aus dem grünen Bereich entfernt, sei es, weil Ihre abblockenden Körpersignale nicht deutlich genug waren oder Sie einfach „geschlafen" haben, dann gehen Sie dem Hund mit deutlich negativer Stimmung nach. Seien Sie richtig sauer auf ihn! Nehmen Sie das Ende der Leine, ohne ihn anzusehen, und gehen Sie zügig zum grünen Bereich zurück. Ein dabei aggressiv und laut gesprochenes „Pfui" kann hilfreich sein. Wenden Sie sich dabei von Ihrem Hund ab! Bitte nicht an der Leine reißen oder rucken, Sie haben einen Welpen am anderen Ende! Wichtig ist Ihre deutlich negative Körpersprache. Zeigen Sie ihm, dass der rote Bereich nicht angenehm für ihn ist.

Grün = positiv

Genau in dem Moment, in dem Sie auf etwa einen Meter an den Gegenstand, der den grünen Bereich der Bleib-Position definiert, herankommen, wechseln Sie augenblicklich in eine positive Stimmung. Auch ein auffallend freundliches „Sooo brav" kann unterstützen. Sie lassen die Leine fallen und bleiben einfach stehen, bis der Hund zur Ruhe kommt. Unterstützend können Sie ihm ein Stück Futter auf den Gegenstand legen (Abb. 4). Er soll deutlich den Unterschied zwischen grünem und rotem Bereich empfinden, um schließlich selbst zu entscheiden, wo er sich lieber aufhalten will. Bleiben Sie ruhig und gelassen. Bringen Sie Ihren Hund nicht durch unnötige Aktionen, wie zum Beispiel Streicheln, wieder in (An-)Spannung. Dann entfernen Sie sich, ohne zu sprechen, mit einer deutlichen Bleib-Geste wieder vom Hund (Abb. 5). Wie gesagt, es ist gleichgültig, ob der Hund sitzt, liegt oder steht! Treffen Sie erst einmal die Übereinkunft, dass er im grünen Bereich sicher und ohne Stress auf Sie warten kann.

1 Entfernen Sie sich mit deutlicher Bleib-Geste.

2 Warten Sie etwas und gehen Sie dann wieder zum Hund zurück und bestätigen Sie sein Verhalten mit Futter. Wiederholen Sie das einige Male.

3 Dann entfernen Sie sich in eine andere Richtung und wiederholen den Übungsablauf.

„Bleib" festigen

Vermitteln Sie dem Hund die Sicherheit, dass Sie immer wieder zu ihm zurückkommen. Achten Sie darauf, dass Sie seine Bereitschaft zu warten nicht überbeanspruchen. Setzt sich der Welpe, wie hier bei meinem Beispiel Frieda, der Hovawartwelpe, dann können Sie während des Zurückgehens dieses Verhalten mit der bereits bekannten „Sitz" Geste und gleichzeitig mit einem „Soo brav Siiiitz" bestätigen. Dazu entfernen Sie sich einige Male von ihm und belohnen ihn beim Zurückkommen immer wieder einmal mit Futter. Sie können auch zwischendurch an ihm vorbeilaufen. Anschließend das richtige Beenden der Übung nicht vergessen.

Korrektur

1 Der Hund entfernt sich aus dem grünen Bereich, den Sie mit einem Gegenstand definiert haben. Gehen Sie ihm nach und vermitteln Sie ihm, dass Sie ernsthaft sauer sind.

2 Nehmen Sie das Ende der Leine, und konfrontieren Sie Ihren Hund dabei aber nicht, indem Sie ihn aggressiv ansehen, sondern wenden Sie sich von ihm ab und ziehen Sie ihn mit deutlich negativer Körpersprache wieder zum grünen Bereich zurück. (Unbedingt angepasst an den jeweiligen Hund!)

3 Im grünen Bereich schalten Sie sofort auf freundlich und positiv um. Bleiben Sie stehen und lassen Sie einfach die Leine zu Boden fallen. Dann warten Sie, bis der Hund an Spannung verliert und ruhig wird.

4 Unterstützend können Sie zwischendurch auch ein Stück Futter auf den Gegenstand legen.

5 Dann entfernen Sie sich wieder mit deutlicher Bleib-Geste.

1 Legt sich der Hund von selbst ins Platz, können Sie darauf sofort reagieren und sein Verhalten mit der Platz-Geste belegen. Die hoch über den Kopf gehobene geöffnete Hand zeigt mit der Handfläche zum Hund und geht von oben langsam nach unten.

2 Während Sie sich dem Hund nähern, geht die Hand langsam nach unten. Ein Stückchen Futter halten Sie zwischen Daumen und Handfläche.

3 Beim Hund angekommen, drehen Sie die Hand schnell um und reichen ihm das Futter mit einem "Soo brav – Platz".

Das Signal „Platz" einführen

Sehr elegant kann der Welpe hier fast nebenbei das Signal für „Platz" kennen lernen. Entspannt sich der Hund und legt er sich von selbst ins „Platz", können Sie dieses Verhalten, ähnlich wie das „Sitz", mit einer Geste belegen. In diesem Alter wird noch kein „Sitz" oder „Platz" bei der „Bleib"-Übung gefordert. Hier sollten Sie den Welpen noch nicht ins Platz bringen, sondern ihn nur mit der Geste vertraut machen. Es wird also lediglich das jeweilige Verhalten, wenn er es von sich aus zeigt, mit entsprechender Körpergeste und Wort belegt. Dazu können sie ein langgezogen gesprochenes „Plaaatz" sagen. Gleichzeitig belohnen Sie ihn mit einem Futterstück, das Sie zwischen Daumen und Innenfläche der signalgebenden Hand halten.

Die Lautsignale „Ja" und „Nein"

Verbinden Sie Ihre jeweiligen Gesten mit einem dazu passenden Laut, also ein freundliches „Ja" oder ein missmutiges „Nein" und vermitteln dadurch dem Hund zusätzlich, was Sie vom ihm erwarten. So können Sie aus der Distanz durch „Ja" und „Nein" steuernd auf ihn einwirken.

An eine Box gewöhnen

Es bleibt jedem selbst überlassen, ob er seinen Hund an eine Box gewöhnt. Aber es gibt manchmal Situationen, in denen es vorteilhaft ist, wenn der Hund die Box als positiv kennen gelernt hat. Beispielsweise wenn der Hund nach einer Operation oder bei Krankheit in einer Tierklinik in einer Box bleiben muss, oder wenn Sie Ihren Hund auf eine Flugreise mitnehmen möchten.

Füttern in der Box

Füttern Sie ihn dort erst einmal über mehrere Tage. Die Box ist dabei immer geöffnet. Schnell werden Sie sehen, dass er gerne hineingeht, denn er weiß inzwischen, dass es da drinnen die feinen Sachen gibt. Zwingen Sie ihn nicht, sondern motivieren Sie ihn dazu, freiwillig hineinzugehen. Jetzt erweitern Sie diese Übung zu einer „Bleib"-Übung, denn alle Bleib-Übungen beinhalten dasselbe Ziel: Der Hund bleibt ruhig und entspannt in dem von Ihnen definierten grünen Bereich und wartet, bis Sie ihn wieder von dort abholen. In diesem Fall ist der grüne Bereich in der Box.

Wie erweitern Sie die Übung?

Was tun, wenn der Hund herauswill? Bereits aus den anderen Übungssituationen kennt Ihr Hund die dafür notwendigen Signale. Die Bleib-Geste mit der Hand, das Weggehen und das Wiederkommen. Will der Hund aus der Box heraus, wird durch die Bleib-Geste und ein, an den jeweiligen Hund angepasstes, missmutiges „Nein" signalisiert: „Bleib." Nimmt sich der Hund zurück, erfolgt sofort und so schnell Sie können ein Umschalten in den positiven Zustand. Das freundliche „Ja" wird eventuell unterstützt durch Futter.

1 Legen Sie etwas Futter in die Box.

2 Gern wird der Hund hineingehen.

3 Die Geste sagt „Bleib". Nun können Sie weggehen. Will der Hund nachkommen, folgt sofort ein missmutiges „Nein".

4 Hat er brav gewartet, erhält der Hund Futter als Belohnung.

Entfernung steigern

Entfernen Sie sich nun schrittweise zuerst von der Box und dann auch aus der Sicht des Hundes, aber so, dass Sie ihn immer noch beobachten können. Immer wenn er herausgehen will, reagieren Sie sofort mit einem missmutigen „Nein“. Wenn er daraufhin wieder in die Box zurückgeht, erfolgt sofort das freundliche und bestätigende „Ja“.

Die Box schließen

Liegt der Hund richtig entspannt in der immer noch geöffneten Box, ist der richtige Zeitpunkt gekommen, die Box auch einmal zu schließen. Die einzelnen Schritte dieses Lernprozesses, dass der Hund gerne und freiwillig in die Box geht, dort entspannt liegen bleibt und Sie die Türe schließen können, erstrecken sich, je nach Temperament des Hundes, über mehrere Tage. Erhöhen Sie schrittweise die Zeitdauer, die Ihr Hund in der geschlossenen Box bleiben soll. Lassen Sie jedoch den Hund, der sich noch nicht an das Alleinsein gewöhnt hat, keinesfalls über mehrere Stunden in einer geschlossenen Box alleine! Die Box ist keinesfalls als bequeme Lösung zur Hundeaufbewahrung zu sehen, weil Herrchen oder Frauchen ihrer Verantwortung als Hundehalter nicht gerecht werden können oder wollen.

1 So entspannt sollte der Hund in seiner Box liegen.

2 Jetzt ist der Zeitpunkt gekommen, an dem Sie auch die Türe schließen können. Stück für Stück verlängern Sie die Zeit, in der der Welpe in der geschlossenen Box bleibt.

Box öffnen heißt nicht Ende der „Bleib“-Übung

Auch das Öffnen der Box will gelernt sein. Wenn Sie die Box öffnen, achten Sie darauf, dass der Hund nicht sofort herausstürmt. (Das gilt auch für das Öffnen der Auto- oder der Haustüre.) Zuerst sollten Sie mit ihm Kontakt aufnehmen, indem Sie in die Hocke gehen und ihn ruhig liebkosen. Erst nach Aufforderung darf der Hund heraus. Er wird damit nicht alleine durch Ihr Herankommen schon in einen Erregungszustand geraten. Ebenso wie bei der reinen „Bleib“-Übung fördern Sie damit die Ruhe und innere Ausgeglichenheit des Hundes, während Sie sich dem grünen Bereich nähern.

Ruhe-Übungen im Alltag

Wollen Sie einen Hund, der sich ruhig verhält, wenn Besuch kommt oder wenn Sie mal keine Zeit für ihn haben? Soll er außerdem gelassen unterm Tisch liegen bleiben, wenn Sie im Lokal zur Toilette gehen müssen? Emma ist von Welpenbeinen an daran gewöhnt, überall im Haus verteilt definierte Ruheplätze zu haben. Und diese Ruheplätze können ganz unterschiedlich sein. Eine Decke, ein weiches Bettchen, einen Flechtkorb, die Box oder wie auf unserem Bild gezeigt eine Pappschachtel, die mit einer weichen Decke ausgepolstert ist. Diese Plätze sind für gewisse Zeit der grüne Bereich, ob Zuhause, im Restaurant oder im Haus des Nachbarn. Während der Hausarbeit, des Kochens oder bei Schreibtischarbeiten erklären Sie den Korb oder die Decke zum grünen Bereich, in dem der Hund bleiben darf und seine Ruhe hat. Alles andere wird zum roten Bereich erklärt. Das, was Sie als grünen Bereich definieren, wird für den Hund immer mehr die Bedeutung eines angenehmen Ortes gewinnen, an dem er Ruhepausen einlegt und schläft oder sein Umfeld beobachtet, ohne dabei Stress und Unruhe zu empfinden. Dies unterstützt Sie später bei einem auch unter Ablenkung einzuübenden „Platz und Bleib“.

In diesen Korb passen momentan noch zwei Emmas rein. Aber sie liebt ihn sehr – und manchmal darf sogar der Kater dazu.

Während der Schreibtischarbeit oder beim Zeitunglesen geht Emma schon fast von selbst in ihr „Körbchen“.

„Bleib“ unter Ablenkung

Ablenkung zeigt, ob Ihr Hund verstanden hat

Je sicherer und ruhiger der Hund im „Bleib“ wartet, desto mehr können Sie nun die Ablenkungseinflüsse verstärken. Sie sollten sich jetzt immer öfter außer Sicht des Hundes entfernen und beobachten, wie er sich verhält. Tragen die Übereinkünfte, die Sie mit Ihrem Hund getroffen haben? Das müssen Sie immer wieder überprüfen. Durch Ablenkungen, Neues und Unbekanntes können Sie ihm die Gewissheit vermitteln, dass der grüne Bereich für ihn nicht nur angenehm ist, sondern auch eine Sicherheitszone darstellt.

„Bleib“ beim Einkaufen

Das „Bleib“ kann in vielen Alltagssituationen geübt werden. In einem Fachgeschäft für Gartenartikel ist die Gefährdung für Hund und Umfeld gering und es ist meistens gestattet, einen Hund mitzubringen. Hier können Sie gut die „Bleib“-Übung mit dem Aufbau eines stabilen Umweltverhaltens in einem dem Hund unbekannten Umfeld und einer neuen Geräuschkulisse, wie zum Beispiel geschäftiges Treiben, fremde Menschen, vorbeifahrende Einkaufswagen etc. verbinden. Natürlich wird ein ruhiges Plätzchen ausgewählt, an dem der Hund nicht gefährdet ist. Der Hut definiert den grünen Bereich und gleichzeitig die Sicherheit: „Das riecht nach Herrchen und der kommt immer wieder zu mir zurück.“ Die positive Bestätigung – Futter im Hut – bestärkt die positive Empfindung des Hundes.

Immer wieder: deutliche und reduzierte Gesten setzen

Unmissverständlich sollte die Körpergeste dem Hund wieder vermitteln: „Bleib." Und wieder verharren Sie zuerst mit dieser Bleib-Geste so lange beim Hund, bis er sich entspannt und zur Ruhe kommt. Erst dann gehen Sie weg. Da er noch sehr klein ist und schnell durch unvorhersehbare Umweltereignisse verunsichert werden kann, entfernen Sie sich anfangs nur so weit, dass Sie immer noch in Sichtweite des Hundes sind. Vermitteln Sie ihm, dass ihm in seinem grünen Bereich nichts geschehen kann, dass er dort sicher aufgehoben ist.

Das Auflösen nicht vergessen

Auch hier wird beim Zurückkommen zuerst in aller Ruhe der Gegenstand und dann die Leine aufgenommen und dann erhält der Hund, je nach seinem Temperament, Futter oder Streicheleinheiten als Bestätigung: „Das war richtig." Dann kann es weitergehen auf dem gemeinsamen Erkundungsgang.

„Bleib" – auch bei Artgenossen

Sie haben mit Ihrem Hund eine gewisse Routine in dieser Übung erreicht. Ihr Hund wartet ruhig und sicher in seinem grünen Bereich auf Sie, selbst wenn Sie sich außerhalb seines Blickfeldes begeben. Nun sollten Sie sich an noch ablenkungsreichere Übungsumstände heranwagen. Zum Beispiel an einen der beliebten Hundetreffpunkte, zu dem Sie gerne gehen, um Ihrem Hund ein Sozialspiel mit Artgenossen zu ermöglichen. Gerade unter diesen starken Ablenkungsreizen können Sie prüfen, ob Ihr Hund „roter und grüner Bereich" wirklich verstanden hat. Dies gilt besonders, wenn sich in unmittelbarer Nähe ein anderer Hund befindet. Achten Sie bei diesen Übungen un-

1 Emma darf mit zum Einkaufen.

2 Der Hut signalisiert den grünen Bereich, unterstützt durch das Futter.

3 Das Nachkommen wird sofort mit einer Geste und einem deutlichen „Nein" abgeblockt.

4 Emma reagiert schnell und setzt sich hier gleich auf den Hut!

bedingt darauf, dass ein fremder Hund Ihren Hund nicht in seinem grünen Bereich belästigt oder ihn dazu motiviert, diesen zu verlassen. Langsam erhält der abgelegte „Gegenstand“ eine symbolische Bedeutung: „Bleib an Ort und Stelle.“

„Bleib“ – bei Geräuschen

Am Wertstoffhof: Im Container befindet sich Alteisen. Da gibt's ordentlichen Lärm, wenn aufgeräumt wird. Emma bleibt aber trotzdem ruhig in ihrem grünen Bereich, denn der gibt ihr Sicherheit.

TIPP

Bei Ablenkungseinflüssen kann mit einem zweiten Hund gearbeitet werden, dem die Übung vertraut ist und dessen Ruhe sich auf den Welpen überträgt.

Haben Sie mit Ihrem Hund die Übereinkunft „grüner Bereich = Sicherheit und warten, bis man abgeholt wird“ getroffen, sollte er lernen, auch bei lauten Geräuschen ruhig und gelassen auf Sie zu warten. Bei vielen Prüfungen, wie beispielsweise den Retriever- oder den Jagdhundprüfungen, ist es notwendig, dass der Hund bei Schuss oder Wildwechsel ruhig auf seinem Platz verbleiben muss (Standruhe, Steadiness). Deshalb sollten Prüfungsinteressierte, wie zum Beispiel die Jäger, das „Bleib“ vom frühestmöglichen Zeitpunkt an in einzelnen Schritten üben.

Der Sinn der „Bleib“-Übungen

Bei der Übung „Bleib“ können viele Ihrer Signale und Übereinkünfte zur Anwendung kommen und auf ihre Gültigkeit überprüft werden. Sie fördern damit die Aufmerksamkeit und den Blickkontakt Ihres Hundes. Er lernt grüne von roten Bereichen zu unterscheiden. Zuvor bereits getroffene Übereinkünfte über die Bedeutung von Symbolen, wie beispielsweise der Leine, werden gefestigt. Im Dialog der „Bleib“-Übung wird die Signalwertigkeit von Gesten, Lautäußerungen und

Mimik ständig neu abgeglichen. So baut sich Stück für Stück die gemeinsame Verständigungsebene auf. Beim Hund kann sich innere Ruhe und Stabilität ausbilden und sein Vertrauen in die Handlungen des Menschen wächst. Die Bleib-Übung gibt dem Hund die Chance, das „Allein-gelassen-Werden" zu lernen. Dies baut Trennungsängste ab und beugt einer neurotischen Bindung an den Menschen vor. Die Einbeziehung von Ablenkungsfaktoren in die Bleib-Übung lässt den Hund wirkliche Standruhe (Steadiness) entwickeln.

WICHTIG

Wenn etwas nicht funktioniert: Retten Sie sich nicht in Sprache, sondern überdenken Sie Ihre Signale. Sehen und erkennen Sie die Reaktionen des Hundes als Spiegel Ihrer Gesten.

Analysieren Sie Ihre Kommunikation

Wenn Sie von Anfang an den Weg der eindeutigen Signalübermittlung und der sofortigen Beantwortung der darauf folgenden Reaktionen des Hundes gehen, können Sie ihm sehr gut vermitteln, wie er sich in seinem sozialen Umfeld gut zurechtfinden kann. Es wird jedoch immer wieder Augenblicke geben, in denen Sie und Ihr Hund einander nicht verstehen. Dann gilt es, genau zu analysieren, warum die Kommunikation fehlgeschlagen ist. Bedenken Sie, dass ein oder zwei Wiederholungen genügen, um den Hund eine Erfahrung verinnerlichen zu lassen. Jede Erfahrung wird sein weiteres Handeln bestimmen. Riskieren Sie also keine Fehlverknüpfungen durch mangelhafte Signalgebung. Reagiert Ihr Hund in einem Übungsaufbau nach vier oder fünf Versuchen nicht so, wie von Ihnen erwartet, dann überprüfen Sie nochmals die Aufgabenstellung und Signalgebung.

Durch Ablenkung lernt der Hund, dass ihn, solange er in seinem grünen Bereich bleibt, das Geschehen um ihn herum nichts angeht. Er wird sicher und stabil. Unsichere Hunde erlangen mehr Sicherheit im Umgang mit ihrem Umfeld, Trennungsängste können abgebaut werden.

Denksport für den Hund

Apportieren als Denksport

Mehr als nur Bringen

Das Thema Apportieren beinhaltet weitaus mehr als der Begriff im ersten Moment vermuten lässt. Auch wenn Sie jetzt eventuell nicht daran interessiert sind, dass Ihr Hund Ihnen etwas bringt, sollten Sie sich intensiver damit beschäftigen. Sie werden schnell bemerken, wie wichtig dies für Sie und Ihren Hund sein kann.

Ihr Hund soll denken

Wenn der Welpe aktiv wird, also sein Aktionspotential erhöht ist, sollten Sie sich mit ihm beschäftigen. Bringen Sie Ihren Hund zum „Denken". Machen Sie, wie ich es nenne, „Denksport" mit ihm. Apportier- und Suchübungen eignen sich hierfür besonders gut. Dabei können Sie die Signale, die Ihr Hund bis jetzt kennen gelernt hat, wie Folgschaft leisten, Herankommen, Bleib, Warten etc. bereits sehr gut anwenden. Sie fördern die Aufmerksamkeit des Hundes, sein Interesse an Ihnen und Ihrem Tun. Sie können erkennen, ob Ihr Hund auf Ihre Signale richtig reagiert, Sie also bereits zu verstehen gelernt hat, und es bietet sich Ihnen die Möglichkeit, den Hund zu lenken, zu stoppen oder anzuspornen. Zugleich sind es auch immer Gehorsamsübungen, die dem Hund jedoch großen Spaß machen und daher von ihm auch nicht als Gehorsamsübungen im negativen Sinne empfunden werden.

Sprache baut sich auf

Indem Sie Ihren Hund vor immer neue Herausforderungen stellen, den Übungsaufbau immer wieder variieren, fördern Sie ihn konsequent darin, immer neue, komplexere Lösungsstrategien zu entwickeln, anstatt in immer gleichen Versuchsaufbauten einen reinen Konditionierungsprozess zu durchlaufen. In der Zusammenarbeit mit Ihnen holt sich der Hund durch Rückfragen bei seinem (hoffentlich) als kompetent erkannten Sozialpartner Mensch Impulse für die Lösung von neuen Aufgabenstellungen. Der Hund beginnt zu „denken" und gleichzeitig baut sich so eine gemeinsame Sprache auf, die Ihre auf Vertrauen gegründete Beziehung festigt.

Welcher Hund kann apportieren?

Jeder Hund kann lernen, Beutegegenstände zu suchen, aufzunehmen und zu bringen. Je früher Sie einen Hund dazu motivieren, Gegen-

Mit größter Aufmerksamkeit widmet sich der kaukasische Owtscharka „Schaki“ seinem Besitzer.

stände aufzunehmen, umso leichter und freudiger wird er es auch später noch tun. Es lassen sich selbstverständlich rassebedingte Unterschiede feststellen. Haben Sie einen Welpen, der von seiner genetischen Veranlagung her gerne Beute ins Maul nimmt, wie es bei den meisten Jagdhunden der Fall ist, tun Sie sich leichter, als bei einem Herdenschutzhundwelpen, der sich fürs Apportieren nur wenig interessiert. Nimmt Ihr Welpe spontan irgendetwas ins Maul und trägt es herum, können Sie ihn wunderbar spielerisch dazu ermutigen Ihnen diese „Beute“ zu bringen, indem Sie seine Beute gegen Futter eintauschen. So werden Sie ihn schnell davon überzeugen, dass das Spaß macht.

Präventiv-Maßnahmen verhindern Probleme

Die instinktive Neigung der Welpen Beutegegenstände als ihr alleiniges Eigentum zu verteidigen, wird durch einige Erziehungskonzepte über Bälle und Zerrspielzeug regelrecht verstärkt. Bei einem Hund, der aufgrund seiner genetischen Veranlagung sehr beutemotiviert ist, wird unter Umständen bereits hier der Grundstein für spätere Probleme gelegt.

Erst 10 Wochen alt, aber schon jetzt zeigt sich die hervorragende Veranlagung bei der Nasenleistung und die ausgeprägte Apportierfreude der Labradorhündin.

KEIN STÖCKCHEN WERFEN!

Apportieren ist nicht zu verwechseln mit dem Werfen von Bällen, Stöcken oder anderen Gegenständen, denen der Hund dann hinterherhetzt. Wenn Sie Beutegegenstände werfen, fördern und prägen Sie damit bei Ihrem Welpen nicht (!) das Apportieren (= Bringen), sondern erst einmal das Hinterherlaufen von sich wegbewegender Beute (= laufende/hetzende Jagd). Unter Umständen machen Sie aus dem Hund entweder einen Stöckchen-Junkie (oder wie wir in Bayern sagen einen „Steckerl-Deppen“), dem nur noch das Stöckchen wichtig ist – zumindest wichtiger als Sie – oder Sie erziehen Ihren Hund dazu, wahllos und unkontrolliert zu hetzen. Das wollen Sie sicher nicht!

Der Umgang mit Beute

Jemand will dem Hund seine Beute wegnehmen, weil es sich dabei vielleicht um Kinderspielzeug oder um Unrat von der Straße handelt. Das kann einen so geprägten Hund in einen Konflikt bringen. Reaktionen wie Weglaufen, (= Beute in Sicherheit bringen), den Menschen anknurren, nach ihm schnappen oder einen Sicherheitsabstand wahren, um die Beute schnell herunterzuwürgen, sind dann nicht selten. Also sollten Sie es gar nicht erst zu Situationen kommen lassen, die Ihren Welpen auf die Idee bringen, dass Sie ihm etwas wegnehmen, was er unbedingt für sich beansprucht. Vermitteln Sie dem Welpen von Anfang an, dass Tauschen immer besser ist als Streiten.

Bringen und Tauschen

Bringen und Tauschen muss ein fester Bestandteil der sozialen Beziehung werden. Wie lässt sich jetzt die Regel „Beute wird zurückgebracht und eingetauscht“ beim Hund als Verhaltensmuster verankern? Dazu ist es notwendig, dass der Welpe für alles, was er findet und/oder was er im Maul hat, etwas im Tausch erhält. Gelingt es Ihnen nicht auf Anhieb, Ihren Hund über motivierende Gesten und Stimme zu Ihnen zu locken, und weicht Ihr Hund immer wieder aus, signalisiert er Ihnen dadurch eventuell, dass er sich bedrängt fühlt.
Vermeiden Sie es also, den Hund mit der Haltung: „Jetzt nehme ich Dir die Beute aber weg!“ unter Druck zu setzen. Bieten Sie ihm ein besonders gutes Futterstück im Tausch an (Hunger ist zum Beispiel ein guter Grund zu tauschen). Gerne wird er den Pantoffel oder das Kinderspielzeug fallen lassen, um das Leckerchen zu fressen. Durch das Tauschen erzeugen Sie keinen Frust, wenn er die gefundene Beute abgibt. Schließlich erhält er ja im Gegenzug etwas dafür. So entwickelt sich eine Bringleidenschaft beim Hund.

Tauschhandel muss sein

Handelt es sich bei der Beute um etwas Fressbares, zum Beispiel einen Knochen, dann müssen Sie Ihrem Hund im Rahmen Ihres Tauschgeschäfts natürlich ein noch besseres Futter dafür anbieten. Handelt es sich bei dem Beutegegenstand um etwas, das der Hund nicht zerstören soll, wie zum Beispiel einen Schuh, den neuen Schal oder die Fernbedienung des Fernsehapparates, die er gerade kunstgerecht in Kleinstteile zerlegen will, motivieren Sie ihn zum Kommen und Abgeben seiner Beute. Tauschen Sie auch hier mit Futter und schieben Sie ihm außerdem noch ein Ersatzobjekt wie zum Beispiel einen Kauknochen oder ein geknotetes Tau ins Maul. So kann er dem Verlangen, auf etwas herumzukauen, nachkommen.

Der Welpe hat einen Gegenstand aufgenommen. Sofort wird er zum Herankommen motiviert, um mit ihm sogleich Beute gegen Futter zu tauschen.

WICHTIG

Treffen Sie frühzeitig mit dem Welpen die Übereinkunft: „Beute bringen heißt: Immer etwas Gutes dafür bekommen."

Niemals tadeln

Tadeln Sie den Hund auch dann nicht, wenn er Ihnen Pferdeäpfel, eine tote Maus oder einen halb verwesten Vogel bringt. Freuen Sie sich, auch wenn es der in Ihnen aufsteigende Ekel noch so schwer macht. Tauschen Sie das „gute Stück" in so einem Fall sogar gegen ein besonders gutes Leckerchen wie Käse oder Streichwurst ein, denn diesmal hat Ihr Hund Ihnen richtige Beute gebracht, und noch dazu um sie mit Ihnen zu teilen!

1 Egal wo, Emma findet immer etwas. Hier ist es eine Feder. Emma nimmt sie von sich aus auf und ich motiviere sie, mir die Feder zu bringen.

2 Es wird wie immer getauscht! Dadurch bringt mir der Hund gerne seine „Beute".

Wie war das bei Emma?

Da Emma und ihre Wurfgeschwister alle in Jägerhand abgegeben werden sollten, legte der Züchter einmal einen toten Fasan in den Garten, um zu beobachten, wie die einzelnen Welpen darauf reagieren würden. Emma, nur fünf Wochen alt, nahm sofort die Beute für sich in Besitz und wollte sie vor den anderen in Sicherheit bringen. Diese Szene können Sie auch auf meinem Video „Der Weg des Vertrauens" sehen. Es war erstaunlich zu beobachten, wie selbstverständlich der kleine Hund den großen Vogel wegtrug. Als ich das sah, war mir klar, dass bei Emma die Übereinkunft „Beute bringen heißt: etwas Feines dafür bekommen" besonders wichtig sein würde. Denn sie zeigte sehr deutlich, dass sie Beute für sich beanspruchte und auch vehement verteidigte. Deshalb lehrte ich Emma vom ersten Moment an durch entsprechende Motivation das „freudige Bringen". Sie hatte kein einziges Mal die Gelegenheit, das, was sie ins Maul nahm, nicht bei mir oder meiner Frau abzuliefern. Das erforderte von uns natürlich ständige Aufmerksamkeit, nicht nur bei der Dummyarbeit, sondern auch bei allen anderen Begebenheiten des Alltags.

Ein Signal baut auf das andere auf

Einerlei, was Sie Ihrem Hund beibringen wollen, das Apportieren oder eine andere Fertigkeit, der Hund sollte dabei immer fröhlich sein und Spaß haben. Versuchen Sie daher, den Hund behutsam mit Ihren Signalen zu dem von Ihnen gewünschten Verhalten zu motivieren, ohne dabei auf die Kommando- und Befehlsebene zu geraten. Sie werden feststellen, dass auch bei neuen Übungen bestimmte Signale immer wiederkehren, dass ein Signal in das andere übergeht, ein Signal auf das andere aufbaut. Bei genauerem Betrachten der Bildfolge auf der nächsten Seite werden Sie bemerken, dass Sie einen Großteil der verwendeten Signale in den vorangegangenen Kapiteln bereits kennen gelernt haben. Die Bildfolge macht außerdem deutlich, dass jeder in Ihrer Familie, auch ein Kind, die erlernten Signale und Übereinkünfte erfolgreich anwenden kann.

1 Folgschaft leisten: Der Labrador orientiert sich deutlich an dem Jungen.

2 Sitzgeste: Auch die Sitzgeste versteht er schon gut.

3 Warten – Beobachten – Ruhe: Der Hund hat auch die Geste für „Warten" bereits verinnerlicht. Er beobachtet den Jungen genau und lässt sich voll konzentriert auf die Interaktion mit seinem Sozialpartner ein.

4 Richtungweisende Geste – „Jetzt such": Durch die deutliche Bewegung mit der Hand motiviert der Junge den Hund und signalisiert ihm gleichzeitig die Richtung, in der das Dummy versteckt ist.

5 Folgschaft leisten: Der Hund hat das Dummy gefunden. Der Junge motiviert ihn durch Zurücklaufen, ihm nachzulaufen. Der Hund orientiert sich deutlich an seinem Menschen.

6 Freudiges Herankommen: Fast wäre es perfekt gewesen. Der Hund hatte das Dummy aufgenommen, aber unterwegs zu seinem Menschen in Erwartung des Futters etwas zu früh ausgespuckt. Das ist aber hier noch nicht so wichtig. Kind und Welpe hatten Spaß miteinander und die Signale werden in der sozialen Interaktion aufeinander abgestimmt.

Erste Schritte zum freudigen Apportieren

Beginnen Sie so früh wie möglich, die Aktionen Ihres Welpen behutsam zu lenken. Überfordern Sie ihn aber nicht. Überlegen Sie sich immer im Voraus, was Sie Ihrem Welpen beibringen möchten, und überdenken Sie im Vorfeld die geplante Übungsanordnung. Beobachten und testen Sie erst einmal, welche Motivation Ihr Hund zeigt, einen Gegenstand aufzunehmen, zu tragen und ihn dann zu Ihnen zu bringen.

1 **Emma, erst 8 Wochen alt, findet „zufällig" ein Dummy. Ich bestätige sie sofort mit einem freudigen „Ja".**

2 **Sie nimmt es auf, ich renne zurück und gehe in die Hocke.**

3 **Jetzt wird getauscht. So entsteht Bringfreude.**

Einstieg ins Apportieren

Legen Sie zu Anfang unauffällig, am besten ohne dass der Welpe dabei zusehen kann, einen Gegenstand aus, den er gerne ins Maul nimmt. Dann motivieren Sie ihn, mit Ihnen mitzugehen (= Folgschaft leisten). Scheinbar zufällig und völlig überraschend „stolpern" Sie beim gemeinsamen Spaziergang über diesen Gegenstand. Genau in dem Moment, in dem Ihr Welpe Aufmerksamkeit für den Gegenstand zeigt, bestätigen Sie sein Interesse mit einem positiven „Jaaaa". Dadurch motivieren Sie ihn, den „tollen Fund" aufzunehmen. Ihre Begeisterung über den gemeinsamen Fund wird sich auf den Hund übertragen. Sie erinnern sich: Sie können die Stimmungen Ihres Hundes beeinflussen, und die freudige Begeisterung verknüpft der Hund mit seinem Fund und Ihnen. Trägt er seinen Fund dem Menschen auch noch zu, ist der vor lauter Freude kaum noch zu bremsen und außerdem gibt's für den Hund im Tauschverfahren auch noch eine besonders leckere Belohnung.

Es lohnt sich!

Was lernt der Welpe? Es ist toll, einen Gegenstand zu finden und aufzunehmen, und es ist immer interessant und spannend, mit Ihnen mitzugehen. Dann kann man das Ereignis „tolle Sachen finden" gemeinsam erleben und bekommt sogar von Herrchen oder Frauchen noch etwas dafür!

Richtung und Wind mit einbeziehen

Je nach Alter des Welpens können Sie bei diesen ersten Apportierübungen bereits darauf achten, von welcher Seite Sie sich dem Gegenstand nähern, und die Windrichtung in den Übungsaufbau mit einbeziehen. So kann der Hund den Gegenstand nicht nur über das Auge entdecken, sondern auch über die Nase. Hiermit erreichen Sie eine erste Sensibilisierung der Nase, die für das spätere gezielte Suchen und Finden mithilfe seines Geruchssinns so wichtig ist.

Die nächste Herausforderung

Für diese Übung muss Ihr Welpe bereits das kleine Welpen-Einmaleins beherrschen. Er sollte ruhig sitzen bleiben, wenn Sie sich einige Schritte entfernen. Sie bringen also Ihren Welpen ins Sitz und entfernen sich ein kleines Stückchen von ihm. Zeigen Sie ihm den Gegenstand, den Sie in der Hand haben, und lenken Sie seine Aufmerksamkeit darauf, damit die Sache für ihn interessant wird. Er wird erst einmal beobachten, was Sie tun, und in dieser Übung zu der Schlussfolgerung kommen: „Meinen Menschen beobachten macht Sinn." Lassen Sie den Gegenstand deutlich sichtbar zu Boden fallen und gehen noch ein paar Schritte weiter zurück. Falls Ihr Hund Sie nicht bereits erwartungsvoll anschaut, warten Sie ab, bis der Hund kurz Blickkontakt zu Ihnen aufnimmt und motivieren Sie ihn dann über das Signal „In-die-Hocke-Gehen", zu kommen.

Nimmt er oder nimmt er nicht?

Nun wird sich zeigen, ob Ihr Hund von sich aus den Gegenstand aufnimmt, wenn er an diesem vorbeiläuft, oder ob es ihm wichtiger ist, sofort zu Ihnen zu kommen. Retriever beziehungsweise Jagdhunde generell können fast gar nicht anders, als die Beute mitzunehmen. Nimmt Ihr Hund den Gegenstand nicht auf, stehen Sie sofort auf und laufen wieder Richtung Gegenstand zurück und motivieren dabei den Hund, diesen aufzunehmen. Gelingt es Ihnen nicht, den Hund zum Aufnehmen des Gegenstandes zu motivieren, dann wandeln Sie die Übung erst einmal ab in ein „Komm mir nach" – Sozialspiel (= Folgschaft leisten) und lösen dieses durch ein in die Hocke gehen und schmusen auf. In jedem Fall sollten Sie das Ganze freudig, dynamisch und für Ihren Hund interessant gestalten.

Im Zuge dieser Übung festigen Sie Verhaltensweisen wie das Warten im Sitz, den Mensch beobachten, Beute aufnehmen und bringen, freudiges Herankommen, Erfolg durch Tauschen. Bieten Sie Ihre Signale von Anfang an in unterschiedlichen Kombinationen an. Damit halten Sie das Interesse des Hundes wach und fördern sein Denkvermögen.

1 Ihr Hund wird über Geste ins Sitz gebracht und Sie entfernen sich etwas von ihm. Lassen Sie nun deutlich sichtbar für ihn einen Gegenstand fallen und gehen Sie noch weiter zurück.

2 Jetzt gehen Sie in die Hocke und signalisieren dem Hund „Komm".

3 Sobald Ihr Welpe Ihnen den Gegenstand gebracht hat, tauschen Sie wie immer mit Futter.

WICHTIG

Lenken Sie die Aktionen des Hundes. Bleiben Sie dabei variabel und für ihn unvorhersehbar, damit Sie ihn nicht langweilen.

1 Will der Hund das Dummy nicht aufnehmen, halten Sie es in einer Hand, so dass er es sehen kann, laufen Sie damit und lassen Sie es sichtbar fallen.

2 Nimmt der Hund es auf, motivieren Sie ihn sofort zum freudigen Hinterherlaufen und gehen dann schnell in die Hocke, um mit ihm zu tauschen.

WENN ES NICHT KLAPPT

Zögert der Hund, das Dummy aufzunehmen, oder zeigt er keinerlei Interesse daran, sollte man zuerst einmal überlegen warum. Verschiedene Gründe sind denkbar:

- Der Hund hat die Aufgabenstellung nicht verstanden.
- Sie waren zu wenig klar in Ihrer körpersprachlichen Ausdrucksweise.
- Sie haben den Hund überfordert, er kam unter Leistungsstress und konnte die Aufgabe nicht lösen.
- Ihr Hund ist zu verunsichert und hat aufgrund der bestehenden Futterrangordnung Angst, ein Beutestück, das seinem Menschen gehört, überhaupt aufzunehmen.
- Der Hund hat rassebedingt nur eine geringe Grundmotivation fürs Apportieren, hier sind nicht so ohne weiteres Fortschritte erzielbar.

Motivationsmöglichkeiten

Zeigt Ihr Hund nur mittelmäßiges Interesse für das Dummy, will er es nicht recht aufnehmen oder spuckt er es unterwegs wieder aus, dann laufen Sie wieder zum Dummy zurück, nehmen es auf, laufen damit ein Stückchen weiter, lassen das Dummy unterwegs wieder fallen und entfernen sich vom Dummy. Durch den Bewegungsreiz und Ihr zuvor gezeigtes deutliches Interesse für den Gegenstand wecken Sie das Interesse beim Hund. Nimmt der Hund den Gegenstand jetzt auf, bestätigen Sie sein Handeln deutlich freudig-lobend und motivieren ihn durch In-die-Hocke-gehen zum Herankommen. Tauschen Sie mit ihm, wenn er das Dummy bringt. Läuft er mit der Beute von Ihnen weg, bewegen Sie sich sofort in die entgegengesetzte Richtung. Kommt er nur zögerlich näher oder zeigt Tendenzen auszuweichen, kurz bevor er in Ihrer Nähe ist, signalisieren Sie ihm durch Ihr Zurückweichen in Ihrer Haltung, dass er keinen „Angriff" zu befürchten hat, Sie ihm lediglich ein Futterstück anbieten wollen.

Machen Sie das Dummy interessant

Zeigt Ihr Hund keinerlei Interesse an dem Dummy oder lässt er sich von etwas anderem ablenken, beginnen Sie, mit dem Dummy alleine, ohne den Hund weiter zu beachten, zu spielen. Werfen Sie es in die Luft, hüpfen und freuen Sie sich dabei, dann heben Sie es wieder auf und wiederholen dies einige Male. Irgendwann zeigt fast jeder Hund ebenfalls Interesse an dieser für seinen Menschen offenbar so besonders interessanten Beute. Falls er jetzt von sich aus das Dummy nimmt, überlassen Sie es ihm und motivieren Sie ihn dazu, Ihnen nachzulaufen. Sie laufen nie dem Hund nach, sondern er Ihnen! Lassen Sie ihm dabei keine Zeit, selbst zu entscheiden, was er mit der Beute machen könnte. Bleiben Sie stets in engem mentalen Kontakt mit dem Hund, indem Sie ihn fortwährend zum Nachfolgen motivieren. Während Ihr Hund Ihnen mit dem Dummy im Maul nachläuft, verlangsamen Sie plötzlich Ihren Schritt, gehen in die Hocke und bieten ihm blitzschnell Futter an, wobei Sie das Dummy entgegennehmen.

Grundregel „Beute gegen Futter“ muss sitzen

Wenn Sie Ihren Hund überhaupt nicht dazu motivieren können, einen Gegenstand aufzunehmen, dann müssen Sie erst noch einmal an der Grundregel „Beute gegen Futter“ arbeiten. Dazu müssen Sie die Augen offen halten und jede Gelegenheit nutzen, in der Ihr Hund irgendetwas ins Maul nimmt. Immer sofort mit dem Futterstück parat stehen, das Sie ihm vor das Maul halten, so dass er den Gegenstand freigibt und Sie den Tausch vollziehen können. Wenn der Hund die Grundregel „Beute gegen Futter“ verinnerlicht hat, können Sie weiter daran arbeiten: Ihm erst einen Gegenstand, den er gerne ins Maul nimmt, gezielt anbieten, und dann mit diversen anderen Gegenständen und komplexeren Übungen weitermachen.

Schon nach kurzer Zeit, in der der Hund zusah, wie sein Familienmitglied mir das Dummy abjagte, wollte er es ebenfalls besitzen und lief, um es zu holen.

Das Nachahmen

Hunde lernen auch durch Nachahmung. Sie zeigen Bereitschaft, sich an das Verhalten anderer anzukoppeln. Dies ist eine artspezifische Eigenschaft, die Sie nutzen können. Lassen Sie beispielsweise Ihren Hund dabei zusehen, wie ein Mensch oder ein anderer Hund das Dummy nimmt und Ihnen vielleicht sogar noch bringt. In dem Moment, in dem Ihr Hund sich ebenfalls interessiert zeigt, bekommt er „die einmalige Chance“, das Dummy selbst zu holen.

Ruhe und Konzentration fördern

Ihr Hund ist bereits etwas älter, hat im „Sitz“ bleiben inzwischen zuverlässig gelernt und Sie können sich von ihm entfernen und wieder zu ihm zurückgehen, ohne dass er unruhig wird oder gar aufsteht. Jetzt verbinden Sie die Apportier-Übung mit „Warte und beobachte“. Damit fördern Sie die Ruhe und Konzentration des Hundes deutlich.

Warte und beobachte

Bringen Sie Ihren Hund ins Sitz, markieren Sie diesen Platz, indem Sie die Leine auf den Boden legen. So wird dieser zum Sammelplatz. Gehen Sie dann einige Schritte nach vorne und werfen Sie zuerst ruhig und verhalten ein Dummy. Bleibt der Hund ruhig sitzen und sieht zu, gehen Sie sofort zu ihm zurück und belohnen ihn für das ruhige Sitzen bleiben mit Futter. Dann steigern Sie die Intensität des Werfens und laufen zuerst sehr ruhig und dann erregter weg, um eines der Dummys selbst zurückzuholen. Wieder bei ihm angekommen, legen Sie das Dummy ab und belohnen Sie sein Zuschauen und Warten mit Futter. So lernt er: Warten und zusehen macht Sinn.

„Erklären“ Sie Ihrem Hund die Übung

Beobachten Sie den Hund genau und reagieren Sie sofort mit einem schnellen Wechsel vom positiven in den negativen Zustand. Verwenden Sie die Binärsprache, um Ihrem Hund zu vermitteln, dass er in der Sitzposition zu bleiben hat. Sind Sie wieder zu ihm zurückgekommen, lassen Sie ihn zwischendurch eines der Dummys holen. Bauen Sie schrittweise Spannung auf. Tun Sie so, als würden Sie sich für das Dummy brennend interessieren und als wollten Sie jeden Moment

1 „Sitz und Warte“-Geste, das ist deutlich.

2 „Komm nicht nach”.

3 Durch das Werfen der Dummys steigern Sie die Reizlage für den Hund, hier zeigt sich schnell, ob Ihre Übereinkünfte gelten.

4 Hund abblocken, werfen, dann wieder zum Hund zurück und mit Futter fürs Warten belohnen.

5 Bauen Sie Spannung auf und lassen Sie den Hund zwischendurch zur Belohnung eines der Dummys holen, während Sie das nächste wieder selbst holen.

selbst losrennen. Dann schicken Sie ihn mit einer deutlich richtungweisenden Geste. Das vom Hund zurückgebrachte Dummy wird am Sammelplatz, dem Ort, den Sie zuvor durch das Ablegen der Leine markiert haben, abgelegt. Das andere Dummy holen Sie selbst zurück. Sammeln Sie die geholten Dummys immer am Sammelplatz bei der Leine. So lernt der Hund, die bereits geholte Beute bleibt liegen und die weiteren Beutegegenstände werden ebenfalls immer zum Sammelplatz gebracht. Diesen Übungsablauf können Sie, wie im Weiteren beschrieben, variieren. Aber denken Sie daran, der Entwicklungsstand des Welpens bestimmt, was und wie häufig Sie mit ihm üben, um ihn nicht zu überfordern.

TIPP

Fördern Sie bei Ihrem Hund Ruhe und Konzentration auf das, was Sie tun, indem er einfach nur zusieht.

Sensibilisierung der Nase

Mit dem Wind arbeiten

Hunde werden zu den unterschiedlichsten Aufgaben herangezogen, bei denen die Nase eine wichtige Rolle spielt, wie beispielsweise bei Dienst-, Rettungs- oder Jagdhunden. Auch Sie können die spezifischen Fähigkeiten Ihres Hundes fördern und nützen.

Nasenarbeit ist Konzentrationsarbeit.

Wenn Sie von Welpenbeinen an die Sensibilisierung der Hundenase durch entsprechende Übungsaufgaben aufbauen, lässt sich die geruchsstoffliche Leistungsfähigkeit des Gedächtnisses und das Unterscheidungsvermögen (= Zuordnungsvermögen) verbessern. Doch nur dann, wenn Sie die Nasenleistung Ihres Hundes bewusst erkennen, können Sie diese auch gezielt fördern. Manche Hunde nutzen beim Apportieren auf Grund ihrer Veranlagung sofort ihren Geruchssinn, andere müssen dies erst lernen. Die folgenden Übungen zeigen Ihnen Möglichkeiten, Ihrem noch unerfahrenen Welpen beizubringen, Gerüche einzuordnen und die Nase als Hilfe für seine Arbeit zu nutzen. Je reicher der Erfahrungsschatz des Hundes, desto leichter wird er sich auch in der Zukunft tun.

FACHBEGRIFFE

Markieren – Marking

Der Hund merkt sich die Flugbahn der Dummys oder des geschossenen Federwildes (Jagd). Er entwickelt die Fähigkeit, sich diese Punkte über einen längeren Zeitraum zu merken (Konzentration) und die Entfernung einzuschätzen.

Steadiness

Der Hund muss ruhig neben dem Halter bleiben oder ruhig neben ihm bei Fuß laufen.

Blind

Man lehrt den Hund, ein Dummy oder geschossenes Federwild (Jagd) zu suchen, das er zuvor nicht fallen sah.

Förderung der Nase und erstes Markieren

Werfen Sie das Dummy in einen höheren Bewuchs, so dass es der Hund nur fliegen und fallen, aber nicht liegen sieht. Machen Sie das Werfen spannend, damit es für den Hund interessant ist, Ihnen dabei zuzusehen. Dann schicken Sie ihn mit einer richtungweisenden Geste los. Jetzt können Sie beobachten, ob der Hund, nachdem Sie ihn

1 Das Dummy wird in eine Wiese geworfen. Der zuvor ins Sitz gebrachte Hund wird durch die blockende Geste mit der Hand zum Warten veranlasst und darf markieren.

2 Durch deutliche Körpergestik wird der Moment bestimmt, in dem der Hund zum Suchen geschickt wird. Dem Hund wird unterstützend die Richtung gezeigt.

3 Sie warten an der Wurfstelle und beobachten den Hund.

4 Kommt der Hund mit dem gefundenen Dummy zurück, wird er – wenn nötig – durch leichtes Zurückgehen zum freudigen Bringen veranlasst.

5 Wie immer wird jetzt sofort getauscht.

geschickt haben, weiß, was er tun soll. Ob er bereits gezielt mit der Nase und/oder mit dem Auge sucht oder aber einfach nur – eventuell oberflächlich nach Mäusen stöbernd – über die Wiese läuft.

Apportieren heißt Kommunizieren

Apportierübungen geben Ihnen die Möglichkeit zu überprüfen, ob und wie gut Ihre Körpersprache vom Hund verstanden wird. Retten Sie sich deshalb nicht in Sprache, sondern versuchen Sie, wirklich schnell und flüssig Ihre Signale zu benützen. Denken Sie bei allen Übungsabläufen immer daran, dass es in erster Linie darum geht, mit dem Hund gelungen zu kommunizieren. Das bedeutet für die Apportierübungen ganz konkret: Sie sollten das Verhalten Ihres Hundes auslösen und nicht der Apportiergegenstand.

ÜBUNGSABLAUF MIT BEKANNTEN SIGNALEN

In diesem Übungsablauf kommen bereits etliche Signale und Übereinkünfte zur Anwendung, die die Vielfältigkeit der bereits geschaffenen Verständigungsmöglichkeiten zwischen Mensch und Hund deutlich machen. Im Einzelnen sind dies:

- Sitz – Warten
- Steadiness: Ruhe beim Hund während des Werfens der Gegenstände
- Markieren: Der Hund beobachtet, wo das jeweilige Dummy herunterfällt und merkt es sich (er markiert und konzentriert sich)
- Erste Orientierung an Ihrer richtungweisenden Geste
- Bestärkung durch „Ja“, wenn er das Dummy findet
- Motivation zum Herankommen über das Signal „In-die-Hocke-gehen“
- Tauschen: „Bring ich was, krieg ich was“

Förderung der Nase und erstes Blind

Warten Sie, bis Ihr Hund durch irgendetwas abgelenkt ist und nicht zu Ihnen hersieht. In diesem Moment werfen Sie einen Gegenstand an einen Ort, der nicht einsehbar ist, zum Beispiel unter Büsche, in hohes Gras oder Ähnliches. Dann beginnen Sie, ohne ihn irgendwie auf sich aufmerksam zu machen, in einiger Entfernung des versteckten Gegenstandes so zu tun, als ob Sie ganz intensiv etwas suchten. Gehen Sie dazu in etwas gebückter Haltung, den Blick auf den Boden gerichtet, auf und ab, mit der überzeugenden inneren Einstellung „Ich suche etwas". Aus dem Augenwinkel heraus beobachten Sie Ihren Hund.

Hat Ihr Hund gelernt, sich an Ihrem Verhalten zu orientieren, wird er sicherlich von selbst nach einer Weile in Ihre Nähe kommen und ebenfalls beginnen zu suchen. Nun können Sie sich gemeinsam mit ihm auf die Suche nach diesem Gegenstand begeben und ihn dabei unauffällig in die Richtung lenken, aus der ihm dann der Geruch des Gegenstandes vom Wind zugetragen wird. Sie sollten also zuvor über die momentane Windrichtung Bescheid wissen.

Tun Sie so, als ob Sie etwas suchten. Beobachten Sie, ob Ihr Hund nun ebenfalls zu suchen beginnt.

Ihr Hund soll Erfolg haben

Halten Sie sich jedoch zurück, so dass der Hund immer näher am Gegenstand ist als Sie. Versuchen Sie immer, wenn der Hund von sich aus kurz Blickkontakt zu Ihnen aufnimmt, ihn über richtungweisende Gesten zu lenken. Wenn der Hund dadurch zum Erfolg kommt, erhalten Ihre Körpersignale für ihn Bedeutung und er wird sich immer stärker daran orientieren. Versuchen Sie wahrzunehmen, wann der Hund sich über das Auge oder über die Nase orientiert. Das können Sie in meinem Video „Der Weg des Vertrauens – Grundlagen" (siehe S. 220) auch sehr gut sehen.

Beobachten macht Sinn!

Das haben Sie ja schon geübt: Der Hund wird ins Sitz gebracht, der Sammelplatz mit der Leine definiert und ein Dummy geworfen. Nun können Sie diese Übung variieren und den Schwierigkeitsgrad weiter steigern. Werfen Sie beispielsweise vier Dummys in vier verschiedene Richtungen. Dabei soll der Hund unter anderem das Beobachten lernen und sich die „Landeplätze" der Dummys merken (= markieren). Bereits beim Werfen zeigen deutliche Gesten dem Hund die Wurfrichtung, so dass der Hund die Gegenstände leichter markieren kann. Im nächsten Schritt dieses Handlungsablaufs wird der Hund dann wieder durch deutlich richtungweisende Gesten in die Richtung des jeweils zu apportierenden Gegenstandes geschickt.

VORTEILE DER APPORTIERÜBUNGEN

Dies fördert beim Hund:	Dies fördert beim Mensch
▸ den Gehorsam zu warten ▸ die Konzentrationsfähigkeit ▸ die Merkfähigkeit ▸ die Orientierung an den Körpergesten des Menschen ▸ Strategien für soziales Miteinander zu entwickeln ▸ das Sammeln fürs Rudel an einem definierten Punkt ▸ Bringtreue durch Bringfreude	▸ deutliche, auf wenige Signale reduzierte Körpergestik ▸ die Verhaltensmuster des Hundes besser einordnen zu können ▸ die Konzentration des Menschen auf seinen Hund ▸ soziales Miteinander – keine Kommandoebene!

Emma sitzt und wartet, ich werfe gleich mehrere Dummys in verschiedene Richtungen.

1 + 2 Die richtungweisende Geste – einmal nach links, einmal nach rechts – zeigt Emma, welches Dummy sie holen soll. Deutlich zeigt mein ganze Körper in die gewünschte Richtung.

3 Jedes Mal wenn Emma das Dummy aufgenommen hat, bin ich bereits in der Hocke, um zu signalisieren: „Komm heran und du bekommst was Feines."

4 Immer wieder bestätige ich Emma mit einem freundlichen „Ja", wenn ich bemerke, dass sie das Dummy gesehen hat.

5 Zwischendurch hole auch ich ein Dummy und gebe Emma durch deutliche Geste zu verstehen: „Du wartest hier auf mich. Jetzt bin ich dran."

6 Beim Zurückkommen gibt es dann für das Warten ein Lob und Futter. Die „Beute" wird am Sammelplatz, der mit der Leine definiert wurde, abgelegt.

7 Inzwischen sind schon einige Dummys auf dem Sammelplatz zusammengekommen. Immer wieder wird das Dummy gegen Futter eingetauscht.

8 Alle gemeinsam erbeuteten Dummys werden nun eingesammelt und wir bringen die Beute gemeinsam in Sicherheit.

Belohnung erst am Ende

Bei manchen – nicht so stark beutemotivierten – Hunden kann es sein, dass durch den Erhalt einer Belohnung für jeden einzelnen apportierten Gegenstand schrittweise die Motivation sinkt, das nächste Dummy zu holen. In solchen Fällen hat es sich als besser erwiesen, den Hund erst nach dem Einsammeln aller Dummys dafür zu belohnen, denn erst jetzt ist die Übung zu Ende.

Mein Körper geht in gespannter Haltung nach vorne, gleichzeitig zeige ich eine blockierende Geste – das erhöht die Spannung beim Hund.

APPORTIEREN SOLL SPASS MACHEN

Apportierübungen sollten spontan und abwechslungsreich für den Hund aufgebaut werden. Das motiviert Ihren Hund weit mehr als regelmäßig wiederkehrende, immer gleiche Versuchsanordnungen mit vorhersehbarem Ablauf. Um die Freude des Hundes aufrechtzuerhalten, sollten Sie die Übungen beenden, bevor er das Interesse verliert. Am besten also auf dem Stimmungshöhepunkt.

Immer wieder Pausen

Bei diesem Übungsablauf (Bildfolge S. 189) war Emma etwa 14 Wochen alt und sie war für ihr Alter schon sehr weit entwickelt. Das ist nicht bei jedem Welpen so! Sie sollten natürlich nur ab und zu so ausgedehnte Übungsabläufe durchführen. Gönnen Sie dem Welpen zwischendurch Ruhepausen, er braucht in diesem Alter nicht jeden Tag so anstrengende Lernblöcke. Wie schon öfter angesprochen: Jeder Welpe ist anders. Entscheiden Sie also je nach individuellem Entwicklungsstand Ihres Welpen, wie viel Sie ihm zumuten. Legen Sie immer wieder Pausen ein und achten Sie sehr darauf, dass Sie Ihren Welpen in keinem Fall überfordern.

Motivation verstärken durch Spannungsaufbau

Um das Interesse Ihres Hundes zu wecken und seine Aufmerksamkeit in den Übungen zu fördern, können Sie über den Einsatz differenzierter Körpersignale die Spannungsfelder Ihres Hundes beeinflussen. Ein Hund, der Ihnen aufmerksam und neugierig zusieht, während Sie einen Gegenstand auslegen, und dessen Spannung Sie noch dadurch anstacheln, dass er nicht gleich loslegen darf, geht ganz anders an eine Apportierübung heran, als ein Hund, dessen Interesse nicht geweckt wurde. Es liegt also an Ihnen, kreativ darin zu sein, ein Verhalten an den Tag zu legen, das den Hund in einen positiven Erregungszustand versetzt, der ihn motiviert, mit Ihnen gemeinsam aktiv zu sein. Genauso können Sie daran arbeiten, den Hund auch wieder aus der Spannung nehmen zu können. Hierzu setzen Sie sich zum Beispiel am Sammelplatz auf den Boden, nehmen Ihren Hund in den Arm und schmusen mit ihm. Dann kann es wieder losgehen.

Zuerst zeigte Emma, dass sie das Dummy in der Nase hat, aber sie tat sich schwer, den genauen Standort zu ermitteln. Inzwischen hat sie verstanden: Beute kann sich an erhöhten Plätzen befinden.

Nase hoch

Ihr Hund durfte bisher nur am Boden liegende Dummys suchen. Erhöhen Sie den Schwierigkeitsgrad, indem Sie das Dummy an einem erhöhten Platz verstecken. Dazu eignen sich Dummys mit einer Schlaufe am Ende. Mittels dieser Schlaufe können Sie das Dummy an einen Zweig im Gebüsch aufhängen. Hängen Sie es nicht zu hoch, da Ihr Hund es sonst eventuell nicht erschnuppern kann. Danach gehen Sie wie immer vor: Der Hund sitzt, Sie bauen Spannung auf und schicken ihn über die richtungweisende Geste zum Suchen. Achten Sie beim Losschicken auf die Windrichtung. Lassen Sie ihm Zeit, das Problem alleine zu lösen. Wird er nicht fündig, bringen Sie ihn über Gesten so an das Dummy, dass er den Geruch möglichst gut in die Nase bekommt. So lernt er, den Wind zu nutzen.

WICHTIG

Apportierübungen erfordern Sensibilität und einen schnellen Wechsel der eigenen Verhaltensmuster, wenn Sie erfolgreich sein wollen und es Ihrem Hund Spaß machen soll.

Aufnehmen und Abgeben

„Nimm"

Durch deutliche richtungweisende Gesten können Sie den Hund lenken und leiten. Sie bestärken ihn in seinem Verhalten, wenn Sie genau den Augenblick, in dem der Hund anzeigt, dass er das Dummy wahrgenommen hat, mit einem positiven, ermunternden „Ja" bestätigen. Fasst er nach der Beute, können Sie dies mit einem „Nimm" belegen. Der Laut „Nimm" wird so einem Verhalten, dem Zufassen, zugeordnet und damit zum Signal.

Das Abgeben des Dummys

Am Anfang ist es noch nicht wichtig, wie der Hund das Dummy abgibt. Es gibt keinen starren Ablauf wie zum Beispiel: Herankommen – Sitzen – weiter Festhalten – in die Hand geben usw. Motivieren Sie Ihren Welpen und angehenden Junghund erst einmal dazu, dass er alles, was er findet und aufnimmt, sofort, schnell und gerne zu Ihnen bringt. Durch das Tauschen haben Sie mit dem freudigen Hergeben der Beute keine Schwierigkeiten, denn wenn er das zum Tausch angebotene Futter fressen will, muss er sein Maul aufmachen und die Beute erst einmal ausspucken. „Mit vollem Maul kann man nicht fressen!" Nicht vergessen: Immer mit ihm tauschen! Sie wollen ihm nicht das Gefühl geben „Ich nehme Dir Deine Beute weg". Es ist sehr wichtig, jede Übung am Ausgangspunkt, dort wo die Leine liegt und Sie die Dummys gesammelt haben, zu beenden.

1 Der Hund sieht das Dummy, genau in dem Moment bestätigen Sie ihn mit einem „Ja".

2 Während er nach dem Dummy greift, bestätigen Sie mit „Nimm".

Das Abgeben in die Hand

Ihr Hund bringt das Dummy schon zuverlässig. Jetzt versuchen Sie so schnell zu werden, dass Sie immer schon die eine Hand beim Dummy haben, während die andere ihm das Futter zum Tausch anbietet und er so das Dummy in Ihre Hand abgibt. Sie können nun auch jedes Mal genau in dem Moment, in dem der Hund Ihnen das Dummy gibt, dieses Verhalten mit dem weichen, lang gezogenen Laut „Laaas“ verbinden. Wieder wird der Laut einem Verhalten zugeordnet und damit zum Signal.

VORSICHT

Wenn Sie das Futter bereits in der Hand halten oder zu überschwänglich loben, kann es schnell passieren, dass der Hund das Dummy zu früh ausspuckt.

Belegen Sie das Abgeben des Dummys mit „Laaas“.

NUR MUT

Sicher wird es einige Zeit dauern, bis Sie und Ihr Hund gelernt haben, so komplexe Handlungsabläufe gemeinsam erfolgreich zu absolvieren. Wie immer im Umgang mit Hunden sind ausgesprochen schnelle Reaktionen gefordert, um auf die Signale des Hundes prompt zu reagieren. Verzagen Sie nicht, es ist schwer: Schnell das Dummy in Empfang zu nehmen, ohne den Hund dabei zu bedrängen. Etwas von ihm zu nehmen, ohne ihm das Gefühl zu geben, etwas wegzunehmen. Und dabei auch noch im richtigen Moment Futter anzubieten. Keine Sorge: Jeder musste mal klein anfangen. Es ist noch kein Meister vom Himmel gefallen. Sobald Sie diese Koordinationen gelernt haben, werden Sie merken, dass sich durch die ständigen schnellen Interaktionen Ihr Reaktionsvermögen in allen Alltagssituationen verbessert.

Emma findet meine Uhr, die ich immer wieder „verliere". Sofort nimmt sie diese vorsichtig auf und bringt sie mir.

Das Maul, die Hand des Hundes

Auch die Art und Weise, wie ein Hund mit Dingen umgeht, die er trägt, kann von ihm erlernt werden. Es ist unangenehm, wenn ein Hund sein Maul unsensibel benützt. Ich nenne das undifferenzierter Griff. Vielleicht haben Sie das schon einmal erlebt, zum Beispiel als Sie einen Hund aus der Hand fütterten und dieser hart und grob nach dem Futterstückchen schnappte. Das kann sehr unangenehm sein und weh tun. Mancher Hund hinterlässt sofort seinen Zahnabdruck oder ein paar Löcher, wenn er ein Dummy oder einen anderen Gegenstand ins Maul nimmt. Ich lege großen Wert darauf, dass bereits der Welpe lernt, mit seinen spitzen Zähnchen so umzugehen, dass weder der Sozialspielpartner verletzt noch der Beutegegenstand beschädigt wird. Diese Thematik habe ich unter „Ein Welpe kommt ins Haus" unter dem Stichwort „Beißhemmung" (S. 119) näher ausgeführt.

Sie bestimmen, was gekaut werden darf

Fast jeder Welpe neigt dazu, sich selbstständig irgendwelche Gegenstände zu holen. Gestatten Sie Ihrem Welpen von Anfang an nicht, sie zu zerbeißen oder zu beschädigen. Tauschen Sie von Anfang an alle vom Hund aufgenommenen Gegenstände gegen Futter. Geben Sie ihm als Ersatz einen Gegenstand, auf dem er herumkauen darf, wie zum Beispiel ein Stück geknotetes Tau. Neigt er dazu, sich das Taustück ständig um die Ohren zu schütteln, wie manche Hunde dies gerne tun, ist es besser, ihm dieses wieder wegzunehmen und durch einen anderen Gegenstand zu ersetzen, den er nicht schütteln kann. Ein Ochsenziemer oder Kauknochen ist zwischendurch immer wieder eine beliebte Abwechslung. Aber Vorsicht: Meine Erfahrung hat mir gezeigt, dass manche Welpen Kauknochen nicht so gut vertragen. Bitte immer darauf achten, ob er davon Durchfall oder Verstopfung bekommt. Während der Zeit des Zahnwechsels sollte der Welpe etwas zum Herumkauen haben. Aber auch hier bestimmen Sie, was Ihr Welpe für diesen Zweck verwenden darf, und bieten ihm Entsprechendes an. So vermeiden Sie das Zerkauen von Schuhen, Socken oder sonstigen Haushaltsgegenständen und müssen den Hund nicht ständig reglementieren.

Dadurch, dass Emma die unterschiedlichsten Gegenstände aufnimmt – hier eine Feder –, übt sie, ihr Maul gefühlvoll zu benützen.

Differenzierter Griff

Das Ziel ist, dass Ihr Welpe alle Beutegegenstände, die er findet, vorsichtig ins Maul nimmt und unbeschädigt zu Ihnen bringt. Das bezeichne ich dann als differenzierten Griff. Vorsicht: Durch Zerr- und Wurfspiele desensibilisiert sich sein differenziertes Aufnehmen von Beutegegenständen. Um den Welpen im Umgang mit seinem Maul zu sensibilisieren, lasse ich ihn möglichst viele verschiedenartige Gegenstände, sei es in Form, Größe oder Material, ins Maul nehmen. So wird sein Empfindungssinn im Maul durch die Vielzahl von Erfahrungen sensibilisiert, und er lernt mit Gegenständen vorsichtig umzugehen. Auf diese Weise können alle Apportierübungen die Sensibilität des Mauls unterstützen.

Meine Emma beispielsweise bringt mir gerne das Terminbuch oder das Telefon, wenn das wieder mal irgendwo im Haus liegt und ich im ersten Stock bin. Es gibt unzählige Variationen – seien Sie erfinderisch. Mit Sicherheit werden Sie Möglichkeiten finden, die genau zu Ihnen, Ihrem Alltag und Ihrem Hund passen.

APPORTIEREN IM ALLTAG

Es gibt Menschen, die glücklich sind, wenn sie einen Hund haben, der ihnen bei kleinen Alltagsdingen helfen kann. Glauben Sie mir, auch dem Hund macht das Spaß. Nutzen Sie deshalb die Apportier- und Bringfreude Ihres Hundes bei allen sich bietenden Gelegenheiten. Er kann Ihnen die Post ins Haus tragen oder kleine Kurierdienste übernehmen. Beispielsweise den Autoschlüssel vom Haus zur Garage bringen, wenn Papa ihn, wie schon so oft, (absichtlich) vergessen hat.

Wasserfreuden

Gewöhnung ans Wasser

Gerade bei der Arbeit am und im Wasser hängt der Erfolg davon ab, dass der Hund auf Sie achtet und sich von Ihnen lenken lässt. Diese Übungen geben Ihnen immer wieder die Möglichkeit zu überprüfen, wie gut Sie sich Ihrem Hund vermitteln können und inwieweit Ihre Signale und Übereinkünfte Bestand haben.

Ein Familienhund muss nicht unbedingt ein großer Wasserfreund werden.

Erster Kontakt mit Wasser

Ein guter Züchter hat den Welpen bereits erste Erfahrungen mit dem nassen Element machen lassen. Zusammen mit der Mutterhündin geht er an ein flaches Gewässer und durchwatet es spielerisch mit dem ganzen Rudel. Die Welpen werden nahe bei der Mutter bleiben und so in sicherer Obhut den ersten Kontakt zum Wasser aufnehmen. In keinem Fall aber sollte der Züchter die Welpen dazu zwingen, ins Wasser zu gehen. Ist Ihr Welpe dann im neuen Heim angekommen, können Sie ihn weiter mit dem Element Wasser vertraut machen. Die im Winter geborenen Welpen haben da allerdings ein bisschen das Nachsehen. Denn in der kalten Jahreszeit bei Wassertemperaturen unter 15 Grad Celsius sollten sie natürlich nicht ins Wasser gehen.

Grundlagen für freudige Wasserarbeit

Wie unsere Emma zeigen viele Hunde bereits im Welpenalter Unsicherheit oder Meideverhalten am Wasser. Meist ist es eine sehr sensible Angelegenheit, diese Unsicherheit abzubauen. Die kleinsten Fehler hierbei können ein lebenslanges Wasser-Meideverhalten nach sich ziehen. Der Jagdgebrauchshund sollte freudig ins Wasser gehen, es „annehmen", wie der Jäger es nennt, dort lenkbar sein und das erlegte Wild apportieren. Wenn der Hund als Familienhund gehalten wird und keine sonderliche Motivation zeigt, ins Wasser zu gehen, braucht er nicht in jedem Fall zum Schwimmen veranlasst zu werden. Aber Wasserarbeit kann Hund und Mensch viel Spaß bereiten.

Erste Erfahrungen mit dem kühlen Nass

Der Aufbau zur freudigen Wasserarbeit ist bei allen Hunden zu Beginn gleich. Er unterscheidet sich beim Jagdgebrauchshund nur dadurch, dass ab und an mit Wild anstatt mit Dummys gearbeitet wird. Für die ersten Erfahrungen suchen Sie sich eine flache Wasserstelle

DARAUF SOLLTEN SIE ACHTEN

- Die Temperatur muss passen!
- Fördern Sie, dass der Hund das Wasser immer ruhig und besonnen annimmt.
- Animieren Sie ihn nicht, ungestüm ins Wasser zu springen. Sie wissen nicht, was sich in unbekannten Gewässern unter der Oberfläche befindet. Hier kann Verletzungsgefahr bestehen.
- Lassen Sie Ihren Hund keine unnötigen Risiken eingehen.
- Bedenken Sie außerdem, dass in vielen Schilf- und Randbereichen der Gewässer mit Sicherheit Wild zu finden ist und fördern Sie nicht unbedacht das Jagdverhalten.

oder ein Bächlein aus, das Sie leicht durchqueren können. Dann motivieren Sie Ihren Welpen nur dazu, Ihnen nachzukommen. Läuft ein älterer und wasserfreudiger Hund mit durch die Furt, kann sich der Welpe zusätzlich auch an ihm orientieren. Machen Sie am besten keine allzu große Sache daraus. Einfach das Wasser durchqueren und weitergehen. Hier können Sie beobachten, ob der Kleine problemlos hinter Ihnen herläuft, das Wasser vorsichtig annimmt oder gar ängstlich ist.

Was tun, wenn der Hund nicht ins Wasser will?

Wenn Wassertemperatur und Wetter passen, haben Sie über die Dummy-Arbeit eine Möglichkeit, dem Hund vorsichtig und sensibel über Motivation die Scheu vor Wasser zu nehmen. Schauspielern Sie ein bisschen und tun Sie so, als ob sich etwas höchst Interessantes ereignet, während Sie quasi unter Trommelwirbel das Dummy ins flache Wasser werfen. Blocken Sie den Hund, sodass er nicht sofort los-

1 Halten Sie den Hund durch die abblockende Hand im Sitz und werfen Sie dabei das Dummy in den flachen Bach.

2 Nach einem kurzen Blickkontakt löst eine richtungweisende Geste in Richtung Dummy den Hund aus.

stürmt, und verstärken Sie damit seine Spannung und seinen Wunsch, schnell an die geliebte Beute zu gelangen. Warten Sie auf einen kurzen, fragenden Blickkontakt des Hundes, darauf folgt Ihre richtungweisende Geste. Hat der Hund das Dummy geholt, wird er durch Zurückgehen zum Kommen und Bringen motiviert und wie immer wird getauscht. Jetzt zeigt sich, ob und wie gut Ihre Signale und Übereinkünfte im Zusammenhang mit Wasser greifen: Wartet Ihr Hund, lässt er sich spannen, läuft er los, wenn Sie ihn schicken, sucht und holt er das Dummy und bringt er es dann zurück?

Apport aus dem Wasser

Erste Apportierübungen am flachen Wasser

Emma war nicht sehr begeistert vom Wasser. Aber sie liebte ihr Dummy und war immer mit großer Freude dabei, wenn es darum ging, es zu holen. Wie bereits angesprochen, ist der Kontakt mit Wasser und das Schwimmen nicht bei jedem Hund zwingend notwendig! Ich wollte Emma auch in der Jagdausübung ausbilden und dazu durfte sie keine Wasserscheue an den Tag legen. Deshalb habe ich von Anfang an großen Wert darauf gelegt, ihr die Unsicherheit in Bezug auf das Wasser zu nehmen.

Dem Lieblingsdummy nach

Um neue Reizlagen zu bieten, ging ich mit Emma an einen etwa drei Meter breiten Bach. Er war an manchen Stellen flacher und wurde dann tiefer mit etwas schneller fließendem Wasser. Das kannte sie

3 Schnell geht's aus dem Nass heraus in Richtung Herrchen oder Frauchen.

4 Wie immer animieren Sie durch ein kurzes Zurückgehen den Hund zum freudigen Herankommen.

5 Am Ausgangspunkt, dem Sammelplatz, wird wie üblich die „Beute“ gegen Futter getauscht.

1 Emma ist noch unsicher, ob sie ins Wasser gehen soll. Sie will aber unbedingt zu ihrem Lieblingsdummy. Dieses Verhalten kann ich nützen, um ihre Unsicherheit am Wasser abzubauen.

2 Das Dummy schwimmt, von mir beabsichtigt aber aus Emmas Sicht unglücklicherweise, in einen Bereich des Baches mit tieferem Wasser. Um zu ihrem Dummy zu gelangen, muss Emma fast schon schwimmen.

3 Emma schafft es, durch ganz langes Strecken des Körpers ihr Dummy doch noch im Stehen zu erwischen.

4 Glücklich dreht sie um und …

5 … läuft schnell mit mir zurück ans Ufer.

noch nicht. Das Dummy schwamm davon, es „floh“ und – so ein Pech für Emma – ausgerechnet ins tiefere Wasser. Hier half der Anreiz, den das Lieblingsdummy und dessen „Fliehen“ darstellte, die Unsicherheit im Kontakt mit Wasser zu überwinden. Ein kleiner Schritt, den Welpen dazu zu bringen, sich mit dem Element Wasser auseinander zu setzen. Wenn der Reiz stärker ist als die Verunsicherung, dann ist das eine Möglichkeit, dass der Hund seine Unsicherheit überwindet. Der Unsicherheitsfaktor, den Wasser darstellt, wird zweitrangig. Der Hund folgt dem starken Reiz, den das Dummy ausübt, kommt in Kontakt mit dem Wasser und realisiert quasi nebenbei, dass Wasser gar nicht so schlimm ist. Je einfallsreicher und variationsreicher Sie dabei sind, um so besser lernt der Welpe, die neuen Eindrücke zu verarbeiten.

Dummy von der anderen Seite apportieren

Suchen Sie sich flache und schmale Wasserstellen an Bächen oder schmale Engstellen an Weihern oder Seen. Wenn möglich durchqueren Sie diese und legen am anderen Ufer das Dummy deutlich sichtbar ab oder werfen Sie das Dummy auf das gegenüberliegende Ufer, so dass der Hund es sieht. Dann motivieren Sie den Hund mit deutlichen Gesten dazu, die Wasserstelle zu überqueren, das Dummy aufzunehmen und wieder zu Ihnen zurückzubringen.

Variation

Eine Steigerung der Anforderung an Ihren Hund könnte so aussehen, dass Sie das Dummy auf der anderen Seite nicht sichtbar auslegen. Nun können Sie den Hund über richtungweisende Gesten durch das Wasser zum Dummy lenken. Wieder hilft Ihnen dies ganz allgemein, dass Ihr Hund Ihre Signale beachten lernt. Der Erfolg – das Finden des Dummys – macht Sie für den Hund in Ihren Signalen glaubhaft.

Das Dummy wird auf die gegenüberliegende Insel geworfen. Dann motivieren Sie den Hund, auf die andere Seite zu schwimmen, um es zurückzuholen.

Und damit erreichen Sie zweierlei: Der Hund macht eine neue erfolgreiche Erfahrung und sein Vertrauen in Sie und in die gemeinsame Kommunikation wird verstärkt.

Emma denkt nach

Emma mochte, wie gesagt, anfangs kein Wasser. Sie suchte tatsächlich den kürzesten Weg ans andere Ufer, um schnellstmöglich an das Dummy und wieder ins Trockene zu gelangen. Die nachfolgenden Wochen und Monate entwickelte sie dabei die unglaublichsten Strategien, um möglichst wenig oder gar keinen Kontakt zum Wasser haben zu müssen. Sie sprang über Engstellen der Bäche, suchte die ausgefallensten Überquerungsmöglichkeiten, wie Brücken, Holzplanken oder Steine, durch die sie den Wasserkontakt minimieren konnte. Aber: Auch das ist Denkarbeit für den Hund und erhöht seine Fähigkeit, allgemeine Strategien zur Lösung von Aufgaben zu entwickeln.

Dummy aus tiefem Wasser apportieren

Die nächste Etappe im „Wasser-Parcours" ist das tiefe Wasser. Dazu ging ich mit Emma an einen Weiher mit einer Größe von etwa 500 qm und einer kleinen Insel in der Mitte. Dort warf ich das Dummy auf die Insel. Emma kam jedoch schnell auf die Idee, das man nach dem Aufnehmen der Beute für den Rückweg auch ans andere, näher gelegene Ufer schwimmen könnte. So konnte sie sich den längeren Weg durchs Wasser ersparen und den Rest der Wegstrecke trockenen Fußes um den Weiher herum auf dem sicheren Landweg zurücklegen. Ich sagte ja bereits, sie war da wirklich erfindungsreich.

Eine solche Hundeschwimmweste kann ängstlichen Hunden bei der Gewöhnung ans Wasser helfen.

Wasserapport als Sprachübung

Um zu überprüfen, wie sattelfest Sie in der Anwendung der Binärsprache sind, werfen Sie das Dummy nicht sichtig für Ihren Hund ins Wasser. Jetzt versuchen Sie, ihn durch „Ja" und „Nein" und richtungsweisende Gesten im Wasser zu dirigieren und ihm dadurch den Weg vorzugeben, den er schwimmend nehmen soll. Hier erkennen Sie schnell, ob Ihr Hund wirklich lenk- und leitbar ist. Es ist eine reizvolle Aufgabe, das Kontakthalten des Hundes zu fördern. Das ist besonders wichtig für den jagdlich geführten Hund, der später Gewässer absuchen und dabei führbar sein soll.

Es geht voran

Die Gewässer werden immer größer und das Schwimmen in Richtung Dummy klappt jetzt schon ganz gut. Dabei müht sich die kleine Emma tapfer ab, um das Dummy zu holen.

Negative Erfahrung

Emma war mit 8 Monaten schon ganz gut bei der Sache, als während der Jagd leider ein Unfall passierte. Sie kam durch einen steilen Uferrand nicht mehr aus einem Fluss heraus und verhedderte sich dabei auch noch unglücklich in angeschwemmten Ästen. Sie wäre fast ertrunken. Ich musste sie retten. Ab diesem Zeitpunkt war totale Verweigerung angesagt. Wenn so etwas passiert, dann hilft nur eines: Erst einmal Ruhe einkehren lassen und sich viel Zeit nehmen. Auf gar keinen Fall nach der Methode „Hauruck und durch!" vorgehen. Auch wenn Sie Hundehalter treffen, die im Brustton der Überzeugung erklären: „Da muss der Hund durch." Lassen Sie Ihrem Hund Zeit. Gerade dann, wenn Ihr Hund mit Ihnen zuverlässig und freudig arbeiten soll!

TIPP

Die beim Bootfahren obligate Hunde-Schwimmweste kann auch helfen, einen älteren Hund noch zum Schwimmen zu bringen.

Die Lösung des Problems

Ich habe das Problem folgendermaßen gelöst: Mehr als ein halbes Jahr lang habe ich mit Emma jeden Kontakt zu Wasser gemieden, um ihr die Zeit zur weiteren Entwicklung und Reifung zu geben und sie in aller Ruhe das Trauma verarbeiten zu lassen. Dann begann ich wieder ganz von vorne. In sehr kleinen Schritten, unter Zuhilfenahme einer speziellen Hunde-Schwimmweste, durch ständigen Wechsel der Gewässer und viel Motivation gelang es mir schließlich, sie ohne Zwang zu einem wassersicheren und wasserfreudigen Jagdhund zu machen. Falls Sie diese Geschichte näher interessiert, dann schauen Sie doch mal in mein Video „Der brauchbare Jagdhund am Wasser". Dort können Sie sehen, wie Emma und ich diese Herausforderung gemeinsam bewältigt haben.

Ein Jahr später

Auch große Wasserflächen bereiten Emma heute kein Problem mehr. Bei der Herbstzuchtprüfung war sie eineinhalb Jahre alt und zeigte, was sie konnte, was mit 194 Punkten und einem ersten Preis belohnt wurde.

1 Die Jagdprüfung: Emma hatte kein Problem mehr, auch nicht mit großen Wasserflächen.

2 Die Mühe hat sich gelohnt, stolz bringt Emma die Ente zu mir.

Es ist nie zu spät

Der erwachsene Hund

Die häufigsten Probleme

Ich komme in meiner Hundeschule mit vielen Menschen in Kontakt, die Probleme mit ihrem Hund haben und sich nicht mehr zu helfen wissen. Die häufigsten Probleme, die mir dabei geschildert werden, sind: Der Hund zieht an der Leine, er verhält sich an der Leine aggressiv, er bellt Menschen oder Artgenossen an, er kommt nicht, wenn man ihn ruft, er ist unsicher oder er beachtet seinen Menschen nicht mehr.

Die Ursache

Es gibt keine echte Beziehung zwischen Mensch und Hund. Mensch und Hund kommunizieren nicht miteinander. Alle oben aufgeführten Probleme mit dem Hund machen deutlich: Der Hund verhält sich unkontrolliert. Weder unterliegt er der Kontrolle seines Menschen, noch ist er in der Lage dazu, sein Handeln selbst zu kontrollieren. Er tut Dinge, von denen er denkt, dass er sie so tun darf oder vermeintlich tun soll, oder er wird von Reizen ausgelöst, die sein Verhalten bestimmen. Dabei koordiniert sein Gehirn lediglich Bewegung, der Hund hat nicht gelernt, bewusst zu denken und zu handeln. Hier hat der Mensch versagt. Es ist ihm nicht gelungen, mit seinem Hund so zu kommunizieren, dass dieser ihn verstehen kann und dadurch in der Interaktion mit seinem Menschen lernen kann, sein Verhalten selbst zu kontrollieren. Dem Menschen ist es nicht geglückt, dem Hund ein soziales Regelwerk zu vermitteln, mit dessen Hilfe er sich in die soziale Gemeinschaft mit dem Menschen eingliedern kann. Der Mensch hat in seinem Kommunikationsbemühen nicht die Sprach- und Verständnisebene des Hundes gefunden. Der Mensch neigt dazu, zu viele Informationen gleichzeitig zu übermitteln, die beim Hund schnell zu einer Reizüberflutung führen. Der Mensch sendet Körpersignale und unbewusste Stimmungen und benutzt dabei gleichzeitig Sprache, um sich mitzuteilen – oft in widersprüchlicher Art und Weise.

> **WICHTIG**
>
> **Verändern Sie Ihr Verhalten und das Verhalten Ihres Hundes wird sich verändern!**

Worauf es wirklich ankommt

Damit der Hund Sie verstehen kann, sollten Sie sich in Ihren kommunikativen Signalen reduzieren und zugleich eindeutig in Ihren Grundbotschaften werden. Deshalb sind Körpersignale und Gesten verbunden mit einer eindeutigen Binärsprache die Bausteine für gelungene Kommunikation. Damit Sie wiederum Ihren Hund verstehen, müssen Sie lernen, bewusster wahrzunehmen, um so die Empfindungen Ihres Hundes reflektieren zu können. Bewusstes Wahrnehmen bedeutet: Beginnen Sie die Zusammenhänge und Wechselwirkungen zwischen Ihrem Verhalten und dem Verhalten Ihres Hundes zu erkennen.

Was ist anders beim erwachsenen Hund?

Gibt es Unterschiede in der Erziehung? Ja und Nein! Stellen Sie sich einen Computer vor, den Sie programmieren wollen. Nur wenn die Programme richtig eingespielt werden, kann das Ganze funktionieren. Beim Welpen haben Sie quasi einen fast leeren Datenspeicher vor sich. Beim älteren Hund sind schon unterschiedlichste Programme gespeichert. Während Sie beim Welpen neue Programme anlegen, müssen Sie beim älteren Hund die vorhandenen Programme so verändern, dass sie sich wieder gut handhaben lassen oder aber diese komplett überschreiben. Letzteres ist etwas schwieriger. Dennoch ist durch eine Änderung in Ihrem Verhalten und in Ihrer Umgangsweise eine grundsätzliche Veränderung bei Ihrem Hund möglich. Auf Dauer klappt das nur, wenn Sie in Ihrem veränderten Verhalten gleich bleibend zuverlässig und stabil sind und genügend Ausdauer und Konsequenz mitbringen, da alte Programme dazu neigen, sich selbsttätig zu reinstallieren.

Bestätigen Sie die Blickkontaktaufnahme Ihres Hundes immer positiv.

KEINEN KONTROLLVERLUST ZULASSEN

Überdenken Sie einmal kritisch Ihre bisherige Umgangsweise mit Ihrem Hund. Ist Ihre Umgangsweise dadurch bestimmt, dass Sie Ihren Hund dazu anhalten, seinen Verstand zu benutzen oder reagiert er nur auf Reize und Befehle? Vielleicht sollten Sie sich besser von einigen Ihrer „liebgewonnenen" Gewohnheiten trennen wie zum Beispiel:

1. Das Werfen von Bällen und Stöckchen, die das unkontrollierte Hinterherjagen auslösen und den Hund zu stereotypem Verhalten konditionieren, bei dem er nicht mehr nachdenkt. Er wird mit der Zeit jedem Bewegungsreiz erliegen und loshetzen, auch quer über eine Bundesstraße.
2. Die unüberlegte Überlassung von Spielzeug, das dem Hund zur solitären Lustbefriedigung dient und dabei zum Ersatz für fehlendes soziales Miteinander wird. Insbesondere Quietsch-Spielzeug wirkt „Sucht-bildend", da der Hund vermeintlich eine Reaktion vom Gegenstand erhält (Kommunikationsersatz).
3. Jegliche Form von Zerrspielen, durch die Sie dem Hund vermeintlich Ihre Konfrontationsbereitschaft signalisieren und er deshalb glaubt, mit Ihnen in Konkurrenz treten zu können, womit Sie Ihre Souveränität aufgeben.
4. Den Hund alleine im Garten lassen, wo er – so allein gelassen – in seinem Revier vielfältigen Herausforderungen ausgesetzt ist, auf die er ohne Unterstützung durch den Menschen reagieren muss. Sei es Nachbars Katze, die er verjagt, oder der am Zaun entlang fahrende Radfahrer, den der Hund laut bellend „eskortiert". Geben Sie Ihrem Hund keine Gelegenheiten mehr Verhaltensmuster zu trainieren, die außerhalb des Gartens nicht erwünscht sind.
5. Das freie Herumstöbern über Feld und Wiese, bei dem der Hund seinem Jagdtrieb fröhnt und seinen Menschen einfach vergisst.

Das Erste-Hilfe-Grundprogramm

Wie Sie vorgehen sollten

Ich möchte Ihnen an dieser Stelle vermitteln, wie Sie in relativ kurzer Zeit zu einem neuen Umgang mit Ihrem bereits erwachsenen Hund kommen können. Bei konsequenter Durchführung ermöglicht Ihnen das Erste-Hilfe-Grundprogramm, unabhängig vom Alter des Hundes und dem Umfang der Verhaltensauffälligkeiten, erste positive Veränderungen zu erzielen. Der Leitfaden gibt Ihnen die optimale Reihenfolge der Lernschritte vor, die auf den erwachsenen Hund abgestimmt ist. Alle darin enthaltenen Lektionen haben Sie bereits in den vorangegangenen Kapiteln kennen gelernt. Bei einigen der aufeinander aufbauenden Übungsabläufe kommt man beim erwachsenen Hund erfreulicherweise schneller voran als beim Welpen, denn er hat bereits die nötige Reife und bringt auch die physische und psychische Ausdauer mit. Dennoch sollten Sie sorgfältig darauf achten, dass Sie das Lerntempo individuell auf Ihren Hund und auf sich selbst abstimmen.

1 Der Hund zieht. Nur durch eine Veränderung Ihres Verhaltens und mit Ausdauer und Konsequenz können Sie dies verändern!

2 Eine Möglichkeit: Der Hund wird ins Sitz gebracht.

3 Durch immer wiederkehrenden Richtungswechsel zeigen Sie dem Hund, dass Sie den Weg bestimmen und nicht er.

Blickkontakt herstellen

Beantworten Sie grundsätzlich jeden Blick Ihres Hundes mit einer freundlichen Geste oder einer positiven Lautäußerung. Achten Sie darauf, in welchen Situationen der Hund Kontakt zu Ihnen aufnimmt. Motivieren Sie Ihren Hund immer wieder in den unterschiedlichsten Situationen Blickkontakt zu Ihnen herzustellen und bestätigen Sie diesen positiv. Ignoriert er Ihr motivierendes Signal, reagieren Sie ungehalten und steigern Ihre Unmutsäußerungen solange, bis er sein Ignorieren einstellt und Sie anschaut, was sofort positiv reflektiert wird (siehe Seiten 69 ff. und 89 ff.).

Freudiges Herankommen

Gehen Sie zur üblichen Futterzeit zum Futternapf und motivieren Sie den Hund über die einladende Geste des „In-die-Hocke-Gehens“ und schwenken der Arme zum Herankommen. Sofort wird das Herankommen des Hundes mit etwas Futter belohnt, das Sie in den Napf fallen lassen. Sie entfernen sich jetzt vom Futternapf und zeigen dieselbe Geste des „In-die-Hocke-Gehens“ und bieten dem Hund in der geöffneten Hand ein wenig Futter an. Wiederholen Sie diesen Vorgang solange, bis seine Futterration zur Gänze aus der Hand verfüttert wurde. Wenn sich der Hund über Futter nicht zum Herankommen motivieren lässt, beenden Sie die Fütterung und versuchen Sie es erst am nächsten Tag erneut. Ein knurrender Magen ist eine hervorragende Motivation. Hat der Hund verstanden, dass das „In-die-Hocke-gehen“ ein Symbol für Herankommen ist, können und sollten Sie sein Herankommen auch wirklich einfordern, und zwar bereits bei der ersten Aufforderung zum Herankommen. Reagiert der Hund nicht, reagieren Sie gemäß dem Binärsystem. Klappt das Herankommen im Haus bereits zuverlässig, können Sie es im nächsten Schritt auch außer Haus üben (siehe Seiten 123 ff.).

Ein knurrender Magen ist eine hervorragende Motivation für den Hund heranzukommen.

Das An- und Ableinen

An- und Ableinen wird ab sofort ein immer gleich bleibendes Ritual, bei dem Sie die Empfindungen des Hundes berücksichtigen. Machen Sie eine soziale Interaktion daraus (siehe Seiten 141 ff.).

WICHTIG

Mit der Leine haben Sie ein gutes Hilfsmittel zur Hand. Durch sie lässt sich hervorragend die Nachgiebigkeit des erwachsenen Hundes und seine Orientierung am Menschen fördern.

Ruhe löst Ruhe aus

Die bis zum Boden durchhängende Leine wird zum Symbol für Ruhe. Ihre Ruhe löst Ruhe beim Hund aus. Eine kleine Übungsaufgabe für den Anfang: Sie kommen auf Ihrem Spaziergang an eine Hundespielwiese. Um die Reizlage für Ihren Hund zu minimieren, stellen Sie sich anfangs erst einmal an den Rand des Hundetreffpunktes. Ihr Hund ist dabei angeleint. Die Handschlaufe der Leine bleibt in Ihrer Hand. Sie stellen einen Fuß auf die Leine und fixieren diese so am

Das können auch Sie erreichen: Sie stehen und der erwachsene Hund verhält sich ruhig an Ihrer Seite. Für ihn gilt: Ruhe heißt Ruhe.

Boden. Sie warten, bis der Hund neben Ihnen ruhig wird und ohne Stress zu zeigen sein Umfeld wahrnimmt und es einordnet. Anfangs wird er vermutlich aufgeregt sein und alles daran setzen, so schnell wie möglich zu seinen Artgenossen zu gelangen. Sie jedoch bleiben ruhig und entspannt, ignorieren seine Unruhe und reagieren auf keine seiner Verhaltensweisen. Erst wenn er sich wirklich ruhig zeigt, bringen Sie ihn ins „Sitz", leinen ihn ab und lassen ihn noch einige Momente Blickkontakt mit Ihnen halten, bevor Sie ihn zur Belohnung mit einem freudigen „Lauf" zum Sozialspiel freigeben.

1 **Die Übereinkunft für „Sitz" wird erarbeitet: Der leichte Zug an der Leine vermittelt: Bitte hinsetzen.**

2 **Umgehend reagiert der Hund auf den sanften Leinenzug mit Hinsetzen.**

Leine als Hilfsmittel

Während Ihr Hund beim Symbol „Fuß-auf-der-Leine" noch selbst entscheiden durfte, ob er sitzt, steht oder liegt, gehen Sie jetzt einen Lernschritt weiter und fordern von ihm ein, dass er neben Ihnen ruhig sitzen bleibt, während Sie sich auf der Straße unterhalten. Und dies solange, bis Sie signalisieren, dass es jetzt weitergeht. Mittels dieser Übung soll Ihr Hund lernen, auch unter Ablenkung durch Radfahrer, Jogger oder Spaziergänger, ob mit oder ohne Hund, Ruhe zu bewahren. Voraussetzung dafür ist Ihre Souveränität. Die Leine gebrauchen Sie dabei als Hilfsmittel. Sie ermöglicht es Ihnen auf den Hund einzuwirken, ohne ihn dabei direkt zu konfrontieren. Jedes Mal, wenn der Hund die Sitz-Position aufgibt, ziehen Sie die Leine sanft nach oben, bis er wieder sitzt. Sofort fällt jetzt die Leine. Der Hund lernt: Gebe ich nach, lockert sich die Leine. Führen Sie ganz nebenbei Ihr Gespräch, unbeeinflusst von Ihrem Tun mit dem Hund, fort.

Zwei Dinge gleichzeitig tun

Bei meinen neuen Schülern sehe ich immer wieder ein großes Anfängerproblem: Sie haben Schwierigkeiten sich gleichzeitig auf meine Ausführungen zu konzentrieren und dabei auch noch ein Auge auf den eigenen Hund zu haben. Dies erfordert die Fähigkeit, die eigene Aufmerksamkeit auf verschiedene Dinge gleichzeitig zu richten. Wir üben das in dem meine Schüler Ihren Hund für einen längeren Zeitraum mittels Leine im Sitz halten, während ich ihnen Fachwissen vermittle. Dabei muss ich nicht selten einige daran erinnern, dass sie auch jetzt noch die Aufgabe haben, den Hund neben sich im „Sitz" zu halten. Ich erwarte also vom Hundebesitzer, dass er meinen Ausführungen aufmerksam folgt, Fragen beantwortet und parallel dazu das Verhalten seines Hundes wahrnimmt, um automatisch und korrekt zu reagieren, wenn der Hund unruhig wird. Der Einsatz der Leine erfolgt völlig emotionslos, kein Leinengerucke oder Geschimpfe. Üben Sie das zusammen mit anderen Hundehaltern am Hundetreffpunkt. Nur wenn der Mensch auch unter „Ablenkung" konsequentes Verhalten zeigt, kann beim Hund ein dauerhafter Erfolg erreicht werden.

1 Der fremde Hund will Ihren angeleinten Hund bedrängen. Sie blocken ihn ruhig ab, während Sie Ihren Hund sanft über die Leine ins Sitz bringen.

2 Den Kläffer können Sie getrost ignorieren, wenn er gebührlichen Abstand hält, während Sie Ihren Hund emotionslos weiter ins Sitz bringen.

3 Nun haben sich beide beruhigt. Ihr Hund merkte, dass nicht er die Situation regeln musste, sondern dass Sie sich darum gekümmert haben. Mit jeder weiteren Erfahrung, die er so macht, wird er ruhiger werden, weil sein Vertrauen in Sie und Ihr Handeln wächst.

Sicherheitszone

Es ist überaus wichtig, dass Sie Ihrem Hund eine Sicherheitszone an der Leine bieten. Lassen Sie Ihren Hund nicht durch freilaufende, aufdringliche oder gar aggressive Artgenossen belästigen. Mit einiger Übung und ruhiger, konsequenter Leinenführung können Sie diese Sicherheitszone auch einem älteren Hund noch sehr gut verdeutlichen.

Den Weg bestimmen

Den Hund auf gar keinen Fall an der Leine ziehen lassen. Jedes Mal die Richtung wechseln, wenn der Hund Sie überholen will. Zwischendurch immer mal wieder schneller und dann wieder langsamer werden. Nur Ausdauer und absolute Konsequenz garantieren Erfolg.

Stop-and-Go-Übung

Erinnern Sie sich: Aus dem Gehen heraus langsamer werden. Dabei die Schrittweite verkürzen und gleichzeitig den Hund über die Leine heranholen. Stehen bleiben, leicht in die Hocke gehen. Sich strecken und sanft an der Leine ziehen und sofort, wenn der Hund sitzt, Leine fallen lassen. Darauf achten, dass der Hund ruhig neben Ihnen sitzt. Dann mit auffordernder „Jetzt-geht's-los"-Geste weitergehen. Zieht er wieder oder benimmt sich irgendwie unangenehm, werden Sie wieder langsamer und bringen den Hund sanft ins Sitz. Wenn Sie dies mit ihm geübt haben, wird er mit Sicherheit viel nachgiebiger werden und sich ruhiger führen lassen. Der Hund koppelt sich an Ihre Signale und nach einer Weile sollten Sie dazu nicht mehr die Leine verwenden müssen. Versuchen Sie es einfach. Sie werden den Erfolg schnell bemerken, wenn Sie das täglich mehrmals üben. Sie werden spüren, wie entspannend es ist, wenn der Hund Leinen- und Körpersignale in Zusammenhang bringt. Und noch einmal: Haben Sie Geduld, bleiben Sie ruhig und souverän und legen Sie die nötige Konsequenz an den Tag (siehe Seiten 141 ff.).

Stangen-Slalom: Seien Sie kreativ

Werden Sie auch auf Ihren Spaziergängen einfallsreich. Nutzen Sie jede Stange, jeden Baum, jedes Verkehrszeichen als Hundeparcours. Es gibt Ihnen immer wieder die Möglichkeit, dem Hund zu vermitteln, dass er sich an Ihrem Verhalten orientieren kann. Solange er noch an der Leine zieht, können Sie ständige Richtungswechsel vornehmen. Lassen Sie Ihrem Hund durch die volle Leinenlänge den Spielraum den er braucht, um Ihre deutlichen Körpergesten, die den Richtungswechsel einleiten, wahrzunehmen und einzuordnen. So kann er lernen, ohne Stress auf Sie zu reagieren. Reißen und rucken Sie nie an der Leine. Gehen Sie jedoch konsequent Ihres Weges, auch wenn sich der Hund anfangs sträuben sollte.

1

2

Sinnvolle Sozialspiele machen klug

Gestalten Sie alle Aktivitäten mit Ihrem Hund so, dass der Hund gefordert ist, zu denken und Sie in sein Tun mit einbezieht. Hervorragend geeignet sind dazu Such- und Apportier-Übungen, sofern Sie abwechslungsreich gestaltet sind und den Hund nicht zu automatischer Reizbeantwortung konditionieren. Ihr zentrales Anliegen sollte sein, mit dem Hund zu kommunizieren und ihn zum Mitdenken zu veranlassen (siehe Seiten 175 ff.).

FICHTLMEIERS „FÜNF GEBOTE“

Die wichtigsten Kriterien für Sie als Hundehalter, die es Ihrem Hund leichter machen, das Leben an Ihrer Seite zu meistern sind:

1. Ruhe bewahren
2. Souveränität verkörpern
3. Den Weg bestimmen
4. Konflikte entschärfen
5. Den Hund mitdenken lassen

1 Ein dynamisch gestalteter Spaziergang weckt das Interesse des Hundes für das Bewegungsverhalten des Menschen.

2 Deutlich erkennbare Körpersignale weisen dem Hund den Weg um alltägliche Hindernisse.

3 Der Blickkontakt signalisiert: „Ich bin mit meiner Aufmerksamkeit ganz bei Dir“.

Schlusswort

Mein Weg des Vertrauens

Emma ist mittlerweile natürlich längst kein Welpe mehr. In der Zeit, in der dieses Buch entstand, tauchten in ihrer Entwicklung wieder ganz andere Fragen auf.

Sie haben mich in diesem Buch bei einem Teilbereich meiner Arbeit begleitet. Und auch wenn Sie vielleicht nicht alles sofort übernehmen, haben Sie sicher das eine oder andere gefunden, das Ihnen und Ihrem Hund hilft. Deshalb die Bitte: schreiben oder mailen Sie uns Ihre Erfahrungen. Was war für Sie besonders wertvoll, was leicht, was weniger leicht umzusetzen? Und vor allem: Wie hat sich das Leben mit Ihrem Hund verändert?

Das Ziel meiner Arbeit war und ist die Partnerschaft zwischen Mensch und Hund. Der Weg dahin hat viele Stationen. Die Wahrnehmung des Hundes als Hund, die Akzeptanz seiner Andersartigkeit, die Entwicklung seines Potenzials, der Respekt vor seinen Fähigkeiten und das Wissen um seine Grenzen gehören genauso dazu, wie eine gemeinsame Sprache für die gelungene Kommunikation. Sie müssen diesen Weg nicht gehen. Sie können ihn aber ausprobieren. Denn bei meinem Weg weiß ich sicher: Er führt zum Ziel. Zum gegenseitigen Vertrauen. Und ich weiß, dass dieses Vertrauen mit jedem Schritt tiefer und größer wird.

Das sind Erfahrungen, die ich mit Ihnen teilen möchte.

Anton Fichtlmeier

Hundeschule Wetscherhof
Bachhauserwies 30
D-82335 Berg
www.fichtlmeier.de

Zum Weiterlesen

Abrantes, R., **Hundeverhalten von A–Z**, Kosmos 2004

Bloch, G., **Der Wolf im Hundepelz**, Kosmos 2004

Coren, S., **Die Geheimnisse der Hundesprache**, Kosmos 2002

Donaldson, J., **Hunde sind anders**, Kosmos 2000

Feddersen-Petersen, D., **Hundepsychologie**, Kosmos 2004

Feddersen-Petersen, D., **Hunde und ihre Menschen**, Kosmos 2001

Feltmann, G., **Welpentraining**, Kosmos 2000

Feltmann, G., **Die Kunst, mit dem Hund zu reden**, Kosmos 2003

Harries, B., **Ein Welpe kommt ins Haus**, Kosmos 2007

Harries, B., **Hundesprache verstehen**, Kosmos 2003

Jones, Dr. R., **Welpenschule leicht gemacht**, Kosmos 2007

Krivy, P., **Herdenschutzhunde**, Kosmos 2004

Pryor, K., **Positiv bestärken – sanft erziehen**, Kosmos 1999

Schöning, Dr. B., **Hundeverhalten**, Kosmos 2001

Schöning, Dr. B., Steffen, N. und K. Röhrs, **Hundesprache**, Kosmos 2004

Tellington-Jones, L., Taylor, S., **Der neue Weg im Umgang mit Tieren**, Kosmos 1993

Winkler, S., **So lernt mein Hund**, Kosmos 2001

Zvolsky, N., **Die Kosmos Retrieverschule**, Kosmos, 2002

Videos und DVDs

Fichtlmeier, Anton, **Der Weg des Vertrauens – Grundlagen**, VHS Video, Anton Fichtlmeier Filmproduktion 2003

Fichtlmeier, Anton, **Der Weg des Vertrauens – Grundlagen**, DVD, Anton Fichtlmeier Filmproduktion 2004

Fichtlmeier, Anton, **Der Weg des Vertrauens – Der brauchbare Jagdhund am Wasser**, DVD, Anton Fichtlmeier Filmproduktion 2006

Fichtlmeier, Anton, **Der Weg des Vertrauens – Der brauchbare Jagdhund im Feld**, DVD, Anton Fichtlmeier Filmproduktion 2006

Fichtlmeier, Anton, **Der Weg des Vertrauens – Der brauchbare Jagdhund nach dem Schuss**, DVD, Anton Fichtlmeier Produktion 2007

Quellen

Abrantes, R., Dog Language,Wakan Tanka Publishers, Illinois 1997

Alderton, D., Der Hund – am Anfang war der Wolf, Müller Rüschlikon 1999

Asimov, I., Drehmomente, Ullstein 1977

Askew, H. R., Behandlung von Verhaltensproblemen bei Hund und Katze, Parey Verlag Berlin 1997

Bauer, E.F., Jagdhunde, Rassen-Halten-Abrichten-Züchten, Leopold Stocker Verlag 2000

Beute-Faber, Roel und Piet, Atlas der Hunde-Anatmonie, Kynos

Bloch, G. und K., Timberwolf Yukon & Co, Kynos 2002

Borngräber, H.-J., Die Schweissarbeit, Venatus 1998

Calabro, S., Der Blindenführhund, Dissertation Fachbereich Veterinärmedizin der Justus-Liebig-Universität Gießen, Wissenschaft und Technik Verlag Berlin 1999

Campbell, W. E., Dog Behavior Problems, The Counselor's Handbook, Behavior Systems 1999

Choljewitz, D., Abenteuer des Denkens, Alibaba Verlag 1994

Coppinger, R. und L., Dogs, Scribner Verlag New York 2001

De Spinoza, B., Die Ethik, Felix Meiner Verlag Hamburg 1976

Dethlefsen, T., Schicksal als Chance, Das Urwissen von der Vollkommenheit des Menschen 2. Auflage 1981
Ekmann, P., Gefühle lesen, Spektrum Akademischer Verlag, 2004
Evans-Wentz, W.Y., Das tibetanische Totenbuch, Walter-Verlag Olten AG 1971
Frankl, V. E., Der Mensch vor der Frage nach dem Sinn, Piper 1985
Freund, W., Wolf unter Wölfen, Natur Buch Verlag 1999
Gansloßer, U., Säugetierverhalten, Filander Verlag 1998
Gansloßer, U., Gruppenmechanismen, Filander Verlag 2002
Goffmann, E., Wir alle spielen Theater, Die Selbstdarstellung im Alltag, Piper 8.Auflage 2000
Goldner, C., Psycho, Therapien zwischen Seriosität und Scharlatanerie, Pattloch 1997
Hamel, P. M., Durch Musik zum Selbst, Scherz München 1982
Hassenstein, B., Klugheit, Zur Natur unserer geistigen Fähigkeiten, Piper 1992
Heßling, T., Teletaktgerät, Zaubermittel oder Quälerei?, Heßling Eigenverlag 1997
Hornung, G., Miram. W. und A. Paul, Verhaltensbiologie, Schroedel 1998
Immelmann K., Pröve, E. und R. Sossinka, Einführung in die Verhaltensforschung, Blackwell 1996
Kaldenbach, J. , K9 Scent Detection, my Favorite Judge Lives in a Kennel, Calgary Alberta, Canada 1998
Kraus, K., Magie der Sprache, Suhrkamp 1974
Krebs, J. R., Davies, N. B., Einführung in die Verhaltensökologie, Blackwell Wissenschaftsverlag 3. Auflage 1996
Krech D., Crutchfield S., Livson N., Wilson jr. W.A., Parducci A., Grundlagen der Psychologie, Beltz Verlag 1992
Lauwerier, H., Unendlichkeit, Denken im Grenzenlosen, Rowohlt 1993
Linden, E., Tierisch Klug, Scherz 2001
Lorenz, K., Leyhausen, P., Antriebe tierischen und menschlichen Verhaltens, Piper 1968
Lorenz, K., So kam der Mensch auf den Hund, dtv Sachbuch 1983
Schmitz, M.-G., Was nicht bei Darwin steht, Der Instinkt, M.-G. Schmitz Verlag Kelkheim 2000
Marshall T. und E., Das geheime Leben der Hunde, Rowohlt 1998
Maturana, H. R., Verden-Zöller, G., Liebe und Spiel, Die vergessenen Grundlagen des Menschseins, Carl-Auer-Systeme, Verl. und Verl.Buchh. 3. Auflage 1997
Maturana H. R., Ludewig K., Der Baum der Erkenntnis, Goldmann 1990
Maturana H. R., Was ist erkennen? Die Welt entsteht im Auge des Betrachters, Goldmann 2001
McFarland, D., Biologie des Verhaltens, Spektrum Akademischer Verlag, 1999
Milani, M. M., Die unsichtbare Leine, Kynos 3. Auflage 1997
Mohl, A., Die Meisterschüler, Junfermann, 2002
Morris, D., Dogwatching, Die Körpersprache des Hundes, heyne, 3. Auflage 1996
Most, K., Die Abrichtung des Hundes, Gersbach & Sohn Verlag München 20. Auflage 1977
Nietzsche, F., Der Antichrist, Insel Frankfurt
Nietzsche, F., Jenseits von Gut und Böse, Reclam Ditzingen 1988
Nietzsche, F., Pütz, P., Also sprach Zarathustra, Reclam Ditzingen 1978
Okarma, H., Der Wolf, Ökologier-Verhalten-Schutz, Parey Verlag Berlin 1997
Ornstein, R., Die Psychologie des Bewusstseins, Fischer 1976
Popper, K. R., Alles Leben ist Problemlösen, Piper 1996
Popper, K. R., Das Ich und Sein Gehirn, Piper 1989
Popper, K. R., Auf der Suche nach einer besseren Welt, Piper 1984
Raum und Zeit – Sonderausgabe 11, Ganzheitliche Tiertherapie, Ehlers Verlag 2004
Rossi, V., Il linguaggio del Cane, DVE Italia S.p.A., Milano 2001
Roth, G., Das Gehirn und seine Wirklichkeit, Suhrkamp 2000
Ruddies, G.H., Psychotraining, Lebenstechnik im Alltag, Deutscher Bücherbund Stuttgart, 1973
Rupp, W. H., Der Blindenhund, Die neue Ausbildung, Müller Rüschlikon 1987
Schopenhauer, A., Aphorismen zur Lebensweisheit, Heinrich F.C. Hansmann Stuttgart 1947
Schopenhauer, A., Die Welt als Wille und Vorstellung, Reclam Ditzingen 1987
Schulz von Thun, F., Miteinander reden,1,2,3, , Bechtermünz Verlag, 2000
Schulz, K.-H., Über Sinn und Unsinn der Prägetheorie und anderer Experimente, Books on demand GmbHSeligmann, Martin, Erlernte Hilflosigkeit, Knaur, 1990
Sheldrake, R., Sieben Experimente die die Welt verändern, Goldmann 1997
Sheldrake, R., Der siebte Sinn der Tiere, Scherz Verlag 1999
Sonnenschmid, R., Das große Praxisbuch der englischen Psychometrie, Ehlers Verlag 4. Auflage 2003
Sonnenschmid, R., Tierkinesiologie, Sonntag 1999

Sonnenschmid, R., Farb – und Musiktherapie für Tiere, Sonntag 2000
Spies, S., Authentische Körpersprache, Hoffmann und Campe, 2004
Stichnoth, J., Stresserscheinungen beim praxisähnlichen Einsatz von elektrischen Erziehungshalsbändern beim Hund, Dissertation Fachbereich Veterinärmedizin der Tierärztliche Hochschule Hannover 2002
Syrotuck, W. G., Hund Geruch und Fährte, Eigenverlag Dr. Weidner GmbH, Walldorf 1981
Tad, J. e.a., Presenting magically, Crown House Publishing, 2001
Tad, J., Hypnosis. A. Comprehensive Guide, Crown House Publishing, 2001
Tembrock, G., Akustische Kommunikation bei Säugetieren, Wiss. Buchgesellschaft1996
Tucker, M., Solving your Dog Problems, Howell New York 1987
VDH e.V., Grundlagen einer Tierschutzgerechten Ausbildung von Hunden, VDH e.v. 2. Auflage 1999
Wachtel, H., Hundezucht 2000, Gollwitzer 2. Auflage 1998
Wachtel, H., Das Buch vom Hund, Cadmos 2002
Watzlawik, P., Die erfundene Wirklichkeit, Piper 12. Auflage 2000
Watzlawick P., Beavin J. H. und D. D. Jackson, Menschliche Kommunikation, Hans Huber Verlag Bern 2000
Wegmann, A., Heines, W., Such und Hilf, Kynos 2. Auflage 1997
Wölfel, H. (Hg.), Bewegungsjagden, Planung-Auswertung-Hundewesen, Leopold Stocker Verlag 2003
Wolters, R. A., Neue Wege der Jagdhundeausbildung, Kynos 1993
Wuketits, F. M., Soziobiologie, Die Macht der Gene und die Evolution sozialen Verhaltens, Spektrum Akademischer Verlag 1997
Zimen, E., Der Wolf, Knesebeck 1990
Zimen, E., Der Hund, Goldmann 1992

Register

Danke

Zu diesem Buch haben viele wesentlich beigetragen. Allen voran meine eigenen Hunde, die mich und meine Frau im Laufe der Jahrzehnte begleitet haben und von denen jeder für sich eine besondere Persönlichkeit darstellte. Einen weiteren Dank möchte ich allen Tierärzten aussprechen, die vertrauensvoll schwierige und verhaltensauffällige Hunde in meine Hände empfahlen. Weiterer Dank gebührt den Trainern, Kursleitern und Therapeuten, die meine Erkenntnisse umzusetzen wussten und die durch ihre Erfolge meine Methode ständig aufs Neue bestätigen können. Ich bedanke mich bei den vielen Schülern, die im Laufe der Jahre in meine Kurse, zu meinen Vorträgen und Seminaren kamen. Einige wertvolle Freundschaften sind daraus entstanden.
Mein großer Dank gilt Desirée Bethge und Gerd Berger, die mich bei der Entstehung und Fertigstellung dieses Buches und meiner Videos als fachkundige Freunde maßgeblich unterstützten.
Besonders erwähnen möchte ich Susanne Ehlers, die durch ihre Mitarbeit einen unschätzbaren Beitrag an diesem Buch geleistet hat.
Ebenso möchte ich mich bei all den fleißigen Manuskriptlesern bedanken. Vor allem Harald Waidner und Volker Schütz verbrachten dabei manch lange Nacht zusammen mit mir und meiner Frau. Euer aller Kritik und die daraus entstandenen Diskussionen waren eine unschätzbare Hilfe und durch Euren Einsatz sind die Kapitel erst das geworden, was sie nun sind.
Mein weiterer Dank gilt meiner Frau Gila und Andreas Schwarz, den unermüdlichen Fotografen, die über viele Monate Menschen und Hunde fotografierten. In diesem Zusammenhang möchte ich auch allen danken, die sich und ihre Hunde als Fotomodelle zur Verfügung gestellt haben.
Zu guter Letzt möchte ich mich beim Kosmos-Verlag und vor allem bei unserer Lektorin Frau Claudia Salata für die gute Zusammenarbeit bedanken.

Anton Fichtlmeier

Bildnachweis

Mit 276 Farbfotos, die von Gila Fichtlmeier eigens für dieses Buch fotografiert wurden.
Farbfotos von Andreas Schwarz (81: S. 10, 11 r, 13 o, 14, 17 beide, 19, 24, 25, 27, 29 beide, 30 o, 31, 38 u, 40 beide, 42, 43, 50 r, 52 beide, 55 l, 61, 63 l, 66, 67, 70 71 o, 73, 77 u, 78 beide, 29, 83 u, 84 beide, 85 u, 86 alle drei, 88, 91, 92, 93 l, 94, 95, 96, 120 u, 121 133 u, 140, 141, 145, 148 alle drei, 154 u, 155 o, 156, 173, 176 u, 179 alle sechs, 182 beide, 183, 190, 193, 204, 207 alle drei, 208, 210 alle drei); Thomas Völkl (1: S. 63 r); Jens Schwarz (7: S. 105, 106 alle drei, 107, 11, 174); Julia Numssen (2: S. 133 r und l).

Impressum

Umschlaggestaltung von eStudio Calamar unter Verwendung von vier Farbaufnahmen von Gila Fichtlmeier (U1), Andreas Schwarz (Porträt Anton Fichtlmeier), Anton Fichtlmeier (Porträt Gila Fichtlmeier) und privat (Porträt Desirée Bethge).
Mit 367 Farbfotos

Bibliografische Information der Deutschen Nationalbibliothek
Die Deutsche Nationalbibliothek verzeichnet diese Publikation in der Deutschen Nationalbibliografie; detaillierte bibliografische Daten sind im Internet über http://dnb.ddb.de abrufbar.

Alle Angaben und Methoden in diesem Buch sind sorgfältig erwogen und geprüft. Sorgfalt bei der Umsetzung ist indes doch geboten. Verlag und Autor übernehmen keinerlei Haftung für Personen-, Sach- oder Vermögensschäden, die im Zusammenhang mit der Anwendung und Umsetzung entstehen könnten.

Gedruckt auf chlorfrei gebleichtem Papier

ISBN 978-3-440-09988-9
Redaktion: Claudia Salata
Produktion: Kirsten Raue, Markus Schärtlein
Printed in Germany/Imprimé en Allemagne

. . . der Weg des Vertrauens

Das Video zum Buch

Beispielhaft stellt Anton Fichtlmeier in diesem Video die Entwicklung und Erziehung von EMMA, der Weimaranerhündin, vor. Ein Welpe wird sanft angeleitet und lässt sich vertrauensvoll durch die Welt führen. Anton Fichtlmeier zeigt die Basis für eine Symbolsprache die hilft, uns dem Hund verständlich zu machen. Denn für alle Arten der Ausbildung gilt: ohne Verständnis geht gar nichts! Begreifen wir wirklich die Welt des Hundes? Entschlüsseln wir die Signale, die er uns gibt? Nehmen wir diese Signale eigentlich wahr? An vielen Beispielen lernen Sie, Ihren Blick zu schulen und vom Hund zu lernen.

Anton Fichtlmeier
. . . der Weg des Vertrauens
DVD, Grundlagen - ISBN 3-9809415-0-7
VHS, Grundlagen - ISBN 3-00-011327-4
Spieldauer 75 Minuten
Bestellung unter: www.fichtlmeier.de

Außerdem sind von Anton Fichtlmeier folgende DVD´s erhältlich

Fichtlmeier´s Videofilme bieten viele Anregungen für eine neue Ebene des Miteinanders von Mensch und Hund. Er gibt sein Wissen nicht nur in Seminaren und Lehrgängen weiter, sondern lässt Sie hier direkt an seiner Arbeit teilhaben.

. . . der Weg des Vertrauens
DVD, Der brauchbare Jagdhund im Feld – ISBN 3-9809415-2-3
DVD, Der brauchbare Jagdhund am Wasser – ISBN 3-9809415-1-5
DVD, Der brauchbare Jagdhund nach dem Schuss – ISBN 3-9809415-3-1